海外中国
研究丛书

刘　东　主编

[美]　萧邦奇　著

周武彪　译

血路

BLOOD ROAD

革命中国中的沈定一（玄庐）传奇

The Mystery of Shen Dingyi in Revolutionary China

江苏人民出版社

图书在版编目(CIP)数据

血路:革命中国中的沈定一(玄庐)传奇/(美)萧邦奇著;周武彪译.--南京:江苏人民出版社,2010.8(2021.6重印)

(海外中国研究丛书/刘东主编)

ISBN 978-7-214-06414-1

Ⅰ.①血… Ⅱ.①萧… ②周… Ⅲ.①沈定一(1877～1928)—传记 Ⅳ.①K827＝6

中国版本图书馆 CIP 数据核字(2010)第 160895 号

江苏省版权局著作权合同登记号:图字 10-1998-068

书　　　　名	血路:革命中国中的沈定一(玄庐)传奇
著　　　　者	[美]萧邦奇
译　　　　者	周武彪
责 任 编 辑	王保顶　左　衡　莫莹萍
装 帧 设 计	陈　婕
责 任 监 制	王　娟
出 版 发 行	江苏人民出版社
地　　　　址	南京市湖南路 1 号 A 楼,邮编:210009
网　　　　址	http://www.jspph.com
照　　　　排	江苏凤凰制版有限公司
印　　　　刷	江苏凤凰扬州鑫华印刷有限公司
开　　　　本	652 毫米×960 毫米　1/16
印　　　　张	22.25　插页 4
字　　　　数	275 千字
版　　　　次	2010 年 9 月第 1 版
印　　　　次	2021 年 6 月第 3 次印刷
标 准 书 号	ISBN 978-7-214-06414-1
定　　　　价	68.00 元

(江苏人民出版社图书凡印装错误可向承印厂调换)

序"海外中国研究丛书"

　　中国曾经遗忘过世界,但世界却并未因此而遗忘中国。令人嗟讶的是,20世纪60年代以后,就在中国越来越闭锁的同时,世界各国的中国研究却得到了越来越富于成果的发展。而到了中国门户重开的今天,这种发展就把国内学界逼到了如此的窘境:我们不仅必须放眼海外去认识世界,还必须放眼海外来重新认识中国;不仅必须向国内读者迻译海外的西学,还必须向他们系统地介绍海外的中学。

　　这个系列不可避免地会加深我们150年以来一直怀有的危机感和失落感,因为单是它的学术水准也足以提醒我们,中国文明在现时代所面对的绝不再是某个粗蛮不文的、很快就将被自己同化的、马背上的战胜者,而是一个高度发展了的、必将对自己的根本价值取向大大触动的文明。可正因为这样,借别人的眼光去获得自知之明,又正是摆在我们面前的紧迫历史使命,因为只要不跳出自家的文化圈子去透过强烈的反差反观自身,中华文明就找不到进入其现代形态的入口。

当然，既是本着这样的目的，我们就不能只从各家学说中筛选那些我们可以或者乐于接受的东西，否则我们的"筛子"本身就可能使读者失去选择、挑剔和批判的广阔天地。我们的译介毕竟还只是初步的尝试，而我们所努力去做的，毕竟也只是和读者一起去反复思索这些奉献给大家的东西。

刘　东

镜中一个我，

镜外一个我；

打破了这镜，

我不见了我。

破镜碎纷纷，

生出纷纷我。

我把我打破，

一切镜无我。

我把镜打破，

还有破的我。

破的我也破，

不知多少我。

沈定一

读大白的《对镜》，1920 年

目　录

致　谢

在我研究国民革命和沈定一生死之谜的那些年里，许多人分别在我研究的不同阶段给予过帮助。首先应当感谢的是杭州大学地理系的陈桥驿教授、鲁义纯教授、曲伟民教授。在我长时间逗留杭州以开始本书写作期间，他们极为慷慨地挤出时间为我提供方便，并于1993年夏天给我提供重要的信息和支持。在以后的停留期间，我尤为感激曲教授为我安排访问萧山和衙前。我也要感谢萧山县文史馆馆长陈先兴，他为我提供了相当的帮助。对于此行的东道主——萧山市计委的王仁新和萧山市副市长徐美勇，在此也一并致谢。

对于沈剑云和沈忠良父子(分别是沈定一的儿子与孙子)的邀请并有幸聆听他们对其先祖和先父的看法，我也深表谢忱。尽管沈定一的一生给其家人留下了痛苦的回忆，但从其后人对于他的对现代中国的贡献的深切缅怀上，从他们在堂屋正中墙上日常供奉的神龛上，并从他们坚持让我们在由沈定一于1923年从苏联带回的幼苗成长起来的树前留影来看，不难发现他们深以自己的先父和先祖为荣。但愿在他们看来，我对其先父和先祖的事迹和地位的描述是公正的。在我跟沈氏后人的交谈中，杭州大学传播学系刘青教授提供了帮助，在此一并致谢。

以下所列的同事在本研究的不同阶段提供了评论、帮助和支持：派克·古柏、布兰德莱·盖瑟、约翰·黑塞温克、林至民、赫曼·马斯特、玛丽·兰肯、魏裴德、叶文心、张欣和张永伟。对于1990年在华盛顿和李大学召开的"中华民国在野政治"研讨会的参与者以及麻省理工学院、加州大学桑塔克鲁茨分校、奥莱肯大学历史系同行对此研究所作的评论也谨表感谢。值得一提的还有1993年 LECNA 暑期研讨班上的同行对我的工作的支持与理解。我也感谢美国学术团体委员会提供的基金资助。对于瓦尔帕莱索大学尤其是菲力普·吉尔伯特森、劳埃·奥斯坦森和理查德·巴普莱提供的持久的支持也谨表谢意。

最后，我要把深挚的谢意献给我的家人。当作为丈夫和父亲的我乐此不疲地沉湎于中国方志的研究项目之中时，他们的感受一定是惊讶（甚至或许是失望）的。我将一如既往地把我的深深的感激献给贝丝，感谢她的忍耐、理解和无微不至的支持；我也要感谢卡拉、德莱克和海瑟，他们的关切和疑问总能使我从中国志书回到家庭生活的愉悦和庄严中来，尽管只是短暂的。

1994 年 5 月于伯克利

提　要

在"无产阶级文化大革命"的年代里,农民社员们用炸药爆破了沈定一的坟墓,这时距沈氏在衙前汽车站被两个身着白色长衫的杀手暗杀刚刚过去 40 年。此墓位于沈定一衙前老家西北部半英里的地方,曾是凤凰山上一处壮观的所在,适合于一位非凡人物的安息。作为一个革命者、地主、政治家、新闻记者、教育家和国共两党的早期党员,沈氏在与孙中山首次会晤后被孙评价为"浙江(省)最有天赋之人"[①]。

尽管凤凰山上散布着无数的墓穴,却只有李成虎的墓穴总是与沈氏的坟墓相提并论。李曾与沈定一一起共同组织了 1921 年抗租运动,这是中国首家以马克思主义思想组织发动起来的农民运动。运动失败后,李被投入监狱并病死于狱中。对此两处坟墓,一个上海的新闻记者林味豹于 1935 年曾专程前往衙前拜谒并有所描述。当时,李成虎的墓碑上刻有沈定一的手书:"李成虎君墓　衙前农民协会委员之一,十一年一月二十四日害于萧山县狱中,其子张保乞尸归葬。"这位记者说:"我们在墓前默默的立了几分钟,一种不可名状的悲哀袭上了心头,幻想这位热情

[①] 王威廉:《沈玄庐与共产党》,第 158 页。

的老年(李君死时已 67 岁)农友病死狱中的惨状,怎得令人不同情流泪呢?我们向墓前行了一个礼,悄然地跟着小朋友再向上跑,穿过山腰,折向左面走,便看见一座壮丽的坟墓,巍巍然矗立在眼前。这座墓完全用水泥建造,式样很美观,墓前有一块小小的花坛,用精巧洁白的小溪石(滑石)砌成,下面更有整齐的石级。沈先生的墓四周,围着水泥的栏杆。墓成半圆形,四面松柏密布,墓的背面,巨岩高耸,更显得雄壮。"①

　　在拜谒完墓穴下山的路上,林注意到正走在路上的一个中年农民。林的年轻向导告诉他这中年人就是李成虎之子张保,正是他央求地方政府允许他悄悄地埋葬其父亲的。对于林而言,能获得张保对 1921 年及其之后事件的看法真是太幸运了,所幸的是,当时正去地方政府办公室的张保也很爽快地答应了这一要求。

　　在 1993 年 6 月一个炎热的夏日,我专程去衙前寻访凤凰山上的沈定一墓。征得衙前地方官员的同意后,我们便前往凤凰山。但是陪同的官员只想让我们看李成虎的墓,李由于参与了 1921 年沈定一倡导的抗租运动而被共产党政府追认为革命烈士。尽管我执意要看沈氏之墓,陪同我前往以帮助我应付难懂的方言的中国人也一再坚持,但这位官员起初极力反对,说是因为"我们还不知道沈定一究竟是好人还是坏人"。对沈氏地位的如此不确定,部分由于沈定一本人有争议的历史。

　　在我们的坚持下,这位官员终于说:"我们同意你去看,但我们也搞不清他的墓究竟在什么地方。"经过积极争取,最后他终于让步:"镇上也许有人知道墓的位置。"当他们开始去找人时,我就登上石级去看李成虎的墓。李的墓在离山脚不远的地方,经过 1984 年翻修后,这一墓穴显得极其宏伟。整个墓背依一堵高约 12 英尺且饰有几何图案的半圆白色石墙,顶部覆有人字形瓦盖,坐落在一个宽广的石基上。在其前面是一个长着郁郁葱葱低矮灌木的花坛,沈定一手书的碑铭已不复存在,取而代

---

① 林味豹:《衙前印象记》,第 73—74 页。

之的是一块大理石纪念碑,上面镌刻着"李成虎烈士之墓"。墓的背景是凤凰山峭拔的险峰,我还来不及欣赏这景色,就听到有人向我喊说是找到了一个知道沈氏墓穴的人。那个人面带笑容、红光满面,名叫李越晓,是李成虎的孙子,真是令人难以置信。他似乎很乐意,爽快地答应带我和其他六个分别来自杭州大学、萧山县以及衙前镇政府的中国人前往沈氏墓冢。

　　我们一行先是穿行在一条长满杂草和蔓藤的林间小路上,路的两侧是一片稀疏的针叶林。随后路消失了,展现在我们面前的是一条狭窄的上山路,路上长满了齐膝高甚至齐腰高的野生植物。李说:"这就是通向沈的墓穴的路。"林味豹在 1935 年所见到的石级不复存在了,只有那些零乱地疯长着的杂草似乎还是当时墓地的故物。我们沿这条路走了一会儿,李突然分开一片草丛,地上立即现出一个豁开的洞口——这就是在 1968 年被炸弹炸开的沈定一的墓穴。

　　我早已知道墓曾被毁的事,但我原以为经历 1/4 世纪、尤其是经历了这十多年改革开放以后,人们已转变观念,因而对墓已有所修复,可事实并非如此,非但没有修复,毁坏程度以及随后的对尸骨的处理竟到了令人难以忍受的地步。整个墓如今只剩下一块笨重的水泥板(想来曾是宏伟的墓盖),静静地躺在爆炸后留下的碎片之中。尸骨当年被扔了出来,后来被其家人重新埋葬在一个秘密地点,那个地点只有沈的 76 岁的儿子才知道。"那些破坏坟墓的人是红卫兵吗?"我问。"不是",李的回答令我震惊:"他们是农民。"这确实令人震惊,因为正如我将在本书中提到的,沈将其晚年的大部分精力都投入到了如何扶助这里的农民上了。

　　究竟为什么让沈招致如此的怨恨?早在 10 年前那些曾在"文革"中蒙冤之人就已获平反,但为什么沈却在被暗杀 65 年以后仍然使得共产党官员讳言其经历、历史地位,也不知道如何去评价他?沈定一身上究竟蕴藏着什么样的谜?本书某种程度上正是通过重构沈的最后 12 年生涯来揭示这一谜底,部分谜底可从沈氏之死破解。如果说沈氏在今天仍能激起怨恨的反应,那么在其生前,他的所作所为也许也曾激起了某些人或某些团体的憎恨,并终致被暗杀。在衙前汽车站发生的那起遇刺事件因而也未曾认真澄清过,尽管那是一起血腥而重大的谋杀案。

这一研究从某种程度上来说,也是为了澄清沈氏被刺案的一次尝试。

4　　当然,本研究的主要意图还是为了通过研究沈定一的交往、经历和死亡以及其中蕴含的本(20)世纪 10 年代晚期和整个 20 年代中国社会、政治、文化裂痕及结构,以考察 20 年代中国革命。尽管这一被称做国民革命的 20 年代中国革命的社会动力机制对理解现代中国有重要意义,但不像 30 年代和 40 年代的共产主义革命,对于它的研究从未超越主流政治范式和结构、制度、意识形态方法:左、右两极主导的政治模式论;政治承诺和动机上的意识形态中心论;革命行动上的结构(政党和派系)中心论;对第三国际在国共两党事务中的作用的强调和对环境、社会背景的普遍一律的描述。

在沈定一和革命的故事里,事实上存在着一些至关重要的相互关联的问题,诸如社会身份的性质、社会网络的作用、场所的含义以及过程在历史解释中的中心地位。伴随着文化研究的学术取向,中国最近迅速的经济增长已导致对国家、民族和地区认同上的相当兴趣和全新观点。①事实上,几乎在整个 20 世纪的巨大挑战和曲折地探索新的政治和文化

---

① 例如,参看 1919 年春季卷 *Daedalus* 杂志上有关中国人身份问题的文章:Vera Schwarz(舒衡哲):"No Solace from Lethe: History, Memory, and Cultural Identity in Twentieth-century China"(《无从安慰的忘却:二十世纪中国的历史、记忆和文化认同》);David Yen-ho Wu(吴燕河):*The Construction of Chinese and Non-Chinese Identities*(《中国人和非中国人身份的建构》);Myron Cohen(科恩):"Being Chinese: The Peripheralization of Traditional Identity"(《中国人:传统身份的边缘化》)。也可参看 Roger T. Ames(罗杰·T. 阿梅斯)编辑的 *Self as Person in Asian Theory and Practice*(《亚洲理论和实践中作为个人的自我》)一书。1994 年 2 月下旬加州大学伯克利分校中国研究中心年度论丛也以"中国人的身份"作为其主题。

正统的过程中,中国人的身份问题始终居于中心地位。然而,这一切只有当中国作为一个实体或中国人成为一个民族时才成为事实,在巨大的、令人目眩的社会政治变迁背景下,个体不得不把其自身的身份问题与社会、国家、民族中的其他人的身份问题紧密联系起来。而激剧的革命变迁造成的相当的政治与人身不安全也使得个人必须面对身份问题,在某些情况下甚至还须建构或重构身份。沈定一不能代表每一个人或每一个革命者,但是他必须解决的身份问题在其他所有中国精英身上也或多或少地存在着,即便仅仅是为了与革命发生联系。也许事实是,许多精英的身份具有变化的轨迹,随着社会情境的变迁而具有相当的模糊性和适应性。但正如我们将会看到的,20 世纪中国部分人生悲剧正来自于在具有不确定性结果的革命过程中,坚持以特定不易的身份标签看待他人。沈定一之谜与此身份问题相关,他在革命的 20 年代的生死际遇昭示了这样一个观点:"身份是一个过程,也是一种结果,更是一种即时性的产物。"①

伊拉·拉辟达斯在其 1975 年写的一篇文章中,以比较历史学家研究中国文化和伊斯兰文化时采用的社会修辞手法,向中国历史学家提出挑战,他主张用网络而不是层级观点来考察社会动力机制。他问道:"把与伊斯兰世界的区域政治平行的中国地方史研究整合进网络,而不是以层级模型来分析是否可能?假如不从整体系统观点来分析中国史,而是将它看做个体选择和行动的结果,中国是否将是另一个模样?"②当然就目前来看,回答还是否定的,尽管网络手法已逐渐被引入近年的中国研究中。在社会分析中,历史学家和社会科学家也已多次提到网络观点的

---

① 该词用法详见 Liz Bondi(立士·庞迪)的"Locating Identity Politics",第 97 页。尽管 Bondi 的文章是在当代女权主义背景下考察身份问题的,但她的词语同样适用于描述沈定一的身份所造成的后果及其不确定性实质。

② Ira Lapidus(伊拉·拉辟达斯),"Hierarchies and Networks: A Comparison of Chinese and Islamic Societies"(《等级和网络:中国和伊斯兰社会的一个比较》),第 42 页。

重要性。① 然而目前的主流模式仍然是层级方法:父权制家庭、集权制政治模式和群众路线、以权威依赖情结为标志的政治文化,以及近来颇为流行的中心地域的城市等。

80 年代有个中国诗人把中国人的生活比作"网"②:个人生活在以直接的方式或通过间接的媒介维系的关系网中,并藉此与他人发生联系。可是个人并不只简单地从属于一张网,而是属于许多重叠的网,这些网决定了个人的社会位置并塑造其身份。尽管网络在许多社会中都是重要的,但在中国社会对关系的强调更具中心意义:个人首先存在于与他人的关系之中。切诺凯因曾经指出,与日本强调以"集体"为基础的家庭伦理相比较,中国的家庭伦理"通常建立在特殊个体的相互关系之上"③。也就是说,中国人很大程度上是通过他们在关系网络中的地位及他们所属的网络来定义自我或被人定义的,也即获得身份的。而这些网络则又是以家庭、社区、职业、政治、经济、社会、智力等一系列因素为基础的。④

本研究把社会看做是个体间通过广泛的私人联系而形成的联结体

① 网络的中心功能请参见 Mary B. Rankin(兰金)在 *Elite Activism and Political Transformation in China*(《中国的精英活动和政治转型》)一书中分析晚清浙江省的管理精英部分;网络作为权力的部分文化联结请参见 Prasenjit Duara(杜赞奇):*Culture,Power and the State*(《文化、权力与国家》),第 16 页;网络作为社会经济层级的对立物请参见 Kenneth Pomeranz(肯尼斯·波木兰):*The Making of a Hinterland*(《内陆不发达区域的形成》),第 277—280 页;也可参考 Gary G. Hamilton(汉密尔顿)和王振对费孝通的诠释,*From the Soil*(《乡土中国》),第 27—33 页;以及 Ambrose Yeo-Chi King(金延赤)的文章,Kuan-hsi and Network Building:A Sociological Interpretation(《广西和网络建构:一个社会学的阐释》)。

② 北岛:《太阳城札记》,David S. G. Goodman(古德曼)译:Poems of Democracy Movement(《民主运动诗抄》),第 29 页;转载于 Jonathan Spence(史景迁):*The Gate of Heavenly Peace*(《天安门》),第 370 页。

③ Chie Nakane(切诺凯因),*Japanese Society*(《日本社会》),第 1 页。

④ 社会心理学家把身份定义为"源自于交往中形成的社会关系所包含的文化含义,并使该种文化得以维持的一种确定性"。参见 Andrew J. Weigert(安德鲁·魏格特),J. Smith Teitge(斯密斯·台杰)和 Dennis W. Teitge(丹尼斯·台杰):*Society and Identity*(《社会和身份》),第 31 页。注意 Rankin(兰金)的观点:"领导者的身份由其所处社会和制度复合网络定义。"参见 *Elite Activism and Political Transformation in China*(《中国的精英活动和政治转型》),第 228 页。

或聚集体。这些可能既是横向又是纵向的联系随之又组成社会关系束和关系网，而后者又是社会组织和群体诸如政党和派系结构的基本成分。

裴宜理在关于本(20)世纪30年代上海劳工组织的研究中就认为："组织发展反映了工人中已经存在的非正式网络。"[①]在革命期间，这种网络变成了一个重要的社会背景和资源，它们的稳定性以及力度(或缺乏这些)也变成一种重要的动力，因此它们对理解革命的方向、概貌以及沈定一的生死之谜，意义非同小可。

有关革命和沈定一故事中的第三大重要事实是场所作为背景和角色扮演者的重要性。最近理论家们已提出空间在社会分析中的关键地位。[②]在中国研究领域，施坚雅的市场与区域体系模型已为一些研究提供了一个重要的空间方法。[③]但是在空间及所处环境和人的观点、行为的关系上似乎尚无一致的观点。例如，在对20年代革命的分析中，主要角色似乎常常被一些研究者置于无差别、无场所的世界。因此，一个强有力的背景意识不仅对理解特定的社会和政治网络、结构和动力，而且对于辨析多样化的观点和思想都是至关重要的。罗伯特·唐顿认为："一般观点不可能按政治事件的编年顺序来加以说明，但是它们的真实性一点也不逊色。"[④]而我将证明，就试图通过重建这样的观点，以分析革命情势而言，这一论断尤为重要。

---

① Elizabeth J. Perry(裴宜理)："Strikes among Shanghai Silk Weavers"(《上海丝织工人的罢工》)，第317页。同一卷中还请注意 Marie-Claire Bergère 的评论："在中国，制度化的相互作用不仅不排斥私人关系，而且常常只不过是后者的反映。"参见 *The Shanghai Bankers' Association ,1915—1927*(《上海金融家协会，1915—1927年》)，第24页。

② 例如，参见 Henri Lefebvre(亨利·里夫布维里)的著作：*The Production of Space*(《空间的生产》)以及 Edward Soja(爱德华·索雅)的著作：*Postmodern Geographies*(《后现代地理学》)。

③ G. William Skinner(施坚雅)："Marketing and Social Structure in Rural China"(《中国农村的集市和社会结构》)以及"Regional Urbanization in Nineteenth Century China"(《十九世纪中国的区域城市化》)。

④ Robert Darnton(罗伯特·唐顿)：*The Great Cat Massacre*(《大屠杀》)，第23页。

沈的革命活动主要发生在三个不同的场合:作为大都市的上海、作为省会的杭州以及作为乡村的衙前。表面上看,这个分析的一般框架是由三个空间场所组成的,但实质上,就它们之间在社会生态学和经济政治发展程度上的差别来看,它实际上(这里借用格罗哈姆·佩克关于西部中国的经典报告的题目)是对三个不同时代的考察。① 从被李欧梵称为"'现代性'的'空间扩张地'"的上海,到迅速现代化中的杭州,再到由阴暗沉闷的茅屋组成的衙前,沈在这三个地方的活动不仅展示了三者间的相对结构和价值维度,也展示了三者的历史角色扮演者、社会网络和时代精神之间的互动维度。②

正如我在其他地方指出的,革命并不是主要只依靠非个人的社会、经济力量或意识形态斗争就能解释的过程。③ (事实上,这一时期的历史似乎常常表现为思想斗争,这些思想斗争主要在思想家们和作为各种主义的喉舌的革命者之间展开。)相反,革命是男人和女人们的故事。这些处于不同的社会关系和推进力中的人们,常常是别无选择地被卷入他们不能控制和引导的革命形势和风暴之中。在这里,希望和绝望似乎永无休止地轮回着,而生命也就这样被变动不居的革命潮流塑造、扭曲或毁灭。革命过程中的日常决策和行动产生于类似的事件、发展和关系,而不是普遍的意识形态、政治一致及发展。为了理解革命,我们必须把主要的关注点放在日常人生经历和社会过程,人们的思想发展和行动正是来自于此;我们也应把我们的主要关注点置于活生生的个体之上,不同个体的目标相同,但可能来自于多样的动机。

本书每一章分析沈氏的革命生涯在某一个或某几个场合的戏剧性

---

① Graham Peck(格罗哈姆·佩克):*Two kinds of Time*(《两类时间》)。

② Leo Ou-fan Lee(李欧梵):"In Search of Modernity: Some Reflections on a New Mode of Consciousness in Twentieth Century Chinese History and Literature"(《现代性寻踪:对二十世纪中国历史和文学中一种新的认知模式的些许回顾》),第121页。

③ R. Keith Schoppa(萧邦奇):"Contours of Revolution in a Chinese County, 1900—1950"(《一个中国县的革命概况:1900—1950年》)。

危机或发展,叙述并详尽阐述革命的本质和动力,同时指出可能解释沈氏死亡的线索。从许多方面看,这是一个历史可能性和偶然性的故事。正如我们将看到的,关于沈氏之死,至少有五种可能的猜测以及相应同样多的解释。在革命中,潮流沿不同途径和方向变迁也具备多种可能性,从而产生极为不同的历史结果。不管当时的可能性如何,20 世纪 20 年代中国革命的结果是开创了一条通向今日中国的政治道路。

为探究沈氏生死之谜和 20 年代革命的动力,我为指陈社会情境而广泛使用了沈的散文、小说、诗歌和演讲中的片断,这些片断将帮助我们揭示他及其时代的本质。

第一章 衙前之死：1928 年 8 月 28 日

> 与其做一个不生不死
>
> 半生半死一年无事的闲人，
>
> 正不如做一个
>
> 整年寻死没路的忙人。

死，1922 年

这一年的 8 月闷湿难挡。人们认为，可能正是这酷热的天气促发了位于省会杭州的浙江保安军军械库在 8 月 22 日午夜前夕的爆炸。尽管事态随即得到了控制，但还是在西湖附近制造了巨大的爆炸声，四散的、不计其数的弹片使得消防队员也一筹莫展。这一切更加剧了城内许多人早已明显感觉到的紧张气氛。[①] 自从 1927 年 4 月以来的 17 个月中，杭州城就像浙江其他大部分地区一样，笼罩在一片变幻莫测的气氛中：红色恐慌和白色恐怖此消彼长。1926 年和 1927 年，在经历了若干年的军阀混战后，蒋介石发动的军事行动成功地重新统一了中国，但从此也揭开了激烈的党派之争，以致到 1928 年夏天仍不见丝毫减弱。8 月头几

---

① 《申报》，1928 年 8 月 24 日。

个星期,省保安军已经在杭州的旅馆里逮捕了十几个共产党员。报纸上充斥着共产党在省会周围的几个县以及本省其他地方活动的消息,这更助长了关于共产党暴动和反击的传闻在省城迅速蔓延。①

仅仅因为这高温,也值得时年 44 岁的沈定一去莫干山风景区旅行一趟了。好多年来,这个位于杭州以北 30 英里的莫干山风景区一直是上海(距莫干山 10 小时的火车或汽船路程)、杭州和其他长江地区城市里的西方传教士和商人们的避暑胜地。两千英尺高的莫干山竹林遍布,并设有完善的网球场和游泳设施,因此素以度假胜地闻名于世。② 但到 20 世纪 20 年代,随着中国人的民族主义情结和反抗列强在华特权的意识高涨,莫干山也开始被中国政治精英视做疗养胜地,而不再仅仅是外国人的保留地。20 年代中叶兴建的疗养院更增加了其吸引力。然而沈定一此去莫干山倒不是为了避暑,而是去会见几位正在那里度假或疗养的全国或省级党国要人。一年前,他也曾是他们中的一员,这次则是他离职后跟他们的首次非正式接触,以求重建联系。

1928 年夏,沈定一发起了一个大胆的经济、政治、教育实验,试图把他家乡衙前地区变成一个"自治"的典范。这次去莫干山部分也是为了向这些党国要人们阐述他的这一计划,并试探他们的反应。③ 我们不清楚他是接受邀请去的,还是如某一材料所说他仅仅是从报上得悉戴季陶正在莫干山休养就自行决定前往的。对于 20 年代早期的沈定一而言,戴季陶曾是他的行动指南。作为孙中山的私人秘书,戴季陶曾经和沈定一合编过一家上海的进步政治刊物,而且也曾一道参与过组建共产党的早期活动。1925 年,在沈定一处于艰难时期时,戴季陶曾提供关键的指

---

① 《申报》,1928 年 7 月 17 日和 8 月 11 日。

② 参见 Carl Crow(克劳):*The Travelers' Handbook for China*(《中国旅行指南》),第 108 页; Eugene Bartnette(鲍乃德):*As I Look Back: Recollections of Growing Up in America's Southland and of Twenty-six Years in Precommunist China, 1888—1936*(《我的回顾:回忆我在美国南方的成长岁月以及在前共产主义中国的二十六年生涯,1888—1936 年》),第 3 页。

③ 这一描述根据《沈定一先生被刺经过》。

导和支持。然而，尽管曾经似乎是重要的朋友，他们却已近 3 年未曾谋面了。因此，沈定一此去莫干山部分也许也是为了在新的革命形势下重建以往的关系网。但显然这并不是一次平等的政治会见，因为戴季陶在 2 月份已进入党的中央执行委员会及其常务委员会了。

沈定一于 8 月 26 日星期日早晨起程。路途并不遥远，衢前在钱塘江东南，距杭州仅 15 英里。然而由于不可避免的汽车、渡船以及船只彼此的协调问题和无法预期的延误，去莫干山大约也需要一整天时间。陪同沈定一前往的是他的年轻政治信徒和合作者王讷言。1927 年，王曾是省党部重要领导人，也是 1928 年自治实验中沈定一的重要助手。

他们于午后时分到达莫干山。下榻于旅社稍事休息后，他们就动身去疗养院拜会那些政界要人。假如戴季陶和其他几位要人没有邀请沈定一，那么沈定一可能曾致电戴季陶告知此次拜访。根据沈定一的纪念性传记，与戴季陶一起在疗养院的还有三位政界要人，其中两人据记载与沈定一有过谈话，张继即为其一，他的妻子正在疗养院养病。在孙中山的革命阵营中张是老资格的领导人，参加过从东京时期的同盟会反清运动到 20 年代初国民党重建的一系列革命活动。和沈定一一样，他也是西山会议派——被视为国民党极右翼集团的成员。8 月初，他刚就任中央政治委员会北平分会主席。另一人是周柏年，前中央政治委员会秘书长，富家子弟，据说是沈定一的老朋友。第三个人是朱家骅，时任浙江省民政厅长。到 1927 年止，朱家骅还是一个地质学和德语方面的学者，但在 1929 年被选入国民党中央执行委员会。戴、周、朱都来自吴兴，由于有这一层在中国文化中备受重视的同乡关系，他们间的相互关系很是密切。

星期日晚餐之前，沈定一向戴季陶和周柏年详细描述了他的地方自治计划（我们不知道张继和朱家骅在这番对话中参与到了何种地步）。在对话过程中，周柏年出扇请沈定一题联。沈定一的书法和对联很有名气，他的对联通常以各类国家或个人重大事件为题材，例如在杭州火车站附近的王顺兴饭庄的墙上,就挂着沈定一手书的巨幅对联:"肚饥饭碗小,鱼美酒觞宽"。① 在疗养院的那个下午,应周柏年的请求,沈定一用狂草题了一首明朝诗人于谦的诗:

> 千锤万凿出深山,烈火焚烧若等闲;
>
> 粉骨碎身浑不怕,要留青白在人间。

周柏年素以幽默闻名,看到题诗后就开玩笑:"我一落笔就喜欢写明朗的天气,而你总是写一些'粉身碎骨'的内容,这是为什么?"他们都笑了,没有记载表明沈定一曾有什么反应。② 晚饭后,沈定一和王讷言返回旅馆过夜。

第二天早上,为了与戴季陶单独交谈,沈定一步行去戴季陶住的乡村别墅。可能正是在那时,戴季陶确信他对近期发生的一系列事件深为失望:"革命本起于人心底不满足的,因为对于现状不满足,所以要革命;革命以后,人心还是不满足,所以慢慢地还要再起革命。"③也许戴季陶不喜欢他所听到的一切,他借口张继邀请他去探望其生病的夫人而结束了与沈定一的对话。我们可以想象,在听了前一天下午沈定一对其自治运动的描述后,作为党的重要领导成员,戴季陶对这么一种努力与"再起革命"的关系是颇为怀疑的。

趁戴季陶去探病之机,沈定一去游览名胜。但观赏风景似乎也并不顺利,当他和王讷言到达塔山山顶时,漫天大雾使得他们什么也看不见。下午坐船去剑池瀑布游览时,情况稍好一些。沈定一深为美景所动,并就剑池古老而神秘的传说作了一首诗。回到旅社,他小憩片刻。黄昏时又和王讷言回到疗养院,当晚与戴季陶、周柏年以及其他一些人共叙往事。天色尚不很晚,他们就彼此握别。当时沈定一提出他和王讷言准备

---

① 阮义成:《沈玄庐》,第二部分,第18页。
② 高乐天:《沈定一先生的一生》,第二部分,第11页。
③ 《沈定一先生被刺经过》,无页码。

翌晨离开莫干山回家,周柏年还想挽留他多住一些时日,但似乎也只有他对沈定一的到来表示欢迎;而对于沈定一来说,这样一次似乎并不令人满意甚至于有点失望的拜访,也已没有必要再延长时日,因此他谢绝了周柏年的邀请。

第二天(8 月 28 日)早上,沈和王徒步下山,坐汽船直奔杭州北城墙外的拱宸桥。拱宸桥后来成为城北郊区的中心,当时却是航运公司的大本营。这些航运公司的汽船连结着杭州和嘉兴、苏州、上海等地。1896年杭州成为通商口岸时,该桥的周围形成一个日本货市场,英国领事馆也建在这里。1928 年,这里成为一个繁忙的市镇,大量的旅客由此进入市区。此地也以妓女云集而闻名。沈定一和王讷言一到码头就离开了这里,没有在这里闲逛。这里的人行道上常常熙熙攘攘地充斥着去桥边一座佛寺烧香的香客。据一个杭州编年史作者记载:拱宸桥和佛寺周围时常香烟缭绕,终日不散。①

下了码头,他们就坐上去钱塘江渡口的汽车。在车上,沈定一坚持让王讷言停下来去探望他生病的母亲,当时其母亲正住在市中心。王同意了,在西湖边繁华的行政和商业中心新市场站下了车。沈定一则继续前行,并于午后到达钱塘江码头。从这里可以坐渡船跨过半英里宽的江面去钱塘江东岸,也可以坐船直上省会的中心。与拱宸桥相比,这是一个更为繁华的商业区,是浙东地区的丝、麻、棉和蔬菜以及经由富春江来自安徽省南部的木头、纸、油墨、油印钢板和茶叶等的集散地。② 就像拱宸桥商业区一样,来往过客在这里也形成庞大的流动人口,这些人并不来自当地,对当地也无多少归属感。他们主要是一些为商业服务的运输和码头工人以及为饭店、旅社、酒肆和妓院工作的服务业从业人员。1928 年炎夏,由于有关共产党威胁的传闻不断,这种地方就易被港口当

①《游杭纪略》,下卷,第 4 页 a。
② 参见阮义成的描述:《三句不离本行》,第 2 页。

局当做赤色分子的活动之地。有证据表明该地区临时实施了戒严,从而迫使沈定一和其他旅客必须经过警察检查才能过江。① 自 8 月中旬以来,当局已注意到一股共产党势力在介于杭州和杭州以东 30 英里的绍兴之间的萧山县(沈定一的家乡)发展起来。②

15　　　沈定一在免费渡口摆渡过江。这个渡口最初是由一个晚清的杭州慈善家捐建,但当时却已由一些富商和其他名流出资运作。③ 船一到对岸,沈定一留神察看了一下汽车时刻表,就赶忙去河边站买了一张去衙前的车票,然后就登上二十五路汽车,开始他 45 分钟的归程。汽车穿越在平坦的田野上,沿途是一片郁郁葱葱、层次分明的绿色:深绿色的棉秧、褐绿色的黄麻和苹果绿色的水稻。此时是下午四点半,乌云堆积在北部和西部天空,预示着暴雨将至,天空也因而呈现出一片深灰蓝色,从而缓和了下午的闷热。在河边站时有两个身着白色棉布衬衣和短裤的男子,当沈定一买票时,他们也买了票。目击者后来说,这两个人上了车后竭力坐到沈定一旁边。后来甚至有报道说沈定一认识这两个人;事实上还有人声称他还曾买食物给他们吃。④

　　　不管如何,没有迹象表明他们曾在汽车上交谈。沈定一注意到他们的存在了吗? 在他生命的最后 45 分钟,他在思考什么呢? 也许,由于旅途劳顿和高温,他正在昏睡;也许,他只是想着快到衙前,回到家和他怀孕的妻子及两个幼子共进晚餐;也许,随着愈来愈厚的乌云,他正想着 6 月下旬的洪灾,担心是否会有更严重的洪灾破坏江、湾沿岸。衙前属于变动不居的钱塘江冲击平原区,可是自 20 年代中期开始,江流再次改道,侵蚀了大片滋养一方生灵的土地,其破坏力甚于构筑新土地的努力。6 月,暴雨造成钱塘江水位升高 20 英尺,淹没了数千英亩庄稼地并使数

① 陈功懋:《沈定一其人》,第 45 页。

②《申报》,1928 年 8 月 11 日。

③ 参见 Harry A. Franck(哈里·法兰克)1925 年作的解释:*Roving through South China*(《穿越南中国》),第 41 页。

④ 据与沈剑云的谈话。1993 年 6 月 9 日,在萧山县衙前镇凤凰村沈剑云家中。

百亩土地被冲入钱塘江和杭州湾中。① 即将到来的暴风雨是否意味着对近海地带更大的破坏呢？

也许他的思绪转到了他的东乡自治计划及其面临的财政问题。仅仅十多年前，他自己有足够的财力资助这一计划；但现在，这一切都过去了，他的土地已分给了他的第二任妻子和大儿子。假如他希望通过造访莫干山以获得国民党的支持，那么，结果也已表明是不可能的了；也许，更可能的是，沈定一正回顾莫干山谈话，以及那些在这个不平静的年头里发生的那些导致这场谈话的事件。正好一年之前，他还处在他的政治权力的巅峰时期，是省党部和省政府以及公共事务中的关键人物，但是，随着蒋介石的复出，沈定一受到排挤。五年之前的此时，他们俩正受孙中山的派遣同在莫斯科。尽管在军事援助问题上的主要谈判代表是蒋介石，但据报道，沈定一与列宁曾有广泛的对话。② 过去三年中，他们的政治生涯开始分道扬镳，蒋介石权力的上升直接关系到沈定一权力的丧失。他能在更高的政治领域重新继续他的事业吗？他真的还想这么干吗？

汽车在县城稍作停留后继续前行。也许由于红色恐慌的继续和共产主义在萧山扩张的传闻的蔓延，沈定一的思绪转向了他在过去一年里作为把共产党员从国民党中清除出去的运动的主要领导人时在省里的地位。可以确信的是，不得不负责逮捕、惩罚那些曾经是他信徒的人总是令人不愉快的。但在沈定一眼里，他们显然既背叛了革命，也背叛了他曾与他们共同拥有的特殊关系。至于他是否考虑过许多幸存者对他的憎恨，我们无从知道了。

或许，当东行的汽车接近衙前时，沈定一的思绪转向了地方事务：鼓动东乡蚕农接受他新的改良方案；主要因他的决定而被羁押在杭州监狱

---

① 《申报》，1928 年 7 月 2 日。
② 王威廉：《沈玄庐与共产党》，第 159 页。

中的病弱的老人;疯疯癫癫地(或者至少有人这样认为)扬言试图雇用杀手暗杀他的衙前庙祝;关于县城附近的豪强地主公开谈论企图雇人杀死他的谣传。此时他的脑际也许正浮现出早期所作的诗:"经过的无非是怨声、恨声、失望声、杀戮声。"①

下午五点一刻,汽车缓缓驶入衙前汽车站,此时雨正下得紧。幸运的是,从车站到他家的路程并不太远,跨过大运河上的一座桥,再向东走几百英尺就到了。从汽车车窗沈定一看到了正好从项家平民学校回来的东乡教育委员会负责人宋维祺,沈定一向他挥手致意。当汽车停下来时,沈下了车,走到车后与宋维祺聊天,此时的他似乎显得生气勃勃。这时,那两个穿白衣的人也跟着沈绕到了汽车背后,两个人分开站着。当沈和宋走到车站管理员那里时,沈定一一开始找不到他的票,误把一张名片递给检票员。发现错了后,又上下摸索衣服以寻找车票,当沈定一还在找票时,检票员转向宋,他以为宋也是乘客。正当宋维祺解释时,突然传来剧烈的声音———一束子弹击中了检票员的窗户,检票员迅速卧倒在地,以避开子弹。

沈定一紧握两手,回头四顾寻找枪声之源。目击者描述杀手就站在离沈12—20英尺的地方。然后第二声枪声响起,紧接着又是第三声枪响。沈定一首先被击中胸部,接着是头部,然后倒在地上。宋没有被击中,但却吓得怔在那里动弹不得。其他站台上的人已惊慌得四散奔逃。杀手迅速走近沈,他正用手保护着他的头,但杀手又接连向他的身体补射了十几枪。当射击停止时,沈定一已停止了呼吸。第二天,医生检查了他的尸体,结果发现他身体有四处被子弹穿透,而另两处分别位于头部和肋部,子弹则深深地嵌在了躯体之中。

杀手发现沈定一已死,就沿公路向西往县城方向跑去。整个枪杀过程持续不到几秒钟。几秒钟后,宋维祺恢复了镇静,他呼叫几个农民去

---

① 沈定一:《一个青年的梦》,《觉悟》,1920 年 4 月 1 日。

追赶杀手。追到一座小桥上,杀手转过身子向农民开枪射击,迫使他们后退。三个人继续追赶,但杀手又开枪射击,再次吓退了追赶者。经过这最后一次开火警告后,杀手最终摆脱了追赶,消失得无影无踪,只留下沈定一尸横公路。

谁制造了这起谋杀?为什么要这样做?要回答这些问题,我们必须了解沈定一其人,其社会和个人网络,其行动和思想,以及 20 世纪 20 年代中国革命的整个舞台。

第二章　重返家乡：杭州，1916—1917

岸上灯移，天上星走；

岸上鸡声，催起船上笛声吼。

客人起，

携了他乡残梦，半惺忪，

懒得寻人开口。

我今到的是他乡。

绥阳船广州泊岸，1921 年

　　在袁世凯死去当天，沈定一返回了中国。袁世凯排挤羽翼未丰的国会以图独揽大权，并企图解散国民党的图谋终于导致了 1913 年夏季的起义。正是起义的失败导致了沈定一的海外流亡生活。这次起义起始于一些拥护国民党的督军宣布脱离北京政府独立，以试图对抗袁世凯的强大军队，史称"二次革命"。沈定一当时是浙江省议会的重要议员，在 1911—1912 年的"一次革命"期间，他参与过上海的革命活动，因而具有相当的革命声望，此时他正在杭州积极募集资金以供应弹药装备。像 1911 年一样，他个人捐献的款项仍是巨大的，这次大约有两万元左右，他亲自送往南京"革命"的中心。但是在两周内，南京被袁世凯的军队包

围,革命的势力被粉碎了,许多反袁志士,包括沈定一和孙中山被迫 19
逃亡。

"二次革命"对袁世凯最终野心勃勃地恢复帝制来说仅是个序曲,但对
于沈定一及其他革命者来说,却导致了深远的影响和痛苦的回忆。在前往
日本时,他写了一首诗,以痛悔自己的努力和金钱的被白白地消耗掉:

> 两万两黄金抖手间不见踪影,
>
> 只为那余勇可贾。
>
> 而今
>
> 所有留下的只是我空空的身躯。①

尽管还不至于到达赤贫的境地,但他在 1911 年和 1913 年所贡献的资金
已消耗掉他大部分的家产。

对沈定一来说尤为重要的是,革命的失败开始了他三年远离家庭、
家乡和地位的流放生涯。他的一个朋友这样描述他的流放生活:"自窜
南荒,不禁怆然。"②沈定一自己则把这三年视做一场灾难:"三年奔命,万
里投荒……又更忧患,流离颠沛。"③"投荒"是对他与他的文化、社会网络
和家乡分离的生动比喻。多年以后,在上引的描述他到达广州的诗中,
他表达了这种孤独羁旅的惆怅之感。

同乡会作为文化现象把地方意识视为身份的组成部分,视为与其他
人的重要联结,视为个人意识的中枢和社会文化指向点,它在全国各市
镇都发展了广阔的、为旅人服务的特别支持网络。④ 法政大学毕业生阮

---

① 高乐天:《沈定一先生的一生》,第 7 页。

② 刘大白:《赠沈玄庐七律四首》,第 49 页。

③ 《民国日报》,1916 年 9 月 9 日。

④ 关于上海各派的学生和工人同乡会,参见 Bryna Goodman(布里那・古德曼):"New
   Culture, Old Habits: Native Place Organization and The May Fourth Movement"(《新文化、
   老习惯:同乡组织和五四运动》),第 84—89 页。也可参考 Mary B. Rankin(兰金)关于职业
   性迁移滞后现象的评论:*Elite Activism and Political Transformation in China*(《中国的精英
   活动和政治转型》),第 76、79 页。

性纯,一家私立杭州法律学校的创办者,从 1911 年到 1928 年去世,一直是杭州余姚同乡会会长。同乡会租了一栋房子,用做余姚人在杭读书、工作或谋职者的宿舍、食堂和聚会场所。每年春、秋两季,会馆里都要举行特定仪式,设供品纪念余姚历史上的显要人物。[①] 阮性纯这样的人物对于塑造和强化地方意识、归属感和历史自豪感起着重要的作用。这样的组织对于处于在一离开本社群流落遥远的他乡后就等同于流放的社会里是十分重要的。

20 据说沈定一在东京学习十分努力,以控制自己对国内不利形势的愤懑。1915 年元月,当日本向中国政府提出《二十一条》时,他发起召集留日华侨共商对日本政府的对策。讨论的结果是成立"留日学生总会",沈定一被推举为总干事。他们讨论了各种策略,其中之一是全体中国学生返回国内向政府施压,以断绝中日邦交。2 月底,沈定一的活动引起了日本政府官员的嫉忌,他们派出高等刑事警员调查沈定一及其组织。由于几乎没有行动自由,而形势又日渐恶化,沈定一和其他九个同志离开了日本[②],其中之一是刘大白(1880—1931 年),他是绍兴籍新闻记者,在前清取得过功名,也因反袁而被迫逃离中国。他后来成为沈定一最亲密的朋友之一。[③]

他们首先到了新加坡,在那里沈定一呆了约 6 个月,并首次品尝了贫穷的滋味。他后来回忆说他当时甚至都难以举炊。此时,编辑一份为华侨服务的《苏门答腊报》的工作给了他首次尝试从事新闻工作的机会,也使他得以从极度贫困中解脱。1916 年元旦,当他得到信息说西南省份已开始反袁起义时便准备回国。但直到 5 月才筹到足够的船票钱,从而

---

① 阮义成:《先君恂伯公年谱》,第 14 页。

② 《沈定一先生事略》,无页码。为注释方便起见,我从标题页开始为此书编了页码。这一引文参见第 7 页。

③ 《衙前农民运动》,1987 年版,第 111 页。据陈觉模的文章,在日本居留期间沈定一曾在经济上资助刘大白;见《刘大白先生之生平》,第 49 页。

返回国内。① 这段异域流放的经历,可能是他后来的超现实主义诗歌和
小说中充盈的羁旅意象和梦境寓言的基础。

　　沈定一所碰到的经济困境听起来似乎是令人难以置信的。衙前沈
家是萧山县最大的富豪之一,拥有盛产棉花、稻米和黄麻的大片富庶的
沙地,佃农大量的租金源源流入他家的金库。前依大运河,壮观的沈家
大院有着坚固的石围墙,雄伟的大台门上方镌刻着三个表明这古老宅第
地位的大字:"光禄第",意即光明而有财禄的房子。② 台门前方竖着一个
精雕细琢的石旗杆,上面飘扬着帝制时代国家的最高功名:进士的三角
旗。沈定一的父亲沈受谦曾于 1886 年中进士。这一切始终向人们昭示
着这一家族的显赫历史。③ 几乎可以确信的是,在沈定一流亡日本和东
南亚的岁月里,他肯定多次回想起这个宅第以及他在这里的生活。

21

父与子

　　沈定一是怀着创建一个新中国的梦想返回萧山光禄第的。刚刚结
束流亡生活的他,在回家后的最初几个月却又充满了个人悲剧。他的大
女儿被淹死,接着他的小儿子死于一种不知名的疾病。他的父亲受谦也
突然病倒,并在一个月后不幸去世。④ 沈定一对父亲的逝世表现出深挚
的哀伤。哀痛之余,他也意识到假如他离开苏门答腊更晚一点,或他父
亲病得更早一点,他也许再也看不到父亲了,想到这,不免一阵后怕。⑤
1919 年他曾写道:"家父三年前就去世了。但我还常常想起他,并回忆起
他的教诲。"⑥

　　他们的关系不是简单的父子关系。沈定一是家中的第三个儿子,当

---

① 《沈定一先生事略》,第 7 页。
② 孔雪雄,《东乡自治始末》,第 330 页。
③④ 高乐天:《沈定一先生的一生》,第 5 页。
⑤ 《沈定一先生事略》,第 7 页。
⑥ 《星期评论》,1919 年 12 月 7 日。

地人称"三先生"。他不像两个哥哥那样谨慎小心,相反,却是一个聪明、敏捷、大胆且不愿受僵硬礼教束缚的人。① 在几乎任何一个传统的家庭,这样一种个性总是会与孔教大家长发生冲突。尽管定一的个性有时令人不悦,受谦还是看出他儿子的智力并培养他参加科举考试。18 岁时,沈定一通过县试,获得秀才及第,这个功名本身不能获得任何官方职务,但受谦给他捐了一个边远省份云南的知县职位,1904 年沈定一启程赴任。他可能把这两年在贫困的边陲的生活等同于他后来在日本和东南亚的流亡生涯,而他在任期将终时的行动也显然没有使他光宗耀祖。②

1907 年,沈定一放弃职位参加了中越边境的革命活动,后乘火车去河内并从海防登船远赴日本。擅自离职在当时简直是不可思议的,云南巡抚为此向礼部弹劾了沈定一。根据这一奏折,北京礼部通告沈将"永不录用"以示惩罚。有关定一所作所为的消息使得受谦十分震怒,政府的惩罚又使他极为沮丧。猜测定一将继续在日本参与革命活动,受谦致信给他叫他永远不要回来。在萧山官场和公众面前,他更是公开指责定一是个"不孝逆子"。我们无从考证这一公开表露的不快是否像一些评论者后来所说的仅仅是一种掩饰,而实际上受谦仍寄钱资助身在日本的定一。③ 同样,也没有信息可以表明 1911 年辛亥革命时期父子的关系。

"二次革命"后沈定一逃往日本后,浙江督军派缉查员去光禄第。根据一封定一在新加坡收到的受谦的信,政府代表逼迫沈家并命令其父叫回儿子,以便逮捕归案。受谦答道:"剑侯(定一的字)是一个人,他有他的主义。我老了,你们要通缉尽管通缉,不关我的事!"尽管这样的反应可以被视做进一步撒手不管儿子的事务,沈定一却写道:"收到家父的来信使我非常高兴。很早以来,我还以为只有我自己意识到我已是一个

---

① 高乐天:《沈定一先生的一生》,第 5 页;同时参见《沈定一先生事略》,第 14 页。
②《沈定一先生事略》,第 2—5 页;高乐天:《沈定一先生的一生》,第 5—7 页。
③ 高乐天:《沈定一先生的一生》,第 6—7 页。

人；但我七十多岁的父亲是早已把我看做一个人了。"①在这样的背景下，沈定一对父亲的哀思就不难理解了：父子之间显然已开始尊重对方的选择。

亚文化界和社团身份

1916 年夏天沈定一流亡归来时的中国很像晚清帝国，区别仅在于：随着帝制崩溃和外来思想、体制和结构的影响，此时的中国缺乏一个道德中心以维系社会和政治方向，尤其是稳定性。几百年来，中国文化的核心就是沈家大院入口处旗杆上飘扬的旗帜所体现的文学化的人文主义学术文化。一代代用孔夫子及其注释者的思想训练出来的老人和青年被灌输父权制观念（孝）、对家族和国家上层权威的臣服（忠）、对下属的仁爱主义（仁）和社会和谐思想（爱）。科举考试是古典义化的核心，因为这是一切未来的士大夫的必经通道。这种教育体制使学者成为社会和政治领域的主宰，但却把 90% 的中国人排斥在科举考试之外，从而使学者和大众之间形成明显的鸿沟。② 但是，这种体制同样也是学者与非学者之间获得共同文化认同的手段，它用精英文化概念构建所有中国人的核心价值，并使这些基本价值认同精髓渗入无数的亚文化界。因此它在整合这些亚文化界时起到了至关重要的作用。③

随着 1905 年科举取士的废除，作为社会概念的"绅"的特殊地位开

① 《星期评论》，1919 年 12 月 7 日。

② Benjamin A. Elman（艾尔曼）："Political, Social, and Cultural Reproduction Via Civil Service Examinations in Late Imperial China"（《中华帝国晚期科举考试下的政治、社会和文化再生产》）。

③ 有关中国文化一般性的优秀介绍，请参见 Myron Cohen（科恩）："Being Chinese：The Peripheralization of Traditional Identity"（《中国人：传统身份的边缘化》），第 114—125 页；有关中华帝国晚期文化整合方面的详尽讨论，参见 Evelyn S. Rawski（罗斯基）："Economic and Social Foundations of Late Imperial Culture"（《晚期帝国文化的经济和社会基础》），第 5—33 页。

始没落。在一个精英从此来自多种阶层的社会,表达社会身份和现实的新方式开始出现。通常被翻译成集团或团体的汉语新词汇"界",如"政界"、"商界"等等,不断出现在清末民初的报刊和其他事务性报道中。这个词作为一个表示有边界的区域的空间概念,在中文中也许要比在英文中更常用来表达社会和职业群体。当用以表示民国初年广泛涌现的社会群体时,它表明了一个多中心的亚文化圈世界(界):易于识别但外表相当松散。但就其所体现的共同利益集团群体的意义而言,这种亚文化圈由许多网络和群体联结,而这些网络和群体又是基于大量的私人交往之上,同时它们又通过私人联系与别的亚文化圈相关联。从清末报纸上的分法来看,有以下几类参与公共事务和集会的"界":绅、商、绅商及由学者即学生和老师组成的学界。[①] 民国以后,公共领域里的亚文化圈亦即被认可的社会身份不断增加,使得社会和政治中潜在的共识更难形成。1916 年,报纸报道的公众聚合已没有绅,却增加了警、报和教育。1911 年以后军界也出现了,军界的出现和崛起应当归因于他们在推翻满清统治的革命中的作用。浙江的军事领袖在解决杭州满清驻军和取得令人信服的克复南京中获得了军事上的成功,从而也提高了社会职业地位和权力意识。[②]

在迅速发展的民国杭州社会,一些亚文化圈变得越来越重要,而其他亚文化圈则随着政治环境的演化而变化。例如商界,因其承担着不断膨胀的商业以及政府和革命的费用,因而变得越来越重要。在许多方面,这个亚文化圈是界限最模糊的领域,其成员通过提供财力支持与挥毫者(绅)、执钢笔者(政)和持枪者(军)相关联。在缺乏传统社会伦理正统规范的情况下,没有一种社会结构能够把自我意识不断增长的庞大的职业群体整合成具有共同利益的整体。而且因为没有关于政治合法性

---

① 《时报》和《申报》,随处可见。

② R. Keith Schoppa(萧邦奇):"Politics and Society in Chekiang,1907—1927"(《浙江的政治和社会,1907—1927 年》),第 2、3 章。

资源的一致协议,因而亚文化圈之间争端的最终仲裁者只能是实力,而军界在这方面显然占有优势。

传统核心观念显然是拒斥尚武风尚的,正像一句中国谚语所说的:"好男不当兵"。尽管一代又一代的王朝是用弓、剑和枪夺取政权的,但受人敬重的仍是那些有学问的人,而他们所使的是毛笔。国家精英认定智力文明明显优于臂力文明。旧王朝的军事考试包括体能测试,而科举考生则用带着长长的指甲的手指挥毫作诗和论,显示体力的尚武对他们来讲是有失尊严的。现代士兵仍然主要依赖体力和敏捷操纵枪炮,而向往共和政体的新的政治领导人则用笔起草宪章,并在民选议会中唇枪舌剑、纵横捭阖。

在 1911 年的辛亥革命活动中,军界和政界领导人之间没有公开的对抗,政界(绅、商、学)和军界之间的网络团体共同策划发动革命。20 世纪初,这些团体具有某些共同的价值观,其中最主要的是基于排满至上的民族主义主张。同样,他们也讲究责任、忠诚,并强调严格的等级关系和服从权威。革命过程本身也塑造新的网络,并进一步模糊亚文化圈之间的界限。这种模糊性可从当时的政治领导人许祖谦的经历得以认识。许是记者、立宪派和省议员,他曾和新军八十二标三营管带顾乃斌住在一起。光复杭州的主体计划就是在他们家拟定的,当时出席的还有其他主要军事指挥官和有实力的议员褚辅成。据说顾和许与秘密组织青帮也有联系。① 这一时期的许多革命者都与秘密社会有联系,但顾和许跟臭名昭著的青帮的可能联系,表明这一革命时期合法的政界、军界精英并未排斥以经营走私、妓院和鸦片贸易为生的亚文化圈。② 为达到目的,他们当时采取直接的有时甚至野蛮的行动。革命团体毫无顾忌地采用恐怖和暗杀手段,而且常常就像冒险家那样充满个人英雄主义和骑士色

25

---

① 葛敬恩:《辛亥革命在浙江》,第 98 页。

② Mary B. Rankin(兰金):*Early Chinese Revolutionaries*(《中国早期革命家》),第 119、137 和 204—205 页。

彩,颇为惊世骇俗。① 以敢死队和内部策反手段来对抗具有压倒优势的敌人便是这种风格的生动体现。

尽管社会政治观念在革命者、军官和海外归国学生之间甚至在同一群体中都有所不同,他们显然仍具有许多共同观点和思想,并与那些由与自己观点相似的人组成的网络和群体保持联系。参与秋瑾和徐锡麟(参与 1907 年刺杀安徽满清巡抚的活动)之类的革命者网络,意味着投身于以个人冒险拯救国家的活动;与声名显赫、出身富裕且成就卓著的立宪派交往的人,则是那些对政府职位感兴趣者;而那些想在当时的中国社会实力不断上升的军队中发展的人则投身于军界。由于每个团体都遵循特定的政治目标和策略进行行动,其成员便形成对困难、敌人、盟友、成功和失败的共同经历和记忆,这种记忆又为达到进一步的群体目标提供了潜在的动力来源。

一旦政治和社会联结得以形成,而且他人对某一特定个人在社会中位置的看法也得以形成,那么这些看法就会对社会交往产生影响。任何一个人只要被认为与某一个特定的革命、军事或政治精英团体有关,就会被认为是其中的一员。这是因为,在中国文化中,个体身份很大程度上来自个体所处的关系网。这种身份使得其他人"根据那个人所处的环境采取因应的对策"②。在民国早期散布谣言似乎是一种时尚的情况下,这种现象尤其容易产生误导和危险。革命家王金发的经历就是明显的例子。王金发是光复会成员,也是 1911 年 11 月光复杭州时的敢死队员,后来成为绍兴地方军政府首脑。尽管他的革命声望是无可指责的,但一旦掌权,他就以一个搜括当地民脂民膏的独裁者而闻名,尽管这一说法未必公允。③ 然而,他仍然归属于主要革命领袖如陈其美、黄兴之类

---

① Mary B. Rankin(兰金):*Early Chinese Revolutionaries*(《中国早期革命家》),第30—47 页。
② Anselm L. Strauss(安塞尔姆·斯特劳斯):*Mirrors and Masks:The Search for Identity*(《镜子和面具:身份研究》),第45 页。
③ 参见陈协书:《绍兴光复史见闻》,第 107 页;鲁迅:《鲁迅选集》,第一卷,第415—416 页。

组成的网络,并在他们中拥有良好形象。在 1912 年那起严重的人身攻击案中,黄兴甚至亲自出钱把他保释出来。但有谣传说浙军第六师师长吕公望在这次保释中出了力,因此人们便视王和吕为同党。吕公望竭力想洗刷他与王金发的这种所谓的关系,于是就策动省内重要精英通电证明他没有参与其事,以维系他的名声。①

沈定一自己也曾更为一般地就军人的遭遇思索过社会身份的意义:"兵—兵—枪咧,刺刀咧,脚靴、腰弹、肩章、背袋,何等威风,何等气概——但是人民脑筋里却总积了个'盗'与'匪'的影子。原来兵! 也是个人。何苦叫人家害怕他呢? 一旦从头到脚,脱却精光,依然是个亲亲热热的弟兄哥儿。"②

军事文化和省内政治

对于沈定一和其他革命者来讲,1913 年不愉快的记忆并不仅仅来自他们的被迫逃亡,而且来自于逃亡的原因。作为新军创办人和总统的袁世凯破坏了立宪政府,并用武力粉碎了"二次革命"。对于沈定一及其宪政主义者盟友来说,1913 年成为至关重要的记忆。这一记忆令人痛苦的教训在于:比越来越不明朗的辛亥革命的目标更为迫切的是,必须使军事归于政治领导之下,并使这种领导合法化。沈定一及其议会同事面临的困难是无法左右变化的形势,武力将成为中国政治生活中关键的决定性的因素。这是令人痛苦的现实——科举考试终结仅仅 10 年,政治权力平衡就发生了戏剧性的变化,受过良好教育的政治精英正被军事精英取代。1916 年 6 月到 1917 年 6 月这一年里,省内发生的戏剧性事件就来自亚文化圈之间、政治精英和军事精英的集体意识之间的根本冲突。 *27*

---

①《时报》,1912 年 12 月 3 日和 8 日。这些精英包括省议会两副议长,杭州总商会最重要的两位负责人以及两团级指挥官。
②《星期评论》,1919 年 6 月 8 日。

这些事件使浙江的政治局面愈加混乱,并使沈定一成为一个既令人敬畏又令人憎恨的人。

浙江军界的主要成分和观点的形成,可以从 1911 年辛亥革命到 1916 年这一时期的军事网络和派系的发展中得到概览,这对于理解这种亚文化圈的社会边界和意识具有重要意义。从军事观点看,辛亥革命是四大军事院校培养出来的军官的联合行动。① 那些来自日本陆军士官学校的人如蒋尊簋这样的显要人物,是获得政府奖学金或利用家庭资助而留洋的精英,在所有军校毕业生中他们以政治上最激进而闻名。声望仅次于前者的是南京和保定军校,蒋尊簋早先就选择南京军校毕业生朱瑞为浙军总司令,朱是光复杭州的主要策划者,也是南京战役中浙军的英雄。

尽管四所军校的毕业生都参与了革命的策划和推动工作,但从一开始中国军校毕业生就明显嫉恨日本训练的军官。声望最次的浙江武备学堂培养了 70%—80%的低级军官和大部分中级军官,因而明显不满那些成为省督军的主要参谋人员的"进口产品"②。甚至一些南京和保定的毕业生也牢骚满腹:朱瑞(南京)及其在南京战役中的参谋长吕公望(保定)就相当不满。③ 显然,由历尽艰险、生死与共的共同革命经历凝成的关系,已使得毕业于中国军校(南京、保定和浙江)的军官形成彼此间的新关系和社会联结。然而在变动不居的政治条件下,这种关系不会持续很久。1913—1917 年的浙江军事史因而也就是大部分的政治史,正是由四大军校毕业生网络所组成的辛亥派系的解组和重组,每个军事集团都渐次产生出一个督军:日本陆军士官学校,蒋尊簋(1912);南京,朱瑞(1912—1916);保定,吕公望(1916—1917);浙江,夏超(1924—1926)。

---

① 有关辛亥时期更为详尽的描述,参见 Schoppa(萧邦奇):"Politics and Society in Chekiang, 1907—1927"(《浙江的政治和社会,1907—1927 年》),第 2 章。

② 姚宗:《辛亥浙江革命史补遗》,第 8—9 页。

③ 葛敬恩:《辛亥革命在浙江》,第 122 页。

在这些年激烈的帮派争斗中,阴谋活动和直接行动,背叛甚至暗杀 *28*
充斥着血腥的军事领域。在相互竞争的网络和派系中,最重要的社会联
结是母校、共同的革命经历所形成的关系,以及私交、同乡等关系。尽管
网络的强度和紧密度随形势和网络结构的性质和纯度而变化,对民国初
年军事竞争的研究却表明存在某些既定的模式。① 信任强度从高到低依
次为:私人友谊、学校联结、同乡、共同革命活动经历以及同一革命组织
身份。② 在紧急危机时期,个人友谊仍能保持其张力,而其他联结(包括
通常很强的同乡纽带和来自或毕业于共同学校的关系)则易被侵蚀和瓦
解。如果说友谊是达到个人目的的有力工具,那么个人仇怨也具有同等
的潜在破坏力。危机阶段仓促作出的决定易招致愤怒和憎恨,此时某种
特定联结的强度就得经受政治相互作用发生过程的考验。③ 这样的情绪
是否会持久影响双方的关系,则取决于其他更积极的联系的存在。

许多政治精英在军政府中供职。直到 30 年代仍是省内重要政治人
物的马叙伦,曾坦率地披露在军政府中获得职位的一些做法。④ 清末时,
马曾与一个叫楼守光的清咨议局议员紧密合作,并在省内精英的协力下
试图收回英国控制的沪杭甬铁路的路权。楼及其兄长都是蒋尊簋父亲
的好友,由于这一层关系加上同乡情谊(他们都来自蒋的家乡诸暨县),

---

① 这些概括是根据对《时报》、《民利报》、《民国日报》以及 1916—1917 年的《中华新报》作出,同
时也曾参考下列资料:张孝勋:《浙江辛亥革命光复纪事》,第 118—124 页;《浙军杭州光复
记》,第 131—145 页;褚辅成:《浙江辛亥革命纪实》,第 114—121 页;钟立宇:《光复杭州回忆
录》,第 89—103 页;徐炳坤:《杭州光复之夜的一次官绅经济会议》,第 165—166 页;葛敬恩:
《辛亥革命在浙江》,第 91—126 页;来伟良:《辛亥工程营杭州起义记》,第 67—74 页;陆焕光:
《辛亥浙省光复前后之军政沧桑》,第 8—9 页;吕公望:《辛亥革命浙江光复纪事》,第 114—
117 页;马叙伦:《关于辛亥革命浙江省城光复纪事的补充资料》,第 47—57 页;马叙伦:《我在
辛亥这一年》,第 170—179 页;斯道勤:《浙军十八年的回忆录》,第 76—93 页;斯道勤:《辛亥
革命杭州光复别记》,第 144—147 页;李政通:《辛亥革命以后十六年的浙江政局》,第 147—
158 页。
② 参见 J. Clyde Mitchell(克利德・米歇尔):"The Concept and Use of Social Networks"(《社
会网络的概念和使用》)一文中关于网络持久性方面的讨论,尤其第 20—29 页。
③ 吕公望:《辛亥革命浙江光复纪事》,第 112 页;葛敬恩:《辛亥革命在浙江》,第 112 页。
④ 马叙伦:《我在辛亥这一年》,第 178—179 页。

他们运用其相当的政治影响帮助蒋尊簋战胜了一个强大的对手。蒋尊簋成为省督军后,马叙伦基于其对蒋的支持以及与楼的朋友关系而成为蒋的秘书,楼也被任命为刻印局局长。当楼赴县知事任后,马接替了这个职务。这里的关键是马叙伦和楼守光从资历上讲是不够格的,他们的职位明显基于私人友谊,基于军事领导人对他们支持的回报。这是一种传统的权力联结,但在旧的政治结构和模式已被破坏而新的还处于不确定之时,它就显得至关重要了。

沈定一对马和楼这样的政客与军事领导人走得很近,并因此同流合污的行为深感不安。这样的联盟只会加强军事统治者的地位,促使其走向冒险主义,从而增加不稳定的可能性。他相信,在这样的联结中,政客和行政精英总是处于劣势。他曾颇为传神地对这样的一个政客讲:"现在你们做了袁世凯底姨太太了。大人老爷们睡到半夜里,淫性发作,把睡在床前地板上的姨太太拉进被窝中泄欲;等到欲火一泄,就会把她一脚踢出被窝的。你们当心着,不久终有踢出被窝的日子。"①一次世界大战后,他以更生动形象的语言描述道:军人就像尸体,而依附于军人的政客就像"尸体上的蛆"②。

沈定一及其省议会网络的兴起

军政府体制及其行政官僚只是杭州政治舞台上的部分景观。1916年省议会废止三年后终于又得以恢复了,从1912年到"二次革命"失败沈定一一直是在这里工作。为更好地理解沈定一在其经历的不同阶段的身份,我们有必要搞清楚谁是他的同志,哪些人组成了他所在的各种各样的网络,谁是他的朋友和谁是他的敌人。这种方法假定持久的政治和社会关系更多地是来自于政治行动和危机过程,而非来自于社会和政

①《沈定一先生事略》,第6—7页。
②《星期评论》,1919年6月15日。

治组织的成员地位;而且"身份是一种在个人的交往和经历中不断产生,且由个人的交往和经历随时生产的社会现实"①。

许多和沈定一一道在 1913 年积极反对袁世凯的省议员,一直到 20 年代中叶在沈定一的杭州政治网络中仍是重要角色。这是一支由 10 人组成的年轻的团队,其中至少 7 人出生于 19 世纪 80 年代,在 1913 年时他们大多在二三十岁之间。最年长者副议长刘焜(1869 年生)进士出身,徐炳坤(1881 年生)举人出身,其他人没有更高的功名。② 至少 3 人曾留学日本,且至少 3 人毕业于中国的新式学校;两个来自京师大学堂。大致来讲,他们是在省议会开始其公职生涯的,其中 5 人后来进入报界——一个在 1915 年前后新出现的公共团体③,3 人成为行政官僚,为后来被沈定一诟病的督军服务,至少两人在被称为中国资本主义的"黄金时代"成为有影响的企业家。④ 总之,他们代表了正在觉醒的公共利益集团。值得指出的是,几乎没有证据表明这些人是由同乡纽带联结起来的。这 10 个人来自全省 9 个府中的 7 个府,共同倒袁的政治目标产生了这个以政治行动为基础的网络。

一些人在沈定一的个人生涯和浙江的政治生活中起过作用,因而有必要提及。海宁县的许祖谦(师范学校毕业生),在本(20)世纪最初十年就作为杭州几大报纸的编辑而开始了其职业生涯。⑤ 在投身于辛亥革命

---

① Weigert(魏格特)、Teitge(台杰)and Teitge(台杰):*Society and Identity*(《社会和身份》),第 30 页。这种策略显然不能用来预防政党和组织内部关系的发展。但我在这里假定:以传统文化联结为基础的基本私人关系一般来说具有更大强度和持久性。

② 关于刘,参见 *Gendai Shina Jimmeikan*,第 337 页。关于徐,参见 *Gendai Shina Jimmeikan*,第 782 页;同时也请参见《时报》,1912 年 11 月 14 日;1914 年 3 月 3 日、5 月 16 日;1920 年 7 月 27 日、9 月 28 日。

③ 报纸是主要的政治工具;许多中国青年知识分子当时都纷纷作为刊物编辑以提出他们的主张,并宣传他们的立场,但许多刊物寿命都不长。

④ 参见 Marie-Claire Bergère(白吉尔):*The Golden Age of the Chinese Bourgeoisie, 1911—1937*(《中国资产阶级的黄金时期,1911—1937 年》)。

⑤ 向时元:《浙江新闻史》,第 43 页。

后,他作为议会发言人争取政治合法权力。[①] 1913 年夏天,他是最直率的积极反袁的议员之一,被当时的一位评论家誉为"宁折不屈"[②]。与他站在同样公开反对立场的任风冈是他的密友,也来自海宁,同样也是一个"直率好辩"之人。[③] 任风冈在 17 岁时考取了生员,并于 1911 年秋毕业于京师大学堂法科,后成为律师。许—任搭档是议会里一股令许多议员胆战心惊的力量,在"二次革命"时二者又都因鼓吹独立而双双入狱。

议长莫永贞(1876 年生)毕业于法政大学。也许由于他的地位,他成了最著名的支持独立的人,因而也像许和任一样被关进了监狱。在1908—1911 年收回路权运动中他表现得极为活跃,且和省内其他重要精英有紧密联系。他还是浙江国民党的副支部长,支部长是前清议员和革命者褚辅成。那些倾向于孙中山的同盟会员和后来的国民党人(如莫、许、任和褚)强调自由议会制政府和法治,这些主张构成了宪政主义的基础。这些人主要来自于浙北地区(杭州、湖州和嘉兴三府)。相反,其他主要的革命组织如光复会则以浙东地区为基础,强调民族主义,而没有孙中山三民主义中民权主义和民生主义方面的内容。[④]

沈定一应当归属于哪一种政治信仰和忠诚类型呢?纵观他的一生的记录很难作出合适的归属。作为浙东人,他一开始不是光复会会员;在光复会成立和经历创伤——其重要领导人举义和靖难时——他在云南和日本,且在最终加入光复会前与同盟会关系密切。尽管浙东政治、军事和革命精英对光复会具有强烈的团体认同,他却似乎从未接受那种认同。当纪念光复会的两位英雄——陶成章和徐锡麟的两个组织分别于 1915 年和 1917 年建立之时,他一个也没有加入。尽管事实上在后一

---

① 《革命人物志》,第 4 卷,第 14—15 页;《浙江人物简志》,第 43—44 页。
② 向时元:《浙江新闻史》,第 91 页。
③ 同上书,第 84 页。
④ 传统上浙江分为浙西和浙东两部分。这一传统划分并不是对现实地理区划的精确表述,因为只有北部三府被称作浙西,而富春江和钱塘江以东的府都称浙东。在这里,我不用传统区划方法而大致采用地理上的划分方法。

个组织中,有许多重要的省议员和他的亲密同事。①

部分解释可能来自沈定一的个性。这些个性因素我曾称之为革命精神。沈定一是一个卓尔不群且易感情用事的人,在他散尽家财支援革命的慷慨举动中,以及他经常深不可测的行动(如弃职离滇中),他表现得几乎是一个游侠骑士的形象。尽管他所取得的主要成就是智力成就,但他却总是喜欢军事艺术,从孩提时起,他在竞力比赛中总是打败对手。他会骑马,爱拳击,喜欢义正辞严批驳他认为不公正的事。② 在一个崇尚群体关系和责任的文化中,沈定一却是一个个人主义者,只要有资源,无论是金钱方面还是人身方面,他就会毫不犹豫地担当责任。他的个性似乎更易导致一种保护者—被保护者的关系而不是水平的同僚网络。

孙中山在杭州:1916 年 8 月

孙中山视察浙江时为省议会秋季会议致了开幕词。在许多中国人眼里,作为长期的反清领袖和民族主义事业的倡导者,孙中山似乎是中国的政治教父。而对于他的支持者来讲,1912 年初他把民国总统职位让给袁世凯则是一杯难以下咽的苦酒。他曾在袁世凯的政府中短暂任职,但 1913 年他也像其他人一样逃往日本避难。1916 年 4 月返回中国后,他在上海花了几乎 1 年时间撰写了民族主义和民权主义方面的著作。

8 月 16 日他坐了五六小时的火车到了上海西南 120 英里的杭州。

---

① 《辛亥革命浙江史料选辑》,第 360—363、453—458 页。沈定一最初与由同盟会改组而来的国民党以及光复会都采取了敬而远之的方针。几乎从其职业生涯刚起步始,沈定一就对各自为政的诸党派没有多少参与热情,他选择了组建自己的政党的道路。1912 年初,他在上海组建了一个明显带有改良主义色彩的政党:公民激进党。该党倡导道德、民族主义和公民天职,其宗旨云:"养正锄非,化私就公,巩固民权,发展民意,俾全国人民,各尽公民天职,造成完全共和国家。"沈定一把国民党视为可以合作的友党。在 1912 年底举行的省以及国民议会选举中,沈的公民激进党的一些成员赢得了议员席位。但该党局限于上海而无法在浙江得以发展,因为当时的浙江几乎已被国民党包揽。于是一方面党的生存可能性越来越小,另一方面资金也很快告罄。沈定一参与"二次革命"后,该党也遭到袁世凯查封。

② 高乐天:《沈定一先生的一生》,第 5 页。

这两个城市间的相邻地位对双方的历史都产生了重要影响。孙中山在由大约 12 个人组成的随行人员(包括他的私人秘书戴季陶)的陪同下,到达城东墙内主火车站,并受到军、政、绅、商界要人的欢迎。随后孙中山又向西坐了大约 1 英里的路程,到达位于杭州新市场的旅馆。①

从许多方面看,新市场都是民国杭州的象征。这一区域位于西湖一带,从 17 世纪 50 年代开始就成了围墙高筑的清军绿旗营驻地。② 在之后的 250 多年岁月里,基本上整个杭州城被完全与西湖分隔开来,而西湖就其对杭州的重要性而言与杭州是不可分割的。辛亥革命后在省民政长褚辅成的领导下,人们通过决议夷平了以前的军营,并在旧址上精心设计建起宽广的大街、花园、公园和广场。旧时代的象征被拆除后,西湖景色从此真正成为城市的一部分。从以前的涌金门到钱塘门大约 3/4 英里的区域建起 1 个公共体育场、1 个公共教育设施、6 个公园。每个公园都各自设有式样不一的茶室、亭子、长椅,并栽有各类花草树木。花园之间建有船坞,以便小船在湖上泛航。③

在新市场也建起了学校、政府、旅馆、茶楼、酒肆和戏院。④ 另外,房子已被分隔出售,以供私人居住,或开商店,或用于其他商业目的。⑤ 这样,民国的到来使得杭州城有了明显的改观,新市场不仅使城市增添了亮丽的自然美景,而且成了开展商业、教育事业和体育活动的场所(对公共学校体系的强调开始于晚清)。对于沈定一来说,这里也是他在杭州

---

① 《新编浙江百年大事记》,第 143—144 页。也可参见《孙中山在杭州的演说》,第 1—6 页;《孙中山杭州之行》,第 149—155 页。孙中山下榻于清泰第二旅馆,据当时的一本旅游手册描述这家旅馆以"轩敞美观"著称。参见《游杭纪略》,下卷,第 104 页。

② 关于营房及其与城市的关系,请参见 Pamela Kyle Crossley(克劳斯莱):*Orphan Warriors*(《被遗弃的斗士》),第 248 页;也可参见 Barnett(鲍乃德):*As I Look Back*(《我的回顾》),第 104 页。

③ 有关现代化变迁的情况,参见《各省光复》,第 153 页;"Returns of Trade and Trade Reports"(《贸易收益和贸易报告》),第 822 页;还可参见《时报》,1914 年 2 月 21 日、3 月 19 日。

④ 《时报》,1915 年 12 月 13 日。

⑤ 阮义成:《先君恂伯公年谱》,第 15 页。阮是第一个在新市场地区购地造房的人。

活动的主要场所。离西湖仅有一个街区的省律师协会，是沈定一经常演讲的地方，也是 20 年代国民党聚会的地方。从西湖往南几个街区，再往东三个街区，是沈定一的另一个基地：浙江教育协会（原书 33 页为地图，兹略去）。新市场新颖而开阔的区域为 10 年代末、20 年代初的政治发动创造了具有象征意义的空间。① 它成了象征新杭州的东西轴线的西极，这条轴线的东极是直通上海的火车站，建于 10 年前。然而明显作为西极象征的是督军的办公楼，它醒目地坐落在湖滨附近，构成新区的一部分。而省议会大厦则不在新市场，它是位于民国杭州东西轴线以北的一所高大的多层建筑。

　　8 月 18 日，督军吕公望设宴欢迎孙中山。吕公望作为官方首席登台的礼节显示军事优先已成为重要的政治规则。② 孙中山以公路建设这样一个不怎么吸引人的问题为中心阐述建国方略。下午，他视察省议会大厦并受到即将恢复的议会的欢迎。我们不知道这次是否是沈定一第一次会见这个象征中华民国并且后来他也极力推崇的伟人。孙中山曾于 1912 年 12 月到过杭州，当时曾参加了一系列庆功宴和招待会，但没有记录表明当时沈定一会见过他③，也没有资料显示沈定一参加过孙中山于

----

① 这一关于新市场空间的重要的象征意义，并没有耗尽这一地区对各类人们或个人所具有的可能的政治、社会和经济上的空间含义。有关空间的多种含义的讨论，参见 Michael Keith（迈克·凯思）和 Steve Pile（斯蒂文·帕尔）："Introduction, Part I：The Politics of Space"（《介绍，第一部分：空间政治学》）。

② 吕在 1916 年出任军政两长。与许多军界要人相比，他似乎更为进步，在危急关头总能积极主动地与政府官员和精英进行商讨。作为获得过较低等级功名的光复会会员，吕曾在 1911 年杭州起义的筹划中起过重要作用，且是南京战役中浙军总司令朱瑞的参谋长。精通军事和外语的吕被当时一名记者誉为"精力旺盛"的人，不但如此，他还拥有广泛的政治和社会关系网。他是辛亥革命者陶成章和陶在光复会中许多同事的朋友，他曾与朱瑞及其南京军校校友群体亲密共事，但同时与其他军事集团也相处融洽。作为浙东人，他在浙北嘉兴和湖州府镇守使任上有极佳记录。作为平衡，他在重大问题上与其家乡所在府采取相同政治立场，以寻求地方支持并树立地方政治信任。参见《时报》，1913 年 6 月 27 日、12 月 6 日；1914 年 2 月 21 日；1916 年 5 月 12 日。

③ 《民利报》，1912 年 12 月 8—10 日，参看《孙中山在杭州的演说》，第 1 页；《孙中山杭州之行》，第 149—151 页。

1914 年在东京成立的中华革命党,尽管许多后来与他在政治上关系密切的人都参加了。孙中山在议会的演讲重点阐述地方自治建设,这在未来12 年中成为沈定一所处的社会网络和团体中许多人的重要目标,而对沈定一而言则更是成了他的个人使命。正像家乡具有相对性一样,"地方"自治取决于人们的视野,它可以是一个村、乡,也可以是县甚至省。孙中山于当天宣布:地方自治是"国家重建的基础"①。

省议会和政治宪政文化

35　　　　尽管军事革命界强调采取一切必要手段并通过直接行动达到目的,早期民国政治精英文化却强调法律和合法程序的重要性,这在省议会的议程和行动中显得尤其突出。从秋季会议开始,在议会立法机构和省政府之间,以及在省政府和中央政府之间就未来领导权问题明显存在紧张关系,甚至形成箭在弦上之势。在 9 月 4 日议会第一次会议的开幕式上,可以明显看出政府官员相对于议员的较高地位。首先入坐的是议员,接着是议长,最后是省长和各厅、局长。在所有人向国旗行三鞠躬礼后,议员和议长向省长和厅、局长鞠躬。督军吕公望随后致词,希望"议会支持行政机构",以使省政府工作得以顺利开展。在听了几个发言者的客套话后,杭州议员张亭林起来反驳:"议会今后必须约束行政机构的权力。"据当时的新闻报道记载,这番话博得的掌声"如雷贯耳"。②

　　9 月 5 日举行的议会第一轮事务性辩论,体现了当时议会政治文化的困境。这个议题看起来似乎无关宏旨:如何处理莫议长的辞呈。1913年莫因反袁入狱,出狱后离开议会进入省政府,成为省长顾问,后来做了财政厅长。③ 因此议会的问题是:简单接受也许可以被称做违法议员的

---

① 《孙中山在杭州的演说》,第 3—4 页。
② 《民国日报》,1916 年 9 月 7 日。
③ 《时报》,1915 年 4 月 14 日、1916 年 5 月 6 日。

莫提出的辞呈,或遵从详尽的议会规则把该案提交一个特别调查委员会并由其作出裁定。辩论是关于程序问题的,尽管一开始显得并不重要,但后来却成了军事—革命文化和政治精英文化间冲突的核心。

对后者来讲,在民国新时代"怎么做"与"做什么"同样重要,程序与目标、手段与目的的关系也是一样。因为最后,"怎么做"显然会影响到"做什么"。这些立法者认为,只要议会是负责代表人民立法的合法机构,它就必须遵循自己的规则,这个立场被接受了。大会主席任命了一个调查委员会,花半小时研究莫和其他三个人的辞呈,委员会最后的报告建议接受这些辞呈。议会同意了这个报告。因此,在袁世凯死后的新的政治图景中,议会顽强地向全新的领域挺进,而对程序问题和对政治关系的关注尤为重视。对于那些把议会看做目标导向的实体的旁观者而言,议会这样做简直是在无休止的纠缠、拖延,其工作是不称职的,把"怎么做"等同于"做什么"。

莫退出议会后,议会下一步的议题是选举新议长。这又是一个程序性论题:因为没有前议长辞职后选举新议长的先例。怎么办呢？一些主张法理主义的议员提议这样的案例必须立即致电国民议会,请其作出指示。这就给这次议会提出了关于中央和省级立法机关之间、中央和地方之间的关系的议题,这一问题后来成了整个 20 世纪中国政治生活的核心。议会在这个问题上拒绝了这样的提议,而采纳了尽快选举的动议。①

沈定一于 9 月 6 日的选举中击败其他三个候选人当选为议长。他的就职演说既有礼貌的自谦之词,也表达了他重建议会的决心:

> 顾念诸父老昆弟托付之重,又值国家存亡绝续之秋,乡国身家,权衡轻重,责无可诿,勉效滥竽。
>
> 乃又承本会诸君子不弃,畀以议长之任,此在习俗,例有让推,况以责任之艰,仔肩之重,定一虎口余生,孱躯多病,苟思自保,退避

---

① 《民国日报》,1916 年 9 月 7 日。

为宜。惟定一以为虚义无取,众意宜重,自问此身,早拼许国,苟有裨补,蚁负奚辞。……我无意旨,以本会之意旨为意旨;我无能力,以本会之能力为能力。和衷共济,法规同循。身既更生,会亦再造。①

作为议长,沈定一在任命议会各委员会成员中起着主导作用。在选择的成员中,多是沈定一(及其顾问)所喜欢的人,从中可以更为清楚地探寻沈定一操纵的政治网络的情景。9 月和 10 月,沈定一任命了 4 个委员会:1 个特别预算委员会(13 人),1 个水土保持委员会(27 人),1 个用以调查个别议员行为的监察委员会(11 人),1 个纪念革命先烈夏之林的委员会(13 人)。② 当时议会共有 118 个议员,沈定一任命了 39 个议员担任 64 个委员会职务,其中 17 人被任命担任 1 个以上的委员会职务,这 17 人中,有 1 人在 4 个委员会中都有任职,有 6 人同时在 3 个委员会中任职,10 人同时在两个委员会中任职。从出生地背景来看,在 3 个以上委员会中同时任职的 7 人中有 5 人(71%)来自浙北地区,在上述 17 人中共有 10 人(59%)来自这一地区,而该地区仅占浙江 9 个府中的 3 个。尤为重要的是,这些人中没有 1 人来自沈定一的家乡绍兴府各县。如果说沈定一正在构筑省内政治网络,则至少在这一时期这一网络不以同乡原则为依归;相反,这是一个远为广泛的联盟,这些人有着其他两个值得一提的特征:至少 7 人与同盟会或 1912 年、1913 年的国民党关系密切;且至少 10 人有着丰富的地方工作经历,他们主要不是在省级舞台而是经常回地方社区活动。这样的任命似乎反映了沈定一自己的偏好:吸收较多的孙中山的支持者而不是其他革命民族主义者,他没有为了与同乡建立持久稳固的联系而吸纳同乡。

5 个被任命为 3 个以上委员会职务的人中,有 2 人是许祖谦和任风

① 《民国日报》,1916 年 9 月 9 日。
② 这些委员会请参见《民国日报》,1916 年 9 月 21 日、10 月 16 日。

冈,他们在 1913 年曾与沈定一一道反袁。在 4 个委员会中都任职的是
永嘉县(温州府)的林卓,他与国民党有密切联系。一段与林卓有关的轶
事很能反映当时的政治特色。① 他的叔父林玉霖和其他两个国民党候选
人,被一个地方精英派系指责在国民议会选举中搞贿选,这使得拥有几
百个支持者的国民党团体极为恼火,而把对方领导成员痛打了一顿。后
者在有人煽动下把此事起诉到法院。那时,国民党浙江省支部长褚辅成
出面干预了此事,他发了一封密电给法院法官,一个附属于国民党的小
党的党首的下属,该案立即被撤销了。因此任何党派,即使最为人称道
的具有最纯正革命血统的政党,在当时都是不讲政治选举道德的。② 地
方派系和私人关系在政治层级的各个环节畅行无阻;地方宿怨和联系可
以上升到省级或更高层,而全国性联盟则可以直达省级或省级以下。因
而,尽管国家、省和地方之间在现代化水平上有着巨大鸿沟,但它们之间
仍有重要的联系通道。

　　使地方问题转变为较高层次上的事务是由这较高层次中的同乡会　　*38*
促成的。在这一问题上,军界和政界的主要区别在于:军界的结构和性
质建立在中央控制的基础上,亦即主要强调从上到下传递和控制过程。
在许多地方没有正规的军事机构,军官和士兵通常不是来自精英社会,
并不必然代表地方势力。相反,政治精英和非精英的各自空间舞台则是
很紧密地整合着的,观念和人员也能沿空间渠道顺利流动。

　　在省议会委员会成员任命中,在诸多私人网络中居于核心地位的国
会议员褚辅成对此产生了不小影响。③ 温州人林卓和李瑟与其同属国民
党,定海县重要的商人议员王廉与其有共同商业利益,七个来自嘉兴、嘉
善的委员会成员与其有同乡之谊。因而,褚辅成以其与全国、省和地方

---

① 《时报》,1913 年 1 月 22 日。

② 也可参考 George Yu(于之乔):*Party Politics in Republican China*(《中华民国的党派政
　　治》),第 76 和 97 页,上面有革命后党的形势的总体介绍。

③ 有关褚的情况,参见 Schoppa(萧邦奇):*Chinese Elites and Political Change*(《中国精英和政
　　治变迁》),第 58、93—94、146、147 和 179 页。

的多层联系而成为整合各种关系束的核心人物。这样精英的存在使得这些政治区域间的纽带比其起初展现的要更为紧密。通过发展与嘉兴人的特殊关系,即通过在议会中以及在褚的网络中与褚的各个政治盟友共事,沈定一拉近了与褚辅成的距离。可以认为,沈定一任命这么多的嘉兴议员是他加强与政治显要褚辅成关系的手段。

私人和社会联结在 1916 年秋季浙江政府商榷会的成立中也是极为关键的,就像在沈定一委员会的任命中和 1913 年的政治网络中展示的那样。在这个公开表达自由宪政主义思想的志愿协会中,成员资格限于那些积极参与省和地方政治事务的人。① 这个协会规定每周两次在律师协会办公地聚会,以为那些替新中国设计道路的政治精英提供更为经常性的接触。② 在该会理事会选举中,沈定一(91 票)和褚辅成(89 票)成为高票当选者。

尽管协会成员的社会、教育、职业背景与沈定一的议会网络相似,这些人的基于经济发展水平的出生地背景仍值得一提。③ 从收集到的 43 个成员的信息资料来看,来自浙江低洼平原和东南沿海的内部核心地带,也就是经济发达地区的人占了总数的 74.4%,其中低洼平原区明显占了优势。来自浙北 3 府的有 16 人(37.2%),来自宁波府和绍兴府的 13 人(30.2%)。来自核心地带紧密的精英网络所产生的政治内聚力,无论是正式地体现于政府事务中,还是非正式地展现在这个协会中的,都

① 在 1917 年 4 月 22 日第一次全体会议上,执行主席褚辅成向与会者指出:"本会务以研商地方革新为职志。"参见《民国日报》,1917 年 4 月 24 日。

②《民国日报》,1916 年 12 月 9 日。缺乏这些讨论会的现存资料。

③ 下面是一轮廓特征:在 69 个知道名字的成员中我们获得了其中 51 人(75%)的背景或职业信息。参与过辛亥革命是这一群体最为重要的一致特征,在以上可获得信息的成员中有近一半的人(47.1%)曾参加或领导在杭州或其家乡的起义。其中 22 人(43%)曾是光复会、同盟会会员或国民党党员。正是源自对实现革命目标的支持和良好愿望而产生的对革命成功的共同记忆,构成了这一组织得以形成的动力。这些人中有 34 人(67%)在当时担任省议会议员或省政府高级官员;另有 9 人(17.6%)曾供职前届省议会。因而他们深知当时的政治上的主要问题。另外,其中有 10 人(近 20%)拥有科举功名头衔,又有 14 人(27.5%)曾留学日本,至少 10 人身兼教育职务,还有至少 6 名律师和 6 名新闻记者。

影响到未来 10 年的省内政治。而为了对抗来自核心地带精英不断增长的共同意识,在这个协会中只占很少名额的、来自省内不发达地区的精英开始团结起来,试图变出生地纽带为以政治权术为基础的区域性纽带。①

省内危机:1916 年 12 月—1917 年 1 月

尽管议会秋季会议有不少议题,但其中最重要的问题是省议会与国会以及省政府的关系问题。在整个秋季会议期间,省议会一直等待着北京确切讲明省议会在政府编制预算过程中以及重组地方议会和其他自治机构中的作用。但是,直到秋季例会结束仍没有预定的答复,因此需要一次额外的会议。② 关于地方自治的要求,来自会议开始之际县级议会关于程序的讨论。③ 省督军吕公望和沈定一就此问题经常磋商,他们一方面同意一些县继续搞他们的地方自治,另一方面向国会提出省议会

① 参见拙著 *Chinese Elites and Political Change*(《中国精英和政治变迁》),第 168—174 页。加入这一组织的来自内部核心地区的精英并非必然是进步的,也有一些进步的省内精英没有加入这一组织。这显然是因为人们加入这一组织的理由是千差万别而非单一的,但与组织成员之间的关系可能是加入的动机之一,实际上新成员入会的先决条件之一就是需要三名成员的推荐。而组织中也确有一些成员之间是密友关系,例如任凤冈和许祖谦、王文京和黄振民。有关王的材料,参见张任天:《忆光复会王文京》,第 85—90 页。也存在各种私人网络,例如以褚辅成为核心的网络。而日本法政大学毕业生组成的校友网络则占据了杭州政治中的显要位置,这一网络中的成员也有加入商榷会的。除了褚辅成,这一网络还包括陈时夏,他曾任前清省咨议局副议长、浙江法律学校教务长;徐仁和阮性纯是杭州最早的律师事务所的合伙人,以及浙江律师协会的发起人;沈钧儒也曾任前清省咨议局副议长,当时是省教育协会会长;还有童杭实,是新闻记者、法律教授,时任国会议员。在这个校友网络中,只有沈和阮没有加入该会。有关法政大学毕业生的材料参见下列资料,有关陈,见 Rankin(兰金):*Early Chinese Revolutionaries*(《中国早期革命家》),第 215、216、223 页,以及《时报》,1909 年 12 月 25 日;有关徐,见 *Gendai Shina Jimeikan*,第 780、781 页,以及《时报》1912 年 1 月 19 日和 1919 年 12 月 13 日;有关阮,参见他的《年谱》;有关沈钧儒,参见 Rankin(兰金):*Early Chinese Revolutionaries*(《中国早期革命家》),第 200 和 215 页;有关童,参见向:《浙江新闻史》,第 73 页。

② 《民国日报》,1916 年 10 月 29 日。

③ 同上书,1916 年 9 月 12 日、10 月 9 日。

关于恢复地方自治组织的要求。①

12月中旬,吕公望和沈定一致电北京政府,沈定一在电文中(致国会、参议院、总统及内阁)写道:

40

> 地方自治共和之基,造成法治,陶养政能,悉本于此。故国会省议会之提议,人民之请求,省行政长官之电陈大总统之电主速办。举国一心,迄未实行者,以无法也。论者以大总统六月二十九日有民国三年(五月一日)以后法令作有明令废止外一律仍旧之申令。地方自治长此阻遏何以语国何以对民?咨请本省会暂以本省单行法济无法之穷,则本会既不抵触法律命令,本省行政长官亦不违反行政系统。②

在特别会议预定结束期到来之际,关于预算和地方自治的回复仍没有下来。③ 这对沈定一和其他议会领导人来说,挫折感肯定是巨大的。这一延误对这一个自认为在中国颇有地位、有着高度责任感和远大抱负的政治团体来说,也是极为令人沮丧的。它向当时的人们提出了一个问题:在新的国家治理模式中,中央作为权力之源的作用被人为地抬高了,同时它也削弱了人们原先希望的随着袁世凯的死去形势会好转的看法。

但是与年底出现的危机相比,所有这些都算不了什么。这一新危机比中央政府的预算和自治回复危机更难以控制,也远甚于民国初年强调法律和程序时遇到的困难。自从这年4月推翻督军朱瑞以来,争夺省军事领导权的激烈斗争就在保定和浙江两军校毕业的军官间开始展开。像任何这样的斗争一样,战线是在个人前程问题上展开的。尽管在这幕闹剧中充斥着大量的个人恩怨和幕后活动,但主要的对手是保定军校毕业的督军吕公望和浙江军校毕业的省警察厅长兼警务处处长夏超。④

---

① 《民国日报》,1916年10月23、26、29日。
② 同上书,1916年12月6日。
③ 同上书,1916年12月22日。
④ 李政通:《辛亥革命以后十六年的浙江政局》,第151—153页;《时报》,1916年12月28日。

浙江系反吕之因。吕公望掌权之后即着手削弱浙江军校毕业生尤其是夏超的权力,他先是撤销了由夏超控制的省警察部队,接着在"双十节"向军事要员们授勋时又剔除了夏超。吕的目空一切还表现在尽管遭到许多领导人的反对,还执意任命王文庆为省长。12月底,吕公望决定以保定军校毕业生、他的密友傅其永取代夏超的职务,以增加保定系对浙江政局的控制,此事因同样的理由遇到了抵制。但如果中央政府对吕要求的答复没有延误,以及夏的周围的人没有及时发现吕的阴谋,这一图谋险些得逞。

保定系反夏之因。这年秋天,夏超开始与浙江系军官周凤岐策划夺取权力。他们的计划是推翻吕公望,并推出一名浙江系军官为三个月的看守政府首脑,然后由周接掌军事领导权,而由夏执掌政府权力。吕公望察觉了这一阴谋,他觉得夏超这个以"奸诈"著称的人密谋破坏政府秩序,要使浙江获得发展所必需的安定局面必去夏不可。因此,他想以自己的朋友傅其永取代夏,这一任命得到了总统黎元洪的同意。

12月26日交接权力的那天,夏超开始反击。正午刚过,当省警察部队同僚正为傅其永举行欢迎宴会时,几个身着军装的人持枪闯进大厅,不分青红皂白把傅拉出房间大肆殴辱。除了少数几个赴宴者假装叫他们停止殴打并离开外,其他大部分警官只是围观。这次袭击除了使傅受到身体伤害外,还饱尝耻辱、大丢面子。他无疑是无法回去领导这些默许殴辱他的下属了。

与此同时,杭州及其郊区的全体警察罢岗,一致抗议傅的到任。省内许多军事领导人也纷纷递交辞呈以逼吕下台。显然,夏超以其帮派和网络作好了充分准备。[1] 但是形势发展逐渐失控,拥有武力的双方把军队开进城内,在大街上设置木栅,并在要津仓促架起机枪大炮。军事集团间直接猛烈的军事行动和迅速升级的对抗,与议会注重程序上的合法

---

[1] 李政通:《辛亥革命以后十六年的浙江政局》,第152页。

主义和小心谨慎构成了强烈的对照。在这次杭州城的危机中,沈定一表现得极为勇敢。他亲赴交战有可能最为激烈的市区,要求军队不要涂毒省会和人民。他是拖着病体并顶着风雪交加的严寒在街上奔波斡旋的,因此这一行动深为人们称道。[①] 后来有评论家认为,他在这次阻止杭州市区的公开交火中起到了主要作用。[②]

事态平息后,吕公望在 12 月 27 日向北京政府提出了辞呈,他满心以为北京方面会否决他的辞呈。[③] 然而第二天北京方面传来令人震惊的消息:浙江人将不再被委任为军事和政府首脑,国务总理段祺瑞企图利用杭州的政局不稳之机,把浙江纳入北洋阵营之中。他任命北洋军官杨善德为浙江督军,同时任命来自满洲里的前清官员齐耀珊为省长。[④] 这不啻是一场政治地震,杭州政界,包括军队和民政方面都极为震惊,全城处于一片恐慌之中。自 1911 年以来,不管省内军事和政治统治方式的本质是什么,浙江人始终可以说把浙江控制在本省人手中。人们也想当然地以为本省人总是代表本省的最高利益的,现在这种安全感受到了威胁。

元旦晚上,省会所有高级军官、警察厅长、沈定一和杭州总商会会长聚会商议,以达成省内妥协并阻止北洋军入浙。他们同意继续支持吕公

---

① 《沈定一先生事略》,第 8 页。

② 陈功懋:《沈定一其人》,第 40 页。对抗之后双方的反应明确显示,相比较于浙江系的立场,保定系对对抗的认识更接近实际,也就是说,夏是真正的阴谋家,其发动对抗的目的是为了攫取更大的权力。在吕平静地接受其在人事调动上的失败的同时,夏却表现得极为专横。据一封来自嘉兴的公开电报称,实际上夏之所以反对傅的任命,是因为傅上任将使夏聚敛私产的行为大白于天下(《时报》,1916 年 12 月 30 日)。似乎是为了证明这一电文,在发动袭击和罢岗的当天,夏从警察局取走许多箱钱并把它存入了中国银行。当晚他派遣其军事副官去各大报社控制舆论;同时派出另一副官持现金 5 万元去贿赂傅其永,令其不要插手;同时又派第三名副官径直去见吕本人,据说许诺愿出 10 万元,只要吕肯辞职并提名张载阳作为其后继者。据说吕拒绝了这笔钱,指出如果他必须提名张载阳的话,他会这样做的。参见李政通:《辛亥革命以后十六年的浙江政局》,第 152 页。

③ 斯道勤:《浙军十八年的回忆录》,第 85 页。

④ 《时报》,1917 年 1 月 4 日;陈功懋:《沈定一其人》,第 39 页。辛亥革命前,杨在建立浙江新军中起过作用,而此前不久,他刚被任命为上海镇守使。

望为督军,吕迅速致电北京告知他将留任。① 原来反对吕的军事领导人出于对北洋军入浙的同仇敌忾转而又支持他了。② 省议会这边则由沈定一致电北京政府要求当局召回杨善德,同时致电国会议员褚辅成预示可怕后果:"(闻)杨督浙齐长省,各界释嫌归好,一致御侮。若客官朝临两浙夕乱,盼公商诸公,取消弭祸。"③

然而,反对外来者的联盟并不是一个无懈可击的阵线,上海买办和浙江同乡虞洽卿支持杨善德入浙,这激起了杭州各界的愤慨。杭州总商会领导人也企图致电欢迎杨善德,但遭到电报局的拒绝。④ 实用主义的商业团体显然宁要和平与安定而不要战事,也不要所谓的本地人利益。然而尽管如此,本地权利捍卫"阵线"控制着社会舆论,一份浙江市民集会的宣言反映了这种立场:"浙自辛亥以来,地方安宁绝无纷扰,实由军政两方皆本其自治能力敬恭桑梓之意。……务请收回成命,以便地方,即以保国,全浙公民大会。"⑤

在 1 月 5 日的市民集会上,人们再次听到的关于民国以来本省人治本省给浙江带来了繁荣安定的论调,只是两年前上海一家报纸的一篇报道的翻版。《时报》一篇文章分析认为,浙江在浙江人治理下比在清朝时实际上糟糕百倍。文章认为,农民暴动有增无减,米价疯涨以致人民被迫以树皮草根充饥,甚至卖掉墓基地换钱;官员为了升官发财而横征暴敛;守法良民被逼为盗;独断的律师职业群体乘机与时俯仰。⑥ 1916 年底的另一篇报道则显示,当时全省商业经济还未恢复到 1911 年的水平。⑦ 我们并不怀疑这些报道有一定夸张成分,但任何有关民国早期浙

---

① 《时报》,1917 年 1 月 6 日;同时参见 *North China Herald*(《华北先驱》),1917 年 1 月 6 日,第 11 页。

② 李政通:《辛亥革命以后十六年的浙江政局》,第 153 页。

③ 《民国日报》,1917 年 1 月 4 日、5 日。这里沈定一用的是传统的浙西、浙东划分法。

④⑤ 同上书,1917 年 1 月 5 日。

⑥ 《时报》,1915 年 1 月 18 日。

⑦ 《民国日报》,1916 年 11 月 29 日。

江发展状况的研究表明,这些年对许多浙江人而言并不是什么好年头。

执迷于倡导浙人治浙,显然表明一种地方文化价值观,这种价值观塑造了人们的观念和意识。家庭、乡缘、关系,这些"熟悉"的东西被认为是好的;陌生人、外部世界,这些"未知"的对象总是受猜疑,因为它们无法被定义。因为缺乏确定性,它们变得不可预测和充满危险。对出生地的强调导致把世界看成由两部分构成:一部分是与个人有联系的,另一部分则不是。这种"我们"与"他们"判然分明的意识——我们来自同一家族而他们是外人,我们来自这个地方而他们来自另一个地方,我们来自政界而他们来自军界,我们来自保定军校而他们来自浙江军校——深深地渗入民国社会和政治中。即使当出现的问题是全国指向和全国范围的,这种出生地意识仍然深刻地影响着政治思想和行动。

1月5日集会的发起者由32个来自绅、政、商、学和新闻界的领导人组成,其中就有沈定一和其他10个政治商榷会的成员。这次集会于下午1点在火车站附近的第一剧院举行。据报道吸引了将近4000人参加,一层和楼厅坐满了人,舞台四周也挤满了人。8个代表社会各界的演讲者发表了演说,其中数人的演讲颇得人心,掌声震屋宇。沈定一是第五个演讲者,他是抱病参加集会的,在风雪交加的杭州街头奔波,阻止两军交战,使他的病情更加恶化了。他的演讲主要围绕民国早期政治精英的文化和政治价值而展开:家乡情结、地方自治、地方和国家间的共生关系、法律和程序的重要性和对军事的厌恶等:

> 大致谓此次军警小有龃龉,民间虽小有恐慌,尚不至十分吃苦。何以故?因长官均系本省人,必能顾念小民痛苦。若以外省人身列其间,不待今日(早已受压迫)。

> 浙江者,我浙江人之浙江也。浙人不能保浙即国人不能保国。况浙江政治冠美全国,不但浙事为浙人之责,即中国全国亦因由浙江人负责。浙江人不自治而——以委诸外省人,外省人而仍不治,不将引外人来治耶?夫国者省之积也,省不自保,国于何有?

　　我浙人今日之举动非造反也,不过小有口舌之战耳。顾大众一
致进行,毋逞客气,毋涉嚣张,一以公理与正谊为对付,协力同心,坚
持到底,期于必达目的而后已。

　　否则北兵一至,良民非良民,必将为淫威所劫,而有铤而走险之
虞……愿大家注意。

　　记者称当时每个人都凝神听他演讲,其声调极为悲壮。虽然疾病削
弱了他的身体,而且天气也极其寒冷,但他仍大汗淋漓。作为一个人所
景仰的雄辩家,他的演说深深打动了数千听众。演讲一结束,掌声立即
响起,"轰轰烈烈,如雷贯耳","浙江万岁"之声此起彼伏。[1]

　　这次公民大会还选举出四名进京请愿代表,要求中央政府收回成
命。他们是沈定一、老资格的革命知识分子章炳麟、师范校长经亨颐和
商会领袖王锡荣。请愿书称:"浙自辛亥以来,四方安宁,绝无纷扰,实由
军政两方都皆本其自治能力敬恭桑梓之意。浙军本为子弟兵,惟同泽乃
能同仇。务请收回成命以便地方,即以保国。"[2] 从表面上看,请愿书和
演说中都明确表示地方和中央间不存在冲突。[3] 它们的关系被看做是共
生的,然而在这种共生背后却存在着"相互"对抗。请愿书由 14 个集会
发起人签署并获得 3700 名参加集会的民众的批准。请愿书副本被发送
给旅京同乡会以寻求支持(同乡会中包括国会议员和浙籍官员),也发送
给全省 75 个县的组织团体(如商会和教育协会)。这样,当天的重要政
治议题被转达全国、各省和地方各级层次上的浙江人。政治行动和政治
过程本身强化了政治的整合水平。[4]

　　浙江人最后的努力是在 1 月 8 日凌晨 12 点半派遣了 3 名政治精英

_45_

---

[1][2]《民国日报》,1917 年 1 月 7 日。会议选举产生其执行委员会成员,以向政府请愿,促其收
回成命:共有来自 9 个府的 20 名代表,其中 11 人来自商界,1 人来自学术界,5 名记者,另外
3 名为政治商榷会成员。

[3] 参看 Goodman(古德曼)的类似观点, "New Culture, Old Habits"(《新文化,老习惯》),第
100—101 页。

[4] 沈定一抱病在集会当晚主持召开了一次省议会特别会议以商议形势。

去见杨善德,后者已派遣一旅士兵进入浙江。这 3 个人是沈定一、任凤冈和孙智敏。孙是教育家、行政官员兼省议会秘书。尽管没有当时的会谈纪要,但我们可以想象沈、任和孙竭力向杨善德陈述许多杭州市民恐慌的情况。从他们的角度看,会谈是令人失望的,因为大部分时间他们只能听杨谈论他对时局的看法。① 1 月 12 日,杨善德的部队顺利进驻杭州。②

看来很显然,政治精英的滔滔雄辩并不能有效遏止武力(或武力的威胁),他们最终也只能放弃反抗,因为那只能带来牺牲和破坏。这样,政治精英等了一个秋季以希望国会和北京政府采取措施,来进一步整合中央和省际关系,但军队则以一种令政治精英反感的方式没有任何商量余地的迅速解决了这一问题,由此开创了全国性的派系势力通过直接军事干预插手省级政治的先河。

北洋统治和沈定一开始流亡上海

在随后的几个月中,中央对省内事务的干预越来越强。回头再看浙人治浙的那些年里,至少在当时他们与北京还保持一定距离,现在旧有的模式只能让位于新现实和新派系。杨善德极力讨好浙江人,设宴招待军官和政界显要如莫永贞等人。在杨善德进入杭州后,夏超担心丢掉职位(他确实丢了一个官衔),于是竭力奉承杨善德。一方面,他让其妻每天去督军府拜访杨的老婆,企图通过这种夫人外交以博取杨的欢心;另一方面,他又让其下属与杨善德和新省长齐耀珊的下属经常来往。这些努力果真使得齐对他颇有好感,以致视其为亲信,并恢复了他失去的职务。③ 被排挤的吕公望则径去北京,并于 1918 年到广东加入了孙中山的

---

① 《民国日报》,1917 年 1 月 11 日。
② 《浙江百年大事记》,第 140 页。
③ 李政通:《辛亥革命以后十六年的浙江政局》,第 153 页。

护法军政府。①

　　在新的体制下,沈定一的遭遇又如何呢?他现在算得上是省里关键的政治领导人——议长,政治商榷会实际上的负责人。由于冬季危机期间倡导以协商维持和平的声望和资历,使得他也像军事领导人一样受到了新领导的重视。省长齐耀珊元月底一到浙江就立即派特使与他约定会见时间。② 新的军政领导人认识到沈的重要性,但鉴于他在一月危机中的角色,他们对他的行动也十分警惕和猜疑。

　　整个冬天沈定一都在与疾病作斗争,糟糕的健康状况经常打断他的工作。1916 年 10 月初,由于脑病他不得不请假暂离议长职位。我们不清楚他患的具体是什么病,但有报道说这是一种慢性病。③ 然而他没有离职很久,次年 3 月他已痊愈并创办了《民智日报》。④ 关于这家报纸的运作和持续时间已无从查考,但从其名称可以看出,它代表议会和政治商榷会的立场,倡导自由协商的议会道路。

　　冬去春来,光阴荏苒,新省长齐耀珊也很快遭到议会和沈定一网络的反感。4 月初,政治商榷会中的省议员提出对齐的弹劾案:指控齐独断专行,滥用行政权力。⑤ 商榷会还致电中央政府,控告省长践踏法纪,并在其例行周会上讨论齐耀珊的问题,以及中央和省政府的弊端。⑥ 这时的议会显得越来越没有效率,它开始以同乡为基础分化成各种帮派,尤其是出现了浙北帮和浙东帮。⑦ 4 月 13 日,沈定一请求辞去议长职务,但未被批准。因此,尽管从法律地位上讲他仍是议长,但他再也没有回去积极领导议会。他后来指出,他当时对议会和政府间的关系和日益加

47

────────────────

① 《浙江人物简志》,第 92 页。
② 《时报》,1917 年 2 月 13 日。
③ 《民国日报》,1916 年 10 月 18 日。
④ 《浙江百年大事记》,第 140 页。
⑤ 《时报》,1917 年 4 月 6 日;《中华新报》,1917 年 4 月 13 日。
⑥ 《民国日报》,1917 年 4 月 12 日;《时报》,1917 年 4 月 22 日。
⑦ 《时报》,1917 年 4 月 8 日、9 日。

剧的议会内讧深表不安和悲观。①

　　与此同时,他对军人的厌恶感也与日俱增。尽管 1911 年和 1912 年他自己也曾组织、训练并亲自出资创建过上海学生军团②,但现在他则视士兵为旧秩序的罪恶代理人:"皇帝要硬霸住土地人民做他一家一姓的私产,就不能不用官吏做爪牙……兵是什么? ……无非结构皇帝的细胞,也是皇帝的缩影罢了。(他们)胸中横亘着一个中华帝国(说又说不出来,做又做不成器),便成为什么中华军国!"③他已彻底明白了军阀制度的愚行、破坏性和不断增长的侵略性。在一篇《前途的灯》的文章中,他就军队讨论了中国的希望:

　　　　吾们因为甚么要力图改革? 无非是……想走到一个光明世界,和大众快活快活。……(这个世界)是要大家自己去寻觅的,自己前进的,不是闭住眼塞住耳趴在别人脊背上叫他背了去的。

　　　　吾们既彻底觉悟生存技能为改革事业的基础的基础,能够把这个基础底定了,改革事业就不当假手于军人的武力。军人的武力只会摧毁不会建设,只会杀人不会生人。世界多少先例! 改革成功的军人,转眼就立于被改革的地位。其次,不当假手于政客的手腕,政客的革命是帮闲革命,是投机革命,两颗眈眈的眼珠,只注射着将来的"权""利"上……一片患得患失的心理演变成首鼠两端的态度。所以政客的地位,常处于改革者与被改革者的中间。吾们既将军人和政客都撇在改革事业之外,改革的目的能达到与否,就看平民的力量如何。④

　　除了军人,他还谴责那些依附军阀并为维护军阀统治不遗余力的"政客",不管他们是齐耀珊这样的行政官僚还是野心勃勃的议员,他们

----

① 参见其诗作:《偷食以后的"猫"》,《觉悟》,1921 年 11 月 8 日。

② 《沈定一先生事略》,第 5 页;以及陈功懋:《沈定一其人》,第 38 页。

③ 《星期评论》,1919 年 10 月 26 日。

④ 同上书,1919 年 8 月 17 日。

是"为虎作伥、趋炎附势的政客"①。在一篇题为《为什么》的讽刺短文中，他对比"为什么求学"这一问题的"秘密的为什么"和"公开的为什么":

> 公开的为什么:为发挥固有的本能，做社会人我间有益的事，等等。

> 秘密的为什么:为做官为发财。做官发财是不是一桩事姑且不问;做官为发财，为发财做官，合起来无论怎样颠倒说法总是一桩不应该做的坏事、恶事、丑事。凡是属于恶坏丑的，没有不严守秘密的。所以秘密的为什么，就是不可公开的为什么，就是罪恶的为什么。②

沈定一认为，中国人的生活中，军人的侵入和"发财"动机正开始毒化有为的年轻人，引诱他们放弃自己的价值信念(就像鲁迅笔下的厌世者魏连殳一样)去投身军界，以谋求职业上的成功。③ 1920年初(比鲁迅写魏连殳还早五年)，沈定一写了一段无名兄弟间的对话，描述军队及其对人民生命和意识的日益强化的控制，写得颇为传神，其中的哥哥代表沈定一自己:

> 弟弟:哥哥，当兵的好资质是靠骂、靠打、靠夜间巡逻练出来的，我们这是吃得苦中苦。

> 哥哥:弟弟，我不同意你的话，[不单单是我们]，你看此地所有的人，死的死，逃的逃，搞得男女老少个个家破人亡，谁也逃不脱恐惧流留之苦。

> 弟弟:……军人归根到底是要讲服从的，无论给其他人吃什么样的苦，也必须让他们吃下去。终有一天等我们做了看守以后，就能给别人吃苦了，督军服从更大的官;低级军官服从督军。督军愿

49

---

① 《星期评论》,1919年6月8日。
② 同上书,1919年8月31日。
③ 鲁迅:《厌世者》,第176—196页。

吃巡检使的屎,那些比督军小的官也只得吃督军拉的屎。今天我们
吃所有人的屎,明天我们就可以让其他人吃我们的屎。

哥哥:弟弟,我可不愿吃屎,也不想让别人吃我的屎,我不能吃
屎去执行这些任务。

弟弟:哥哥,你还不明白,我们没有其他路可走……这就是我们
的饭票……①

1917 年春北京的权力之争牵涉到大量军人和政客,已对沈定一产生
了重要影响。总统黎元洪和总理段祺瑞之间素来不和的紧张关系,终于
在此时爆发了危机。3 月,与段祺瑞关系越来越僵的国会同意与德国断
绝外交关系,但它提出以解除段的总理职务为对德宣战的条件。5 月下
旬,黎元洪解除了段祺瑞的职务,这一决定导致全国除一省以外的所有
省份的督军宣布脱离中央而独立。5 月 31 日,浙江杨善德也宣布独立。
惟一没有宣布独立的是保守的军事将领张勋,他正策划着另一场阴谋。
各省督军计议要张进京调停黎、段之争,并利用其特殊地位赶走黎元洪,
解散国会。张勋进京后,以武力胁迫黎元洪解散国会,并以此作为由他
调停争端的先决条件。黎接受了他的要求。② 就这样,浙江省议会在整
个 1916 年秋天当做自治运动领袖来观望等待的国会被解散了。如此一
来,省议会是否还有保留的必要? 6 月中旬,浙江、安徽、山东、福建的议
员代表在上海开会讨论对策,而议会依赖合法手段和正当程序以处理问
题的谨小慎微的做法从此成为笑柄。③

名义上还是议长的沈定一则去杨、齐的办公室,指责他们宣布独立
是旨在破坏共和。沈定一对与他确信有错误的人发生对抗时无所畏惧,

---

① 《觉悟》,1920 年 2 月 22 日。
② Howard L. Boorman(包华德)编:*Biographical Dictionary of Republican China*(《中华民国
传记词典》),Ⅰ:71.
③ 《中华新报》,1917 年 6 月 16 日。

他也似乎从不试图预先搞清楚对方可能的反应。从杨、齐的反应看,我 *50*
们可以确信沈定一对这些他视之为惯用武力以逞私欲的贪婪军阀大加
挞伐。他们极其恼怒,但在政治精英对破坏国会的一片声讨声中也不能
逮捕他,于是他们对他实行长期监视,在他家附近布置大批军警,使他处
于实际上的软禁之中,尽管表面上似乎一切显得很平静。[①] 这样持续了
有一个多月,然后在 6 月底的某一天,趁一场暴雨之际,沈定一悄悄溜出
家直奔火车站,并安全地逃到上海。[②] 他在中国军队无法进入的法租界
暂住下来,开始潜心研究未来中国的社会关系和社会生活。

---

①②《沈定一先生事略》,第 9 页。

第三章　觉悟：一线光明　上海，1919—1920

我那天从霞飞路走到民国路，

在南洋路矿学校面前电流铁柱上看见——

"肉（肉松），进坛子；

进去了，一瞬间的事。"

这几行字，好像是哪个人

替"时间"拍了一张照相，

特地挂在大路边，

要过路的人来承认的。

或者是哪一个特地替我写的，

或者就是我写的。

我走过"杀牛公司"，

看见一群一群的黄牛、水牛，

肥的、瘦的、大的、小的，牵了进去。

等我慢慢地踱到白尔路，

就看见一辆小车上捆着

几张折叠好的新鲜牛皮,

毛色很滋润很红活,

上面捆着剥了皮的牛头两个,

牛头上撑着两只雄武的角,

车子推着、牛皮抖着,

牛血滴着,牛眼睛张着;

彼似乎张着两颗很大的眼睛,

告诉我说——

"我,进去了,

剥掉了,一瞬间的事。"

迎面又有一群牛牵过,

一只黄的、小的、肥的、

一只也是黄的、瘦的、大的;

又有几只白雪雪的大肥牛。

那个牛头上张大的眼睛也看着这群牛,

也似乎说过了,

彼要说的"一瞬间的事"。

但是这群牛却没理会,

大摇大摆地走了过去。

引自《生与死》,1920 年

　　这首被马克思主义知识分子陈望道誉为"玄庐迄今最好的作品"的　*52*
叙事小品《生与死》,写于 1920 年初秋他重返杭州和衙前以后,从中可以
透视那场震惊上海的五四运动过去将近一年以后他对上海青年文化的
看法。① 沈定一诗中以超现实主义手法描绘的"杀牛公司",位于法租界

————————————

① 陈的评论就印在沈的文侧。

住宅区中央,离华人区以西半公里,而在作为"五四"游行主要出发点的公共娱乐场西北稍外一点,这也是沈定一从1916年6月到1920年夏末这段时间内工作和生活的地方。

在近15个月中,沈定一暂时离开了他作为省政治领导人的位置,加入了上海都市中的进步知识分子团体,转而从事新闻写作和政治讨论。他对议会政治的兴趣和对军阀的痛恨,在这一时期非但没有减弱反而增强了。作为《星期评论》的编辑、主要赞助人、撰稿人和撰诗人,以及《民国日报》副刊《觉悟》的撰稿人和撰诗人,沈定一广泛研究和倡导诸如国家发展、妇女解放和家庭生活、新文化运动和一般生活方面的观点。因此,对这一可以称做他的自我定位时期的作品和行动的分析,有助于揭示他在思想上的尤其是在革命浪潮中他个人角色意识上的实质性演变。

法租界生活

注意焦点、行动议程、观点和情感部分是由历史行动者自己所处的情境塑造的。[①] 这些情境可能是政治性的:沈定一在杭州时的注意焦点来自他作为议会领袖的地位和北洋军阀对浙江控制的加深;情境也可能是社会和文化方面的:在杭州沈定一扮演重要角色的同乡、新闻和政治社会网络;他们也许是空间的:杭州西湖边的新市场,以及在此摒除旧社会的象征而建立起来的公园和公共活动广场。它使城市重显湖光山色,并提供了政治集会的公共场地。

有好几年,尤其是在1919年和1920年,沈定一就生活和工作在法租界大约两平方公里的区域内。他在这里的经历奠定了他的作品和思想的基调。法租界位于国际租界南面,呈扇形,从面临黄浦江外滩极窄的区域一直延伸到较宽的华人区。1919年,它的三条主要大街是:爱多

---

① 有关这一与社会网络直接相关的思想的阐释,参见 Jeremy Boissevain(耶里米·鲍伊斯万):"An Exploration of Two First-Order Zones"(《两个一流地带的探究》),第125—148页。

亚路,在租界北端;公关马路,在外滩附近平分租界;霞飞路,从英国跑马场南端一直延伸到租界西端。每条街道风格不一,各自展示了西方对于华人占主体社会的某几方面的影响。①

与鳞次栉比的中外商号邻接的爱多亚路被一个西方观察家描述为"过渡区",在这里,新的外国建筑物与古朴的旧货店以及苦力临时棚屋之类并存。② 中间矗立的一座异国情调的宏伟建筑是建于一战期间的两座娱乐宫之一的大世界,位于爱多亚路和西藏路之间。这座被誉为"水晶宫与蹄兔岛"合一的建筑是一座巨大的六层大厦,拥有数十个剧院、大厅和饭店,从屋顶花园的鸟笼到娱乐性魔术幻灯,无处不充满迷人气息。例如:第三层有玩杂耍的、卖草药的、做冰淇淋的、照相的,还有一群穿着分叉到臀部的旗袍的姑娘⋯⋯而在一个新奇的展台前,陈列着几排洁具,老板正向好奇的顾客讲解其用法:不必再蹲而是坐上去,此种洁具正与进口管道匹配。四层则挤满了射击房、弹子桌、旋转轮、按摩椅、针灸柜、热毛巾柜台、干鱼和腊肠,以及跳舞台⋯⋯在最高的顶层⋯⋯有人在钢丝绳上来回滑行着,另外还有跷跷板、中国象棋、麻将、咝咝作响的爆竹引信以及彩票和婚姻介绍所。③

从 1919 年 6 月创刊到 1920 年 2 月,沈定一一直在与爱多亚路相连的新民里的办公室编辑《星期评论》。④ 在爱多亚路不停的进进出出中,他一定注意到了华洋杂处的状况。我们不知道他是否进过大世界,但在1919 年 8 月的一篇关于人类对环境的适应性的短文中,他提到了另一个娱乐宫——百老汇路上的新世界中一年前展示的"一个没有手的人",他的"脚趾能戴面罩和穿针线"。⑤

55

---

① *All about Shanghai and Environs*(《上海及其环境》),第 55—57 页。

② C. E. Darwent(达尔文特):*Shanghai: A Handbook for Travellers and Residents*(《上海:旅行定居手册》),第 71 页。

③ Pan Ling(潘玲):*In Search of Old Shanghai*(《老上海寻踪》),第 93 页。

④ 参见每期《星期评论》上的出版信息。

⑤《星期评论》,1919 年 8 月 24 日。

与爱多亚路上中外合璧的特色相比,公关马路(法国总领事馆就在它与外滩的交会处)则主要是以华人商店为主,这条街从外滩一直向西延伸将近一公里左右,尽管也架设了电车线,1919 年一个西方作家写道:"这条街上的变化在过去 20 年里小于上海滩任一条大马路。"大街以及弄堂(常被视为"邋遢肮脏"的)里的商品几乎应有尽有:"铜器、蜡像、灯花玻璃瓶、暖锅、青铜神像和其他零零碎碎的小摆设。"旧货商店则出售"不计其数的旧日用品、书和衣服之类"①。沿街继续往西是市政建筑——法国华人市政学校。大街的尽头则是宁波会馆,一个控制上海经济的浙江人的同乡组织。

在公关马路以南几个街区,一直向西延伸到租界西部边界的马路是租界的主要大道霞飞路,相当于国际租界中的南京路。根据一个中国作家的回忆,人们在那里"能买到巴黎的时髦货,或者也可边喝咖啡边瞟女孩度过一个惬意的下午"②。1918 年后,白俄逃难者拥进上海后就定居在霞飞路,最后这一地方逐渐以"小俄罗斯"著称。俄罗斯人总是这样挖苦其他西方人:"放下尊严与当地人亲善,向所有人包括欧洲人和中国人出卖服务——男人作为跑马场引路员和保安,女人则成为理发师、伴舞女郎和妓女。"③

尽管整个法租界星罗棋布地点缀着零售商业区,但法国当局与国际租界管理当局相比更注重市政带建设,因此霞飞路两侧分布的主要是住家屋。法国人还在许多主街和马路两旁种上了梧桐树,以给人行道和大街遮阳。沿大街继续往西,建筑物显得更为宏伟,尤其是跨过杜罗伯特大街后,都是一些富有的华人和外国人所建的私人别墅,外面还包围着景致非凡的花园和绿地。

霞飞路往南,经过华龙路——但不到杜罗伯特大街——是毗邻的法

---

① Darwent(达尔文特):*Shanghai:A Handbook for Travellers and Residents*(《上海:旅行定居手册》),第 74—75 页。

②③ Pan Ling(潘玲):*In Search of Old Shanghai*(《老上海寻踪》),第 89 页。

国公园和法国运动场,这是上海城中"最有名的景点之一"。公园占地30英亩左右,是一个不设围栅的大草坪,在义和拳运动时曾作为法国军队的军营。里面有花坛,一个百合花池、假山和雕塑。[1] 从运动场的游廊可以看到公园以及网球场的优美风景,而运动场内则设有餐饮和跳舞的场所。据一个中国作家后来的回忆,这个地方常常"莺歌燕舞,彻夜不息"[2]。

沈定一的活动中心主要是在公园附近。在最后五个月,《星期评论》杂志的编辑出版工作转移到了公园以东半公里多一点的贝尔路上,位于公园和球会东北几个街区的渔阳里(与霞飞路相通)。1920年春夏,他在这里参与讨论成立中国共产党的活动。[3] 他对这一地区极其熟悉,在一篇重要的短文《回波》中,他以这里为背景,对比了经过这里去上班的困苦不堪的中国女工和法租界中有财有势的华洋上流社会的生活。[4] 这里的生活和工作经历,似乎加深了他日渐强烈的粉碎阶级和其他社会差别的意识:

> 上海法国公园附近,每天早晚,总有许多女工,带着竹编的小饭篮,一群一群的参参差差,行行去去,到了五六月间,毗连公园有一个著名的球会,加倍热闹;华龙路一带碧绿整齐的树荫底下,常常有游人的帽影衣香和轻软的小孩稳车徐徐在斜阳红照的绿树荫中经过;儿童也拿着小球扑,沿路跳跃扑蝴蝶;大大小小男男女女,也是一群一群参参差差行行去去,有时加速度的汽车开过,也很不觉得讨厌,因有公园附近的马路修治得很整洁,每天晚两边洒上一通既细且匀的清道水,所以一点灰土都不会起。那时节,如果是初次走

---

[1] Darwent(达尔文特):*Shanghai：A Handbook for Travellers and Residents*(《上海:旅行定居手册》),第185页。

[2] Pan Ling(潘玲):*In Search of Old Shanghai*(《老上海寻踪》),第89页。

[3] 参看任武雄:《关于俞秀松烈士》中关于渔阳里的描述,第76页。

[4] 《回波》,《星期评论》,1920年6月6日,重印于《玄庐文存》,第204—214页。

57 到华龙路的人，差不多要错认浓荫斜日快雨初晴，别有一个沁人心肺的清华天地，就是十分走性急路的人，到了这些地方没有不缓步流连的。只是早晚赶着上工或下工的女工想靠着他自己十二个钟头的劳作、换两三角小洋的，便匆匆经过；提了空篮或八个人品坐着一辆小车赶回家去买米煮饭的也匆匆经过。

华龙路向西转弯就是环龙路，两旁树木还没有长得华龙路那样畅茂，路的两边歇满了很标致的汽车，静悄悄地伺候主人家拍球或晚餐会、跳舞会散了后回家进车房休息。这一条路上的忙人很少，所以闲着的汽车夫，三三两两站在马路中间打起几句洋泾浜的英国语斗趣。

电灯明了，球网卸了，穿蓝布白边号衣的拾球工役也散了。晚餐会开始了，厨房里的盘碗锅钟声、饭厅里的琴声、酒杯相触声、地毯上的细崽轻疾的脚步声，有一阵，廊下的欢笑声、音乐室里琴声、歌声、玻璃杯里水泡声，抑抑扬扬，欢天喜地。这时候，上班的女工已经做了三四个钟点了，下班回家去的女工家里饭也吃过了。

值得注意的是，沈定一这里描写的"参参差差、行行去去"的女工与《生与死》中描写的走向屠宰场的牛群何其相似！

沈定一和上海五四运动

从 1917 年夏甫到上海至 1919 年夏天之间的沈定一的活动始终是一个谜。他对上海很了解，早在 1912 年，他就在这里组建训练过学生军团，并成立了公民激进党。可以肯定，1913 年他必是从这里起程赴日又于 1916 年从日本返回到这里。他甚至险些在这里遭到暗杀。

1912 年沈定一与光复会领导人王金发有过争执。王在辛亥革命胜58 利后任绍兴军政府都督。据称王对当地人民横征暴敛，且拒绝解散军政府以纳入全国行政体系。沈定一认为王的行为既狭隘自私又目光短浅，具有地方分裂主义倾向,从而破坏作为共和基础的民族主义。他几次公开通电批评王金发,且亲自赴绍兴以唤起绍兴精英对王的错误举动的注意,所有这些使王极为恼火。

此后不久,王派了一个刺客去暗杀正在一家上海医院接受治疗的沈定一。刺客声称是沈定一的朋友从而被获准入内,进来后一直走到沈定一床前。沈当时醒着,看到这个陌生人从大衣袋中取出手枪越走越近。在那个风云莫测的时代,沈定一为防万一而在枕头下藏有一把手枪。但当他匆忙去摸枪时,手枪不在那里;枪已滑落到床后,无法取到。沈定一不假思索地自床上滚落到地上,但没有武器,自认必死无疑的了。据称这时手里仍握着手枪的刺客开口说道:"不必如此！我是有人叫我刺你的,但是我却不愿刺你。我曾经听过你底演说,觉得你底话都不错,承认你是一个好人,所以不愿刺。今天来,是报给你一个信,我虽不刺你,以后终有人要来刺你,你防着就是。"然后就拿起枪离开了医院。① 我们无从知道这次死里逃生是否改变了沈定一对自己的政治行动的看法,如果有的话,这样一次大难不死可能会使他愈加大胆自信,自以为是有神保佑的。我们也不知道沈定一是否把这个刺客的忠告看做是一种预兆,但他的朋友在他遭暗杀后撰写的纪念传记中回顾了这件事并记录了这一情节。从传记中提到"以后总有人要来刺你"这一尖锐的忠告表明,至少传记的编撰者是把这席话当做一种预言的。

我们确实知道这一段时期沈定一不仅维持而且加强了他与杭州学生的联系。据曾经是沈定一的信徒和支持者的女学生杨之华记载,在五四运动之前的那一段时期,沈定一定期从上海给她寄一些进步书刊。② 另外,他的行动也反映了他在已开始席卷校园的文化革命的前沿,倡导积极的文化知识的倾向和作用。当时,陈独秀的《新青年》杂志已创刊了 *59*

---

① 《沈定一先生事略》,第5—6页。
② 杨之华:《杨之华的回忆》,第25页。

五个年头,蔡元培在北京大学的教育改革也已进入第四个年头了。而自从本(20)世纪初以来,去日本、欧洲和美国留学的风潮到那时仍不见衰。在学生和知识分子中间,国家变革迫在眉睫的意识正在觉醒和成长,从而为文化革命准备了肥沃的土壤。

当凡尔赛会议上传来中国外交官答应 1918 年中国官员私下与日本达成的、由日本继续控制山东省的无理要求的消息时,被袁世凯及与其一路的军阀们折磨得千疮百孔的国家再次受到创伤:群情为之激愤,五四运动终于爆发了。当北京示威的消息传到上海,由教育界和新闻界发起的轰轰烈烈的上海学生运动开始了。在这次运动中,沈定一找到了戴季陶、邵力子和叶楚伧这样志同道合的同志。

戴季陶(1891 年生)积极参与了上海新闻界的工作,后来与沈定一一道共同编辑《星期评论》,并成为沈氏政治生涯中的关键人物。戴季陶祖籍浙江吴兴,19 世纪末迁到四川。他在四川长大,并接受了传统教育,但在科举考试中却名落孙山。1906—1909 年,他留学日本,在那里成为学生领袖,最后因资金告罄而离开日本。1910 年他赴上海编辑《天铎报》,其社论充满强烈的反满意识和对中国社会道德沦丧的深深忧虑。[1] 后来为了逃避通缉,他逃到槟榔屿,并在那里加入了同盟会。

武昌起义后,他又返回中国。在替一家报纸作采访时结识孙中山,这是他们之间特殊关系的开端。当时戴季陶 20 岁,而孙中山则已 44 岁。1913 年末,戴季陶成为孙中山的私人秘书,从此一直到孙中山去世。他们的关系从心理渊源上讲,可以认为是实质上的"父子关系"[2]。但我们无从考证他是否从孙中山身上看到了他所寻求的严父的形象,无法确

---

[1] Herman Mast Ⅲ and Willian G. Saywell(马斯特和塞韦尔):"Revolution out of Tradition: The Political Ideology of Tai Chi-t'ao"(《离开传统的革命:戴季陶的政治思想》),也可参见 Boorman(包华德):*Biographical Dictionary of Republican China*(《中华民国传记词典》),3:200—205。

[2] Mast and Saywell(马斯特和塞韦尔):*Revolution out of Tradition*(《离开传统的革命》),第 77 页。

证他与孙的交往是否是一种成年期认同危机的结果。也许对我们理解
沈定一与孙和戴的关系最有启发性的观点是赫曼·马斯特和威廉·塞
韦尔的结论。他们的观点建立在 70 年代初对戴的熟人进行的大量私下
采访基础上:"孙的自我意识具有扩张性,只要可能,他就会用儒家的忠
诚模式建立亲密的私人关系并牢牢掌握这种关系。在他看来,别人的归
顺是对他自己诚意和领袖魅力象征性的重要肯定。相比较而言,戴则力
图使自己的个性展现得比自己所固有的更为果断些。"①

戴季陶常因他既想留在政治活动中心又不愿从事繁杂的实际革命
工作而苦恼。"戴把孙视作精神导师。从孙身上,他吸取了尽管只是残
缺不全的但却不可动摇的自信和使命感。孙天生的乐观气质缓和了戴
的悲观情绪。"②从 1913 年"二次革命"失败到 1917 年,戴随孙一道流亡
日本,并是孙的"坚定不移的支持者"③。

1918 年 5 月广州政府反北京的起义失败后,戴和孙回到了上海。孙中
山在法租界法国公园以西的莫利爱路上的一所房子里安置下来。在随后
的两年半中,他在这里撰写了大量重要的政治哲学著作。④ 而戴季陶则出
于对广州失败的失望和对上海的强烈厌恶而回到吴兴,和老朋友张静江
(定居法租界的上海富商)及孙中山的亲密战友胡汉民一起参研佛经。⑤

我们不知道沈定一第一次遇到戴季陶是在什么时候,但是他们在对
中国前途的思考以及利用新闻工具唤醒民众意识上的一致性可能使他

---

① ② Mast and Saywell(马斯特和塞韦尔):*Revolution out of Tradition*(《离开传统的革命》),第
78 页。

③ Herman Mast Ⅲ(马斯特):"An Intellectual Biography of Tai Chi-t'ao from 1891 to 1928"
(《一八九一年至一九二八年间戴季陶的心智历程》),第 46 页。Mast(马斯特,第 45 页,
n.46),注意到 Marius Jansen(詹森)在 *The Japanese and Sun Yat-sen*(《日本人和孙中山》)一
书中指出:"一份日本外务省的情报材料中提到戴几乎总是在孙的身旁。"

④ Boorman(包华德):*Biographical Dictionary of Republican China*(《中华民国传记词典》),3:
180;Pan Ling(潘玲):*In Search of old Shanghai*(《老上海寻踪》),第 78 页。

⑤ Mast(马斯特):"An Intellectual Biography of Tai Chi-t'ao from 1891 to 1928"(《一八九一年
至一九二八年间戴季陶的心智历程》),第 50—51 页。

们迅速接近。[1] 五四运动爆发刚过一个月，他们就在上海共同发起主编
《星期评论》。沈的自信、近乎冲动的乐观主义和骑士般的行动风格可能
吸引了戴；而且正像戴容易对年长同事产生好感一样，年长戴将近 8 岁
的沈也增加了两者的吸引力。对于沈来讲，戴则提供了与孙中山及其同
事的联系纽带。沈定一在《星期评论》中对孙中山的赞美，表明戴对孙的
崇敬之情也开始影响沈的观点："真理叫他革命，他就革命。正义叫他护
法，他就护法。政府应该受国会的支配，支配他做大元帅，他就做大元
帅。叫他取消大元帅，他就取消大元帅。又叫他担任军政府总裁，他就
担任……中国就有这样的一个人。"[2]

　　另外两个与沈定一有交往的上海记者是《民国日报》编辑邵力子和
叶楚伧。《民国日报》原是一份反袁报纸，但当时已成为孙中山和国民党
的喉舌。邵力子与沈定一是同乡，也来自绍兴府，1903 年中举，然后在复
旦大学学习。1907—1908 年，邵又赴日本学习新闻，并在那里加入同盟
会。在与叶楚伧合作办报之前，他是两家上海报纸的记者，还是复旦大
学中文系主任。[3] 叶楚伧是江苏人，后来与沈定一一道加入了一个臭名
昭著的派别；在投身教学（在复旦大学）、新闻（作为几家报社编辑）和写
作之前，他主要在政府供职。[4]

　　邵力子在上海最初响应五四运动以唤起民众、指导舆论过程中发挥

_____

① 他们相识可能是在 1912 年初，当时沈定一正在上海组织他的公民激进党。革命期间沈在上
　　海认识了革命领导人陈其美，而戴自从加入孙中山阵营后，与陈和其他同盟会领导人如张静
　　江也建立了关系。参见 Mast(马斯特)："Intellectual Biography of Tai Chi-t'ao from 1891 to
　　1928"(《一八九一年至一九二八年间戴季陶的心智历程》)，第 26 页。这两个人可能就在这
　　种背景下得以被相互引荐。沈在日本流放期间，没有加入孙中山阵营及其中华革命党，因此
　　不太可能在那里遇上戴。另一种可能性是在 1918 年 5 月相识，即戴返回吴兴之前；或是短暂
　　返回城市的间隙，因为据说直到 1919 年 5 月戴季陶一直待在吴兴。
②《星期评论》，1919 年 8 月 17 日。
③ 关于邵的传记，参见《浙江人物简志》，第 115—117 页。
④ 有关叶的材料，参见 Boorman(包华德)：*Biographical Dictionary of Republican China*(《中华
　　民国传记词典》)，4∶27—29。叶曾在 1912 和 1913 年在上海编辑《民利报》，而 1913 和 1914 年
　　则曾编辑《生活日报》。作为一个破落商人之子，叶曾在其家乡学校接受过传统教育。除了
　　从事记者职业之外，叶还执教于一个女子学校和复旦大学，甚至还是一个多产的小说家。

了重要作用。他领导教育界同仁通电抗议北洋政府,并发动社会名流集会声援五四运动。① 这一时期,上海发动了大规模的示威游行(5 月 7 日,1 万人的游行队伍试图穿过法租界,但遭到阻挠),成立了上海学联,开展抵制日货运动,举行全国印刷业工会欢迎北京学生代表大会。这次欢迎会由叶楚伧主持,学生代表向上海市民如实报告了北京形势。报纸报道戴季陶出席了欢迎会,但没提沈定一是否也参加了这一大会。② 5 月底,学生运动愈演愈烈,抵制日货运动不断蔓延,商人也不断加入反北京政府的行列中来。

　　尽管上海游行和集会的最初动因是发生于北京和凡尔赛的事件,但正像任何群众性社会运动一样,地方性因素终会渗入运动并塑造运动发展的方向。5 月 31 日,学生游行队伍已到达华人区的上海县商会和上海市政总商会,以寻求上海商界更有力的支持。6 月 3 日学生与两商会的会谈不欢而散,一度使学生失去商会支持。但 6 月 4 日当县商会负责人准备开会讨论事态发展的要求遭到中国警方的阻挠时,商会开始对中国当局表示不满,以致视他们为反动派。日落时,学生在城市商业区四处奔走散发传单和演讲材料。6 月 5 日,华人区的总罢工爆发。到中午,罢工支持者的白旗插遍了法租界和国际租界的大楼。

　　6 月 6 日,产业工人慢慢加入到罢工队伍中来。走在前列的是商务印书馆的印刷工人、部分丝绸纺织工人和人力车夫,后者在全城实行罢工。上海学联把学生和童子军组织起来以维持秩序,并缓解西方人对可

---

① 有关"五四"事件之后发生于上海的一连串大事的概况,我是根据 Joseph T. Chen(陈真道)：*The May Fourth Movement in Shanghai*(《上海的五四运动》),尤其是第 75—190 页而作出的;也可参见 Jeffrey N. Wasserstrom(杰夫里·韦瑟斯特罗姆)：*Student Protests in Twentieth-Century China：The View from Shanghai*(《二十世纪中国的学生抗议：来自上海的观点》)一书的第 2、3 两章。

② Chen(陈)：*The May Fourth Movement in Shanghai*(《上海的五四运动》),第 85—86 页。

能出现混乱局面的担忧。① 6月8日,《星期评论》第一期出版发行,当天华人区开始宣布戒严。6月10日,有消息传来——北京政府解除了三名亲日部长,但直到6月12日这个消息被确证后罢工和示威才暂时停止。但当北京政府准备签署《凡尔赛和约》的消息传到上海后,从6月21日到7月2日,又一场示威风潮在上海爆发了。6月25日,当示威者(他们在公共娱乐场的集会被强行取消了)在龙华军营与上了刺刀的军队遭遇时,几乎发生了激烈的冲突,从而使形势更加恶化。7月1日,抗议队伍继续扩大,眼看着一场流血冲突已不可避免。但这一切终于没有发生,因为7月2日又有消息传来,中国代表拒绝在《凡尔赛和约》上签字。

　　沈定一在《星期评论》上对罢工风潮和上海形势作出了积极的反应。他认为罢工的目标是明确的,即"内除国贼,外御强权"②。这场抗议和示威运动除了使沈定一认识到帝国主义和中国民族的冲突之外,似乎还使他意识到资本家对无产者的压迫和低层阶级在实现超越本阶级狭隘利益的斗争中所具有的团结和力量。在1919年12月的一篇文章中,沈定一写道:"自从'五四'、'六五'运动之后,全国担负了多大的损失,只在形式上去了曹、章、陆三个小贼。当时如果只有北京的'五四'运动,恐怕连这三个小贼的形式也去不了! 上海的'六五'运动,设或只是学生一部分,这三个小贼恐怕也还去不了。"③沈定一鼓吹罢工表现了"民主立宪国第一遭的精神","似乎比较旧制时代差强人意":"于是罢工的祝胜利开工,罢市的祝胜利开市,罢课的也有胜利开学这一说。说是人民行使国家主权,应该'告一段落'了。"④

　　我们不知道沈定一是否亲自参加了每一次公开抗议和示威,但他对

---

① 有关童子军作用的描述,参见 Wasserstrom(韦瑟斯特罗姆):"The Evolution of the Shanghai Student Protest Repertoire; or Where Do Correct Tactics Come from?"(《上海学生抗议议程的演进;或正确的战略从哪里来的?》),第124—125页。

②《星期评论》,1919年6月15日。

③ 同上书,1919年12月28日。

④ 同上书,1919年6月22日。

6 月 9 日黄浦江新北京船埠发生的事件的描述,表明他是在积极引导和 *63*
报导罢工。这一事件起因于一些船员明显不顾罢工,准备起锚开船去宁
波和长江各码头。但是一些船员不同意这样做,他们认为宁波人应当在
爱国主义和国民资格上团结一致:

> 话未说了,便有人指着说道:"黄旗来了,黄旗来了。"黄旗是工
> 界维持秩序的色旗,也是标明目的的旗,穿着深蓝短衫十三道纽扣
> 的大约有六七十人,自大吉码头扛着旗渐渐地接近了新北京船埠。
> 旗上写着"维持秩序"、"万众一心"、"还我青岛"、"天地良心"种种标
> 明工界罢工目的的话。到船边,只一挥手,船上的水手伙夫一齐登
> 了岸了。

他继续写道,即使青红帮也发布严厉禁令,禁止帮众在罢工期间制
造混乱。中国人民尤其是无产者和流氓无产者团结起来一致对外的精
神,给沈定一留下了深刻印象。他告诫工人要继续保持"强毅、忍耐、和
平"的信条,也告诫游民和帮会流氓洗心革面,创造新生活。① 尽管 1919
年夏天民族政治主题仍是他写作的主要内容,但是,这次罢工似乎已使
他逐渐意识到劳动阶级所蕴含的强大士气和潜在能量。

沈定一的观点及其演变:1919 年 6 月至 1920 年 9 月

1919 年夏天,沈定一在《星期评论》为杨之华安排了一个暑期工作。
杨之华后来指出,在当时,这一刊物是革命思想的中心,而其办公室则成
了大罢工后许多青年学生着迷般争赴上海会见沈定一和戴季陶的圣
地。② 其中浙江第一师范学校的学生钱耕莘在 1920 年年假时特地赴沪
造访两位编辑,沈所给予他的个别关怀和认真对待使钱十分激动。③ 杨 *64*

---

① 《上海罢工的将来》,《星期评论》,1919 年 6 月 15 日。
② 杨之华:《杨之华的回忆》,第 26 页。
③ 钱耕莘:《沈定一先生》,第 62—63 页。

之华指出,直到 1920 年 6 月杂志停办,这里一直是中国青年讨论变革的中心,不管是在办公室还是在杂志上。① 因此,当我们讨论沈的观点及其演化时,不仅仅是为了研究沈的思想发展,更是为了替五四运动后一年中多样化的文化论战和革命思想发展进程提供一种标准。

沈定一的立场和思想不仅随着"五四"这样巨大的政治事件变化,也随一些稍小的事件以及在它们与新闻界同事交流中不断演变。针对其他城市杂志被查封事件、《星期评论》读者的来信或同事和学生对他的观点的质询,他都一一撰写诗文作答。沈定一的思想就在这种与外界的交流中得以发展,且这种发展最初也没有表现出泾渭分明的特殊的意识形态认同或倾向——社会主义者、无政府主义者或保守主义者——这一切说明在革命过程中,参与革命本身带有随机性。

假如分析一下这 17 个月中沈定一所写的文章和诗歌的主题,可以发现其强调的重点有相当的转变。1919 年夏,18 篇诗文中有 5 篇是以民族主义和反军阀主义为主旨的,这显然是刚刚发生过的五四运动、六月罢工和日本继续强占山东等政治风暴的逻辑结果。在国家面临这样的屈辱和危亡之际,只有两篇关注富人和穷人的阶级分化问题是正常的。但在 1920 年头 3 个月中的 20 篇诗文中,12 篇是关于阶级主题的,只有 1 篇是关于民族主义的。② 显然,这一时期社会的阶级和性别差别对沈定一的震动尤为重大。1920 年初,《星期评论》全体同仁在纺织印染工人罢工中使用汽车,在全城分发了 7000 多份传单。③ 这一年春天,在与同事和苏联代表维金斯基的讨论中,沈定一对于寻求消除中国社会鸿沟的办法尤感兴趣。

---

① 杨之华:《杨之华的回忆》,第 26 页。
② 有关家庭与男女平等和新文化运动的主题以及沈定一对生活和社会的一般观点,在这 17 个月中得到了更为一致的注意。
③ 杨之华:《杨之华的回忆》,第 26 页。

国家和阶级

　　沈定一的作品反映了他自己对世界形势和中国在世界中的地位的看法。作为新闻记者,他对世界形势的发展了如指掌,并经常就此发表评论或作出反应:从朝鲜民族主义者的困境到法国政府研究商品价格政策,到欧洲和美国政府中妇女扮演的角色,到即将于华盛顿召开的国际劳工大会。① 但是他最关心的还是民族危亡,尤其是操纵在国人手中的国家的命运。作为作家和记者的沈定一的目的是唤醒民众,而散文和诗歌只是号召的武器。在 1919 年 8 月 24 日的一篇文章中,他写道:"我已至于放弃前十年的日常人生关注以便彻底唤醒国人。"②

　　1919 年 9 月 7 日发表于《星期评论》上的一篇《牺牲与鱼肉》的文章,表明他对中国当时面临的问题非常清楚:

　　　　现在的形势,中国一部分的人民和土地,已经成为俎上的鱼肉。日本三阀(军、财、党)操了刀以中国阀为俎,山东的土地和人民已经搭着刀俎的滋味了。其他大部分的土地和人民,等于笼里鸡网里鱼圈里牛羊,不过还没有拉出来动手开剥罢了。

　　　　煮豆燃萁,哭得伤心,火烧眉头,急得要死。徒哭何益,空急何益,牺牲的日子到了,国民准备。

　　这段描述预示了《生与死》中那清晰的一幕:法租界中也即在帝国主义中间被剥皮的以及濒临死亡尚不自知的牛。沈定一的对策是什么呢?"夺了刀,踢翻俎,从此不做鱼肉。"

---

① 有关朝鲜局势,参见《随便谈》,《星期评论》,1919 年 6 月 15 日;以及《血》,《星期评论》,1919 年 9 月 21 日;关于法国政府政策,参见《请看民主国的新法律》,《星期评论》,1919 年 7 月 27 日;有关欧洲和美国政府,参见《随便谈》,《星期评论》,1919 年 6 月 13 日、20 日;有关劳工会议,参见《随便谈》,《星期评论》,1919 年 8 月 17 日。

② 《名义重? 事实重?》,《星期评论》,1919 年 8 月 24 日。沈定一使用这一比喻,比鲁迅在其《呐喊》前言中提出的在铁屋中唤醒熟睡者的形象化手法还早三年多。

在沈定一的目标模式中,就像上海罢工所显示的那样,中国成功地摆脱危亡走向胜利的关键在于中国人民的团结一致:

> "折一矢易,折十矢难。"不问再大的国,再多的人口,只要分析开了不能自动的团结,无论再小的国,再少的人口,也能胜过他,灭得了他的。从团结的作用,看起连带的关系来,青岛、胶州、高徐铁路问题,就是山东问题,山东问题就是中国问题,中国问题就是你我自己的问题。青岛、胶州湾、高徐铁路断送了,就是断送你我的活路;因为断送了你我的活路,你我就起来反抗;因为反抗而商人枪毙、学生被捕、报馆封禁,就是枪毙你我的生命,逮捕你我的生命,封禁你我的喉舌,不许你我找着活路上走。
>
> 现在你我的生命还在,身体还在,喉舌还在,如果不能打破这圈禁牢笼,尽等着到俎上去一刀一块,那时撞破头子叫救命也来不及了。屠户手上没有放回临死狂叫的猪。

沈定一在这篇文章中所提出的解决方法是否认北洋政府的合法性(这个政府关闭了支持新文化运动的新闻机构),倡导制订一个建设中国的总的计划(他也认识到当时条件下没有一个可被广泛接受的模式),并充分发挥每个人的潜能,以促进这些问题的解决:就像传统儒生和现代自由主义者那样,沈定一把教育视做即使不是惟一的至少也是其中一个关键的因素。

不管是讨论民族主义、阶级或家庭,沈定一随后的主题都集中于讨论个人和群体的关系上。他不仅看到了自然、社会和性的差别分裂人群,助长族群隔离,也十分了解从现存的社会运转机制中发展而来的离心力正力图扭转这种运转,或至少是阻止这种机制的运转。为说明这一点,他把出售日货的商人在抵制日货运动中的损失,和前一年夏天西瓜种植者在上海霍乱肆虐时公众拒买西瓜而遭受的损失作了比较。① 尽管

----

① 《瓜与日货》,《星期评论》,1919 年 9 月 14 日。

受损失的商人的呼声已导致"分担损失"计划的出笼,但沈定一认为,政府的补偿不应当与实际损失数相抵:"种瓜的农夫,他所损失的数量虽比较东庄小,只受损失的关系却比东庄大。何以就没有人出来过问呢?唉! 为卫生牺牲瓜的,却已经牺牲了,为卫国(大卫生)牺牲货的,怎么样呢?"沈定一断言,在国家利益前面,商人的私利算不了什么。

如果拯救中国的关键需要中国人的团结和相互支持,那么,问题在于:中国人能做到团结和相互支持吗? 此时的沈定一已从上海的生活体验中察觉到城市富人和低收入阶层之间的鸿沟,也体会到在这样两极分化的社会中实现社会和政治统一的难度。对于他的读者来讲,他是在社会中间划了一道明显的界线,在他许多有关上海的描写中,汽车成为财富以及资本家阶级的有力象征:"呜!!! 接二连三的臭独士,睁着了一双怪眼,风驰电掣卷将过去。一只车尾的红灯,映过墙角边一副黑油油的怪脸在那里出神。不知道车中人正在那里肝肠寸断哩。"①在《夜游上海有所见》一诗中,他以一个胖子和一个呕吐名贵菜肴的醉汉来象征资本家的生活,而以乞丐和妓女来象征穷人的生活:②

> 一个胖子说:
> "一日三出力,吃饭用大力。"
> 一个瘦子说:
> "无钱买衣食,睏觉当将息。"
>
> 求布施! 求布施!
> 饭馆子前十字路。
> 汽车去马车来,来也无数去无数。
> "眼饱肚中饥,口甜心里苦。"

---

① 《随便谈》,《星期评论》,1919 年 8 月 10 日。
② 《星期评论》,1919 年 11 月 23 日。

眼见得吃醉的人，

对着车窗狂吐。

唉！"燕窝鱼翅。"

有讨，讨，有食，食；

三个铜圆一顿饱。

冷尖尖的风、黑漆漆的夜，

背贴背儿当棉被，

糊糊涂涂睏一觉。

听说近处抢劫多，

大概他们不管梦里也窃盗。

半夜冷风吹醒了，

站起来，又睏着了！

那一边是谁家的小女儿，

"冻呵"！"冻呵"！满街叫！

风飕飕。叫声渐渐低，

一个老婆子站在马路中间，恶狠狠东边喂一喂，

又低下头来叹了一口气，再到西边溜一溜。

夜夜亮的车光，如何还不把他们的心思照遍！

此刻没有什么汽车马车出风头了！

只有红庙角里两个叫花子呼！呼！依旧！

在其他文章中，沈定一赋予劳动者以比资本家更高的道德修养，同时认为城市工人与富人相比过的是一种更为自然和丰富的生活。在《工人乐》这一首发表于1920年1月11日的《星期评论》上的诗中，沈定一更是把处于被剥夺和压迫中的工人的美德理想化了：

我说:我们棉袄夹裤过得冬,

他们红狐紫貂还要火炉烘。

我们十里八里脚步轻且松,

他们一里半里也要汽车送……

若使没有了我们,

那里去找文明的行迹?

有衣大家穿,

有饭公众吃;

我们穿吃不白来,

手儿脑儿自己享受自己的成绩。

沈定一预言,这样的不平等会给将来带来"许多不幸的后果"。

从沈定一的作品及随后的行动来看,他似乎对于他的有财有势的家庭出身怀有深深的负疚,这一点在 1919 年 6 月中旬的一篇自传体文章《一念》中有明确体现:

玄庐洗过了澡,换过了衣服,休息了三十多分钟,吃了饭,走到一间陈设很好的屋子里,凑着摇椅上一靠,正对着一面大镜子,猛然间看见玄庐坐地。

怎么样镜里也会有一个玄庐? 世界上怎么会有玄庐? 是他父母生的。生下地的时候原来是个小孩子,怎么样会变了那模样一个人? 因为有饭吃,不饿;有衣穿,不冻;有房子住,不受风霜雨雪太阳雷电的欺凌,所以养成了的。

唉! 人是求生活的,自从呱的一声坠地,一直经过到现在,不是我的父母所能够养活我的。这养活的究竟是谁?

有了! 父母有产业给我,我就靠着产业生活。推想我的祖父祖母,也把产业给我父母,我的父母也就靠着产业生活的——如果人人都有产业,岂不人人都有生活么? 这些有产的人不是靠着无产的人"做工"出来才有出息么? 照此说来,有产的人,便是不生产的人;无产的人,便是做工的人,便是生产的人了。……

我也是人,何以要靠别人劳工养活? 我曾经拿了什么去交换?"白吃"、"白穿"、"白住",可耻呵?

玄庐想到这里,举目一看,不问是哪一件东西,都满含着劳工血汗的色彩在那里笑。笑我靠他们生活的呵!

猛然又看见一件东西,不觉得急出了一身汗。这也是拿劳工的血汗换来的"日本货",永远作我"伤尽天良"的纪念品……①

除了显示对自己地位的相当负疚外,这篇短文的最后一段引申出了国家和社会方面的关怀。镜中的影像以及沈定一在镜中看到的幻觉,促使他不止一次去探测人类相互隔离的现实,并研究所有这种关系的相互依存的可能性。

家庭制度和女子解放

在中国社会中,代际以及性别之间的鸿沟与阶级和政治分化具有同等重要性。五四运动的爆发对旧的家庭制度及其父权至上、包办婚姻、童养媳和对妇女贞操及从属地位的强调不啻是一场革命。旧的家庭制度鼓吹社会和谐,但实际上却毁灭了多少人的生命和梦想。20 世纪初中国女子的自杀率中以 20 岁左右的女子为最高,这一年龄段的女子大多是刚刚订婚或结婚,其自杀率在 1905 年左右为日本的 2 倍多,瑞典的 10 倍多,西班牙的 25 倍多。②

沈定一关于妇女和家庭观点的形成似乎来自于他与五四青年的接触,而非他自己的头两次婚姻。他最乐于结交的也许就是青年男女,这

① 《星期评论》,1919 年 6 月 15 日,重印于《玄庐文存》,第 117—119 页。
② Margery Wolf(沃尔夫):"Women and Suicide in China"(《中国妇女和自杀》),第 118 页。

种交往是导师和学生、保护人和被保护人的关系。杨之华就是一个明显的例子。杨比沈小 17 岁，出生于萧山一个小商人地主家庭。杨家和沈家长期交好①，因而杨之华嫁给了沈定一的大儿子剑龙。尽管生了一个女儿，但这桩婚姻后来还是以离婚告终——剑龙素以放荡好色闻名。杨后来离开萧山去上海继续学业，并嫁给了共产党领导人瞿秋白。沈定一就此在上海一家报纸上刊登了一个启事：“沈剑龙与杨之华离婚，杨之华与瞿秋白结婚，瞿秋白与沈剑龙结为朋友。”②由此足见沈定一对新道德的认可。

　　1923 年沈定一已经成为一个坚定的女子解放论者。③ 但是四年前他最初写的关于女子解放的新闻评论——“女子解放从那里做起”——似乎颇为谨慎并带有尝试性。这在他关于国家和阶级的文章中是从未有过的。④ 他写道：“此篇经三次易稿，我不但求全中国女子的批评，并且求全中国男子的批评；但是安常尊荣的女子和争权夺利的男子，未必留

①　Christina Gilmartin(克里斯蒂那·杰尔马丁)：“Mobilizing Woman：The Early Experiences of the Chinese Communist Party，1920—1927”(《发动妇女：中国共产党的早期历程，1920—1927 年》)，第 144—145 页。

②　高乐天：《沈定一先生的一生》，第二部分，第 8 页。1981 年茅盾提到了一则发生在 1923 年夏天的轶事。这篇文章指出，沈定一试图退出共产党是因为他声称党内有人拐走了杨之华，并把她带到了上海。从茅盾提供的解释来看，沈定一似乎是个在社会文化立场上非常保守的人，且与其所坚持的男女平等观点自相矛盾。茅盾回忆说当时有一个姓吴的年轻党员和社会主义青年团员，同时也是杨之华的熟人在沈家做客。杨之华很想知道上海大学的教学状况，于是就向他打听，吴向她作了介绍。而当他离开衙前时，杨与他一道去了上海，且在上海大学入学。据说沈相信是吴拐走了杨，根据他的描述(茅盾也提到了这一点)，当吴在他家时吴曾向杨求爱，但杨没作任何表示，但仍对他很有礼貌，她询问上海大学的情况：“就像你在路上向人问路一样。”但随后她却不见了，沈定一就声称她是一个受害者。茅盾承认沈定一也知道杨与他儿子的婚姻不尽人意，但却仍有此类“揣测”。参见茅盾的回忆：《我走过的道路》，重印于《衙前农民运动》，标题为《茅盾的回忆》，第 78—79 页。

　　这一故事暗指沈定一希望杨留在衙前家中的真实理由是因为他自己对她感兴趣，但与我们所理解的关于这一阶段的沈定一的情况不相吻合，且本身也不合逻辑，要验证或否定诱拐指控只要看看杨之华本人就可，而她去上海大学读书显系出于自愿。

③　从 1921 年 2—4 月，沈定一在广州编辑《劳动与妇女》杂志，这本杂志主要关注劳工和女子解放问题。参见《五四时期期刊介绍》2：539—541；3：647—670。

④　《星期评论》，1919 年 8 月 3 日。

心这个问题;劳动界的男女国民,又不能够有知道这问题的机会:批评我的,只是少数有知识阶级里面的人了!"然后他提出两点:"男女双方要深知深信女子是'人'",与男子应有一样的人格,男女应当享有平等的受教育权利;"可怜中国的男子,除却婚姻婢妾娼妓之外,和女子不生甚么关系。且不说贩卖妇女和溺女虐媳那些话。"沈定一指出就算那些从欧美留学回国的女子,在稠人广众之间,也只得坐在僻静冷落处或者末席,也没有一个人与她交谈。这是因为"旧时代(存在)以女子当作一种物品的观念。男女既视女子为物品,女子也就以物品自居……一切思想的锢蔽和种种的不平等,都是由这种错误里面发生出来"。因此,打破这种传统意识在沈定一看来是女子解放的根本。

因此教育就显得尤为关键。沈定一指出,传统教育制度教育女子要坚持"守节"和"训婢仆"等责任,从而使女子成为物。现在,"女子与男子既有一样的人格,无论小学中学大学各专门学,凡是男子得求学的学校,就是女子得求学的学校。学校本不是能给我们知识的,但是能发挥我们的本能成为知识,知识就是应用的工具……(如果没有知识)徒有解放的空言罢了。"从这里可以看出,沈定一坚信:女子解放首先必须实现性别平等和教育机会上的平等。

12月,沈定一继续阐发其关于家庭内女子平等地位的意义。[①] 就在此前一个月,杭州第一师范学校爆发了著名的"一师风潮"。这件事起因于一师学生施存统在新成立的《浙江新潮》杂志上发表《非孝》一文。这篇文章责难家庭是个人不幸之源,并提出摧毁家庭作为重建社会的第一步。[②] 这场风潮导致杂志被封禁,四位出版该杂志的教授陈望道、刘大白、夏丏尊、李次九被解职。前两个人都与沈定一有联系。沈定一任省议会议长时就是这所学校有力的支持者,在"一师风潮"发生期间,他又

---

① 《我做"人"的父亲》,《星期评论》,1919 年 12 月 7 日。
② Yeh Wen-hsin (叶文心): "Middle County Radicalism: The May Fourth Movement in Hangzhou"(《中心县份的激进主义:五四运动在杭州》)。

对发生在那里的事态保持密切关注。① 从这时开始,他与那里的学生频繁通信,从而建立起了互信的关系。学生们渴望沈定一对革命行动提出建议,而沈定一则视他们为建设新中国的栋梁。② 一师学生曹聚仁在后来的回忆中指出,沈定一是当时学生运动的"有力的策士"之一。③

在父权思想遭到声讨的时代,沈定一在 12 月的一篇文章中探讨了父亲的含义。他认为一个真正的父亲应当把子女当做人来对待。他提出了两种对待子女的基本策略:挚爱与平等。他认为挚爱是一种不自觉的天然情感,是一种从父辈和祖先那里传承下来的、绵延不绝的情感。这种根据纵向血缘世系来定义爱的方式令人怀疑他的概念与传统观点的区别。在此基础上,他进一步区分了爱和孝慈的关系。他认为孝慈是后天习得的,但用这种与生俱来的直觉的爱的概念很难分析特定的现实问题。

比较而言,他关于儿女平等的观念更具现实性。如果人们能认识到儿女出生时是平等的,后来对儿子的偏爱只是一种源自男性统治社会的"错爱",那么,女儿和儿子不管是否已结婚,就应当共同继承家庭财产。另外,沈定一认为,应当通过建立由亲属和家族经营的为老年人服务的集体机构以消除传统社会养儿防老的机制,这种新体制还能减轻子女身上沉重的负担。④

基于这些思想,沈定一以理解和同情的笔触描绘了妇女的困境。在一首描述一位上海工作着的母亲的诗《一夜》中⑤,他写道:

　　白天打短工,

---

① 马叙伦:《我在六十岁以前》,第 77 页。
② 有关一师学生与沈定一的亲密关系的描述,参见夏衍:《当五四浪潮冲到浙江的时候》,第 733 页;以及同卷中倪伟雄:《浙江新潮的回忆》,第 738—739 页。也可参见沈定一死后曹聚仁的评述,见《觉悟》,1928 年 9 月 3 日。
③ 曹聚仁:《我与我的世界》,第 173 页。
④ 《我做"人"的父亲》,《星期评论》,1919 年 12 月 7 日。
⑤ 《觉悟》,1920 年 9 月 6 日,重印于《玄庐文存》,第 143—145 页。

夜归抱儿子。
腾出阿娘一双手，
淘米、烧饭、洗衣、补衫裤。
"阿爸做工辛苦了一天，
乖乖睏去罢，
莫作夜新鲜。"

宝宝、乖乖，低声下气喊了一大串，
抱着走，走着抱，
小脚零丁一身汗。
眯朦眯朦一双点漆的小眼珠，
慢慢地在宝宝声中合拢去。
破屋漏月光，
照着红粉蒸蒸的小巴掌。
梨窝嘴唇跟着呼吸微微动，
两个人在黑影中间也赔着一副笑容。

呵欠来了便往帐里钻，
一头放倒就入梦。
帐子小，仄棱睏，
让出一片还没有破的凉席处，
轻脚轻手把宝宝来安顿。
咿唔咿唔蚊出声，
绕着蒸笼似的床想分得一杯羹。
忽然呱的一声哭，
梦中惊起，一手搭着，一手拿奶给宝宝咂。
宝宝不哭了。

阿爸醒了。

精神也回复了，

偏偏鸡也啼了。

夜五更了，

无情的汽管呜的一声，

没奈何,披起衣裳跳出门。

值得注意的是沈定一描绘的母婴间的柔情。只有当母亲和婴儿在一起的时候,她才得以从困苦不堪的家务和工作中解脱。在这首描述家庭生活的诗中,同样值得注意的是母婴和父亲的分离。在沈定一的作品中,从来没有关于亲密的或充满温情的夫妻生活的描写。汽管(在沈定一的描述中是资本主义的象征)的鸣叫催醒父亲起床去工作,除此之外别无选择。

在保存下来的沈定一的作品中,没有一篇提及他自己的三次婚姻。在一次采访中,他的儿子剑云向我谈到了这件事。[①] 沈定一的第一次婚姻是在什么时候和谁结的婚已无从考证,但很可能是一次包办婚姻。沈定一的大儿子剑龙很可能就诞生于这次婚姻,当时是 1902 年,沈定一大约 20 岁。这次婚姻的结局也已无从知晓。沈定一的第二次婚姻为他留下了 3 个孩子,他的大女儿剑波于 1916 年溺水而死,当时她还是一个小孩;他的二女儿剑华大约就是那一年出生;他的二儿子剑云出生于 1918 年。[②] 由于沈定一在其作品中没有提及他的家庭,人们对其家庭生活一直猜测颇多。也许,沈定一把大量时间都投入到众多公共活动中去了,以致没有多少时间能在光禄第中享受家居生活吧!

1923 年初,沈定一实际上已解除了第二次婚姻并与其妻子分居。他的传记作者把这件事归因于沈定一对破除传统婚姻、追求女子解放的强

---

① 源自 1993 年 6 月 9 日的一次采访。

②《沈定一先生事略》,第 14 页;高乐天:《沈定一先生的一生》,第 13 页。

烈愿望。据称他的妻子是自愿分居的,随后他娶了一个"革命内助"为他的第三任妻子。[1] 他的新妻王华芬是绍兴和萧山以东的余姚县人,大约比沈小 20 岁。一个传记作者指出,沈定一一贯比较好色,而王既年轻又颇具吸引力。1924 年在省党部工作的高乐天后来提及王华芬时,说她是一个"漂亮苗条"的女人。[2] 关于她的教育背景,人们有不同的说法。但较可信的说法是她最初就读于绍兴女子师范学校,然后又就读于杭州女子师范学校。[3] 不管怎样,在那种保守的文化氛围中决定接受教育并离开余姚,说明她是一个有决心和雄心的女子,可能正是这些性格特质吸引了沈定一。

王华芬几乎成了沈定一形影不离的伙伴。为他抄写讲义和演讲词,抄完后,他们又一起重新修订草稿并拟出定稿。高乐天指出,沈和王在一起时兴致很高,两人之间经常笑声不断。[4] 另有一些迹象表明,王是一个主张性解放的女性。沈定一的一位传记作者形容王是一个轻佻的女子,显然这种声誉在她嫁给沈之前就已出名了的。有一个故事很能说明问题。在沈定一第一次带王去萧山的那天,一群青年去欢迎他们,但是欢迎的标语中有一幅是这样写的:"欢迎革命领袖沈玄庐,打倒不要脸的王华芬。"这位传记作者声称,沈定一离开衙前时,王曾与萧山人也曾是早期浙江共产党的重要人物的徐梅坤私通。[5] 1993 年,在沈家探访沈剑云时,我问起了王华芬,沈剑云的家人以及探访时在场的邻人中有人笑了起来,并有人说了"搬麻烦"一词,这个反应似乎证实了有关王的自由个性的传闻。[6]

---

① 《沈定一先生事略》,第 15 页。"革命内助"一词来自沈定一的纪念传略。

② 王威廉:《沈玄庐与共产党》,第 159 页;高乐天:《沈定一先生的一生》,第 10 页。

③④ 阮义成:《沈玄庐》,第二部分,第 19 页。

⑤ 王威廉:《沈玄庐与共产党》,第 159—160 页。

⑥ 根据采访,1949 年以后王在衙前农村小学任教。其晚年显然患有严重的精神崩溃症,于 1988 年去世。

中国社会问题:沈定一的观点

不管是谈到国家、阶级、世系还是性别,沈定一认为这些新文化运动时代任何一个特定主题的背后都存在着一个共同的问题:即在中国文化和社会中个人之间一盘散沙的局面。这一问题是所有问题的根本症结所在,中国的进步必须以解决这一问题为前提。沈定一有两篇重要作品是围绕这一主题展开的:一是一首超现实主义诗歌,另一是一篇叙事短文。它们对于理解沈定一的思想极为重要,因此我在这里将专门讨论。

诗作《朋友? 劫?》发表在 1919 年"双十节"的《星期评论》上。沈定一在序言中写道:"这首诗里面的情节,是把几件事实结合起来,不是凭空结撰的。"这首诗中的描述和情节却一望而知是超现实主义的。因此,只有当人们了解到中国传统文化对历史(和真实)的偏好远大于虚构的创造时,才能理解他作这个序言的用意。诗中凄惨而阴森恐怖的情景象征中国,这显示了沈定一对 20 年代中国形势的看法:

> 万山枯竭,天光如血。
>
> 只是几片乌云,也叫人警心动魄!
>
> 唉!"朋友! 走不动了,怎么样才好?"
>
> 一个问,一个听;问的惯问,
>
> 听的惯听,总没有话来答应。
>
> 这般干熬熬的天上人间,
>
> 只有这两个人相依为命。
>
> 你对我望望,我对你望望。
>
> 我没有你,对谁想起?
>
> 你没有我,开口问甚么?

地面无青草，天空无飞鸟，

舌烂唇焦，爬起跌倒！

轮着四颗红眼珠儿，

东张张，西瞧瞧。

"有了！"前面一片火烧场。

找得到死猫死狗，也可以充得饥肠。

只是没有一滴水吃，如何？

"嘿"！"嗒"！尿缸。

便到瓦砾场中，

乱爬胡找……

从前听见炮声逃，

如今听见雷声笑。

以为依旧是炮声：炮声中该有人了。

"好！好！！"雨！

这一滴甘霖，渗透十万八千的毛窍。

且磨牙齿到天明，

咬嚼新生的青草。

倾盆的雨，挟带着呼呼的风。

电光过去，大雷破空。

便从好梦中拉了出来，

做他睁开眼睛的梦。

平白地水深几丈。

滔滔滚滚，带了些劫灰余烬不知去向。

走不得了，爬！刚才撑上山腰，

瞥见刀儿一晃。

只见四颗红眼珠儿，

钉住了四颗红眼珠儿。

"呸"！内中一个倒了；内中一个说"去"，

还给了一点吃的东西。

不管他酸甜苦辣；

一路走……（肚子倒不饿了。）

我的朋友哪里去了？回头望，

只见战巍巍的岩石，

黑沉沉塞住山腰。

踉踉跄跄，慌慌忙忙，前面是个村落……

行行无所见，

只见一家家门儿虚掩。

我闯进高大墙门，大声呼救。

一驻足，只听见自己的声浪在空中回响，

旁的一些声息儿也没有。

房子这样大！陈列也奢华！

何以竟没有一个人在家？

76

避役签符，茶壶药罐。

床上的、床下的、东一个、西一个，

横横陈陈，赫然死尸。

东家这样，西家也这样，

这样便怎样？……

　　锅也精光,灶也精光,

　　只得睁着两只红眼珠儿朝灶堂神相一相。

　　何处粥香? 顺风吹来,

　　在左近么? 不像。

　　忙使鼻官儿来端定方向。

　　对了。一里、两里、三里,

　　山川人物都不见,

　　只见那红纸上三个大大的字:

　　"施粥饭"。

　　"汤",没法子想。

　　不管他,把人家盛好的伸过手来便抢,

　　一口:"呵! 呵!! 朋友……"

　　死亡、孤独、毁灭,这些给人以深刻印象的背景、清晰可见的战争环境(大炮和短剑)以及因饥饿和压迫而丧失人性的人们,这一切构成了孤独无助的个体苍凉的人生舞台。诗中的两个人物互不交流,甚至也没有行之有效的联结纽带,然而其中的叙事者却又称另一人为"朋友"。他们犹如无望的困兽,跋涉着,沉沦着。因为有些诗句中缺少主语,所以我们很难搞清楚什么时候"朋友"离开了,什么时候"我们"又变成了我。由于一开始就完全缺乏交流,所以主人公之间的分手并无多少意义;尽管这一分手使叙事者失去了一个本来有望建立联系的伙伴。甘霖的"好梦"驱散了干旱的"恶梦",似乎预示着良好的生活前景,但结果却是叙事者被洪水"拉入……睁开眼睛的梦",看到了尸横遍野的村庄。饥不择食的叙事者最后来到并不现实的施粥处,哀号着伸手抢过人家盛好的粥:从某双不属于任何人类的手。因此,在诗的最后,叙事者显然已绝望于与人类的任何联系。

在《回波》这一故事中,沈定一则描述了这个令人难以置信的好梦在 77
社会生活中的临时替代物。① 阶级和性主题在这个故事中起着主导作
用,但恰恰是后者表明这样的好梦只是南柯一梦。故事发生在法国公园
附近的一幢富丽堂皇的洋房的客厅里,三个青年女子正在谴责一篇假定
是发表在《星期评论》上的评论。这篇评论称妇女是妓女,因此被这三人
视为是对全体女子的蔑视和污辱。当这些中国上流社会妇女正享用着
由女佣端进来的汤圆时,一位刚从美国留学归来的杨先生来访。考虑到
杨先生去过国外并喝过洋墨水,又见多识广,因此她们请他发表对妇女
解放的看法。她们的问题是,有什么事实材料可以驳斥评论作者的观
点? 这显然是一个"好梦",它表明年轻的"五四"一代已意识到旧的家庭
制度的问题及其出路,这种旧家庭制度显然关系到妇女命运。

杨的回答是从一个"睁开眼睛的梦"开始的,他回避了对方的问题:
"你们听过法兰西运动场上演奏的乐曲吗? 谈论这种烦人的东西又有何
必要呢? 赏析一段小调,看看窗外的月色似不为过吧?"三位女子表示同
意,但同时要求他讲述一下他自己与女子关系方面的经历。故事揭示了
杨只是一个纨绔子弟,根本不懂女子解放为何物;但这些女子却对他的议
论"屏息"静听。杨这样谈及他对女子的态度:"我一向对女子是最为尊敬
的。诚然我是一个教徒,但我想今天我们对女子的看法不应跟古人一样。
在我眼里女子是神灵,从她们嘴里说出的话简直就是天堂传来的妙音。"

然后他回忆了一年冬天与朋友们去乡下做客的事。那天晚上喝得
醉醺醺的一伙人玩起了"猜手指头"和麻将游戏。一听到冬季聚会,这所
法国公园附近的洋房里的华人主妇叫她的女佣去拿一些香槟以助兴,并
让杨接着讲。这一段描述与《朋友? 劫?》中的景象形成了颇具讽刺意味
的鲜明对比。在这里,由于酒的作用,我们看到了人与人之间至少是短
暂的关联:"杨愉快地举起酒杯,四只酒杯碰在了一起。一瞬间,清脆的

---

① 《觉悟》,1920 年 6 月 6 日,重印于《玄庐文存》,第 204—214 页。

酒杯碰撞声,透明的酒色,甜美的芳香似乎都凝固了,而只有四个人的眼、耳、鼻、口还在交流着。"

78 　　杨的冬季聚会故事最终以一次神秘兮兮的性经历结束。尽管听完故事后这些女子觉得这一晚上花这么多的时间听杨的并不吸引人的故事很不值得,但最后她们还是禁不住试图去揭示杨的神秘的性经历。就这样,她们一开始还在讨论的妇女解放的主题陷入了对杨的毫无意义的故事的细节的争论中去了。"好梦"仅仅是一个梦。沈定一认为,对许多青年精英而言,实际上并未严肃地关注有关阶级和妇女解放的主题,即使有的话,也只是一时心血来潮。正像沈定一的超现实主义诗歌所展示的那样,这四个人之间也不存在相互的理解和关系。故事以讽刺的口吻结束:

　　呜!工厂里的换班回声响了。天也亮了,四个人坐上一辆汽车,到公园里吸新空气去了。路上正遇着交替上班的女工,一群一群的参参差差急急忙忙朦朦胧胧行行去去。

　　四个人在冲破鲜空气的快车中,眼送着一群一群的女工,一群一群的向后退。一路香风,吹送着隐隐约约的车中人语,仿佛是说"污蔑……娼妓……解放"。

中国社会问题及其对策:沈定一的观点

　　光明是沈定一对中国问题的解决方案的形象化意象。在《生与死》中,他描述了自己迎接光明诞生的历程:"我记得我从前像在没有梦的睡境中过我不觉得过日子的日子。自然滋长在一个很舒服的世界里面,我并不知道舒服,也不知道在哪里滋长,更不知道什么世界、什么我。忽然一缕像尺多长的针似的光在全黑的世界里悬在我底前面;我便身不由主地被挤向这一缕光里去。"[1]对于他来讲,光明代表知识和彻底的觉醒,走

---

[1]《觉悟》,1920 年 10 月 14 日。

向光明意味着孕育变革。这种对光明的渴求在他的诗《海边游泳》中得
到了充分体现:

> 赤裸裸的天,
>
> 赤裸裸的地,
>
> 赤裸裸的人。
>
>
> 蹬开岸,大踏波去,
>
> 一切感想都平。
>
> 天光照着海底,沙线一棱棱。
>
> 睁开眼孔看,周围光线平均。
>
> 天也碧青青,海也碧青青。
>
>
> 何处藏身?
>
> 不必藏身,便是藏身;
>
> 藏身处,不知道是天是海,
>
> 只是光明。①

79

"眼睛有病",他写道:"怕见日光。不是他的人不好,是他的病不好,更不
是日光不好。"②获取光明并不是一件容易的事情,它需要奋斗:"五四运
动之后,中国的前途,仿佛从黑暗里杀开一条血路! 一线光明,总在前
面,只要我们活泼泼地迎合上去。"③

　　然而,就沈定一那些年在上海的经历而言什么才是光明? 怎样才能
杀出一条血路以驱散干旱、洪水和瘟疫的恶梦,并刺破法国公园附近的
洋房中的惨淡的人造之光? 沈定一笔下的中国问题是灾难性的,但他的

---

① 《星期评论》,1919 年 10 月 10 日,重印于《玄庐文存》,第 130—131 页。
② 《随便谈》,《星期评论》,1919 年 6 月 8 日。
③ 同上书,1919 年 7 月 20 日。

解决方式是渐进式的,尽管从其意义而言是具有革命性的。这种方式显然不是现代技术和科学。在一首关于上海夜景的诗中,沈定一指出电灯的光芒无法照亮人类的心灵,疾驰而过的汽车的尾灯闪烁的光芒更无助于问题的解决。

沈定一的回答反映了他自己的社会观点和生活方式。在一篇写于1919 年年底的文章中,他认为解决中国社会问题的途径取决于个人:"最靠得住的只是一个我。不是说只有我便把一切都抛弃了……我顾我,就能永远不顾人不靠人么? 也不是的! 我靠人的也顾人的,两相是照顾和依靠的。"①

> 若全世界的一切我,个个自己做起来。就客观说:"各尽所能,各取所需。"就主观说:"我尽我能,我取我需。"世界无论什么的变动,无非弯曲曲向着均等的"尽能"、"取需"那条路上讨生活。
>
> 造一种环象有一种进化。我与他是你的环象,我与你是他的环象,他与你是我的环象。
>
> 要改造环象,就要改造我的我、你的我、他的我,我改造我的我,你改造你的我,他改造他的我。各求各的师,各却各的敌。

显然,被沈定一称做"讨生活的路"的共产主义理想在他的思想中已开始占据重要位置。但是,直到 1919 年秋季,他的"各却各的敌"的观点仍然只是建立在改造个体、使之改变身份从而部分改变人类环境的基础上,而不是建立在改造社会结构、重塑两性关系和重建中华民族的基础上。

然而,从 1919 年 11 月底沈定一所发表的极为重要的文章来看,他已注意到人类关系这一层面。在这篇文章中,个体不再只是其他人的环境,而是互有联系,他们的共同认同为新社会创造了条件。他认为,在一个社会身份复杂多变的环境中,人与人之间的隔阂必须打破。在《他就

①《谁是帅,谁是敌?》,《星期评论》,1919 年 9 月 28 日。

是你,你就是我》这一部分中,他举了一些例子以强调在中国文化、阶级和性差别中所存在的相互依存性:

> 我从前看见北方人拿油垢蓝布袖子裹住剩饭,站在风头上和鼻子里的清涕灰土一起吃,觉脏得了不得;南边人一碗咸水煮菜和豆、一碗饭、一双竹筷,在门前或弄口当着风头上茅坑里臭气吃东西,也觉得脏的不得了。我从前嗅着汗臭的工人,臭气从油垢衣服里面冲出来,胸口就作恶要吐;一到衣香叠影的场所,便觉通体清凉……

> 我记得我娶妻之后,我和我妻的爱情十分浪漫,差不多是一个人。后来受到旧社会的影响,起了纳妾之念,我们两个人的中间,仿佛隔了一层什么似的。但是回想从前一种融合无间的情爱,依然是一木生成。①

接着沈定一回忆起了他在云南做知县时的一次经历。从这篇文章中可以看出,光明(沈定一对解决中国问题的方案的形象描述)就在于现实生活中的相互依存性:

> 我记得我有一次在云南打猎,跑到深山里边,天黑了找不到出路。只有一座古庙,塑像非常可怕。我就在神像边躺着,月光从森林里透了过来,照着四周恐怖的神像,仿佛就要下来捉我。神经激荡到十分的时候,扑地跳了起来打算逃出庙去,但是庙外的风声、落叶声、树枝磨擦声,通统构成毒蛇猛兽的幻景,又不敢出庙去。继后想到神像虽是可怕,到底还有点人形,索兴刮着火柴,通体照他一照。捡几个顶可怕的,当他作了我的哥哥弟弟,有胡子的便算是伯伯叔叔,女的便是姊姊妹妹,亲亲热热的看了又看,不但不觉得可怕,而且在一种凶狠的状态中间看出一种蔼然可亲的神情,便一觉

①《星期评论》,1919 年 11 月 23 日。

睡到天明。我离开庙子的时候,还舍不得一班凶恶状态不相侵害的
人像!

以上拉拉杂杂说了许多零碎话,现在要把我的意见总和起来:

第一,没有穷人,便没有富人。

第二,没有你我他,就没有穷富。

第三,凡在天下的"你"、"我"、"他"都可以当作一个人,团成一
个"爱"。

1919 年底,沈定一已为中国政治问题找到了解决方案,那就是一种
全新的人类生活方式以及社会组织模式。与中国传统模式类似,这种组
织强调的核心仍是群体。但在沈定一这里,群体后于而不是先于个体而
存在。在他看来,要重塑中国文化,就必须先培养重责任的个体,这种个
体懂得人与人之间的相互关联,也能意识到不断变迁的社会中身份和角
色的相互依存性。

这一思想为他九年后努力付诸实施的自治实践奠定了基础。他详
尽阐述了建立自治集体生活模式,以打破因个体认同不一致而形成的人
际障碍。他还阐述了达到这些目标有必要采取的许多他认为重要的手
段:"我的计划拿共同工作逐渐平均提高共同生活做意思的中心,又把增
进的经济能力做发展的中心(不同于其他的方式),我们的共同生活的目
的地在于打破你我他的界限。"需要着重指出的是,在这里,打破人与人
之间障碍的途径是人们共同的生活经历——通过集体劳作以使人人共
享一致的身份——而不仅仅是让人们成为集体一员就能达到的。从
1920 年深秋以及整个冬天,沈定一都在青年中忙于组织工读互助团以实
践他的社会理想。①

---

① 《介绍"工读互助团"》,《星期评论》,1919 年 12 月 21 日;《工读互助团》,《星期评论》,1920 年
2 月 8 日。

沈定一和上海共产主义小组：1920 年春夏

1920 年春夏，沈定一参与了中国共产党成立的最初组织活动，这一组织过程同样表明了人际网络的重要性。由于对这一复杂的过程的理解主要依赖模糊不清的回忆——许多资料是 50 年代共产党经历多年斗争和征战终于取得胜利后的个人回忆资料，因此搞清事实真相的难度是相当大的。这些资料在提到当时的共产主义团体的性质和成立时间上出入很大。一些资料认为上海共产主义小组成立于 1920 年初，另一些资料则认为成立于夏末甚至是年末。有些资料指出曾经存在过一个马克思主义研究会，而另一些则甚至从未提及这么一个团体。[1] 在一个资料中，杨之华(她曾是沈定一的信徒)指出这个小组实际上即马克思主义研究会，但她同时指出其成立时间为 1920 年秋冬之交，而这时一些重要的参与者却早已离开上海。[2] 当然，记忆的模糊只是导致资料不确切的一个原因；另一个原因是 20 年代末之后，也即这些事件本身发生许多年后，关于中国革命的两极政治观点开始影响对这些事件的评价。因此，对像沈定一这样的人(或其他人)在 20 年代活动的评价，实际上掺和了回忆者自己对所经历的血染革命生涯的看法。

对中国共产党早期活动的最早记载见于舍维寥夫，此人在 1926 年年底曾是黄埔军校的苏联顾问。他的记载早于 1926—1927 年的国民革命，从而避免了 50 年代资料中的两极化观点。[3] 舍维寥夫利用中国的资

82

---

① 参见 Hans J. Van de Ven(汉斯·范德文)：*From Friend to Comrade*(《从朋友到同志》)，第 59 页；C. Martin Wilbur and Julie Lien-ying How(韦慕庭和郝灵运)：*Missionaries of Revolution*(《革命传道者》)，第 442—443 页；Arif Dirlik(德里克)：*The Origins of Chinese Communism*(《中国共产主义的起源》)，第 203—205 页；陈绍康、罗梦麟和田子渝：《李汉俊》，第 119 页；邵力子：《党成立前后一些情况》，第 61 页；茅盾(沈雁冰)：《回忆上海共产主义小组》，第 46 页。
② 杨之华：《杨之华的回忆》，第 26 页。
③ Wilbur and How(韦和郝)：*Missionaries of Revolution*(《革命传道者》)，第 442—443 页。

料记下了参加上海小组这第一个松散的讨论小组并与苏联代表维金斯基会晤的 7 个人:沈定一、戴季陶、陈望道、施存统、俞秀松、李汉俊和陈独秀。这一团体很可能曾被称做马克思主义研究会,至少在早期阶段是这样称的。

这 7 个人中有 6 人是《星期评论》的编辑和撰稿人,因而《星期评论》的办公室就显然成了运动的中心。[①] 一个叫陈公培的人曾回忆在他到达上海时曾在杂志办公室与维金斯基会晤,在那里他们一起讨论苏联形势和建立双方关系的可能性。当时参加讨论的还有沈定一、戴季陶和其他几个人。[②] 杨之华描述了杂志办公室里的革命气氛,这里人人都必须工作且人人平等。[③] 沈定一自己对工作中学习或学习中工作的兴趣也许就来自杂志总部里学生和知识分子的实际工作经历。他们共同分担工作任务,相互之间直呼其名。杨之华还提到,许多女子剪了发,留着平头"就像尼姑"一样。她还提到,当杂志停办后,人们各奔东西,再也组织不起那种高度协作的革命行动了。[④]

除了有《星期评论》作为共产党早期组织的坚实根基外,上述七个人中有五人——沈、戴、施、俞和陈望道——是浙江同乡,这再次证实了同乡情谊的向心力。[⑤] 陈望道(1890 年生,义乌县人)是因杭州一师进步刊物《浙江新潮》事件而被解职的四教授之一。施存统(1899 年生,金华县人)和俞秀松(1899 年生,余姚县人)是陈望道在一师时的学生,且施存统还是在《浙江新潮》上发表触怒保守派的《非孝》一文的作者。因此,在《星期评论》和讨论小组里的浙江人之间,除了同乡联系外还有社会联系。师(陈)生(施和俞)之间的亲密关系增强了彼此的亲和力。前面也

---

① Dirlik(德里克):*The Origins of Chinese Communism*(《中国共产主义的起源》),第 161 页。

② 陈公培:《回忆党的发起组和赴法勤工俭学等情况》,第 564 页。

③ Gilmartin(杰尔马丁):"Mobilizing Women"(《发动妇女》),第 145 页。

④ 杨之华:《杨之华的回忆》,第 25—26 页。

⑤ 有关陈的情况,参见《浙江人物简志》,2:181—182;有关施的情况,参见同卷第 257—258 页;有关俞的情况,参见同卷第 256—257 页。这一传记提到俞是诸暨籍人。

已提到沈定一与一师之间的亲密联系,在做省议会议长以及发生一师风潮时他都曾给予一师以有力支持。

所有浙江系的人当时都在上海过流亡生活。沈定一是因军阀打压威吓而离开杭州的;戴季陶则是在广州政府垮台后与孙中山一道来到上海的;陈望道被从一师解职后,继续留在杭州翻译《共产党宣言》,后来才来到法租界,这里的环境相对更安全一些,他就住在《星期评论》办公室里;施存统和俞秀松则于 1920 年初冬离开杭州去北京加入了工读互助团,以寻求免费进入北京大学。尽管在给朋友们的信中,他们提到了北京大学李大钊、胡适这样的名人,但他们发现这一“新生活实验”并不令人满意。1921 年春天,他们决定离开北京,尽管他们的整个努力在当时还未到完全破产的地步。俞秀松写道:“我不想再做学者,只想做一个革命家。”①3 月中旬,他们离开北京来到《星期评论》,并在这家散播革命思想的杂志工作。可以肯定,他们与沈定一讨论了这一失败的计划,而后者在前一年冬天还正被工读互助团思想深深吸引。但我们无从知道这一切是否使得沈定一对这一种集体组织之潜力的看法有所改变。

另两个最初小组里的非浙江人是陈独秀和李汉俊。陈独秀(1879 年生)以《新青年》创办人和北京大学文科学长闻名。五四运动后被监禁了三个月,之后于 1919 年秋来到上海。尽管陈通过《新青年》把马克思主义思想介绍给了中国知识分子,但据说他本人直到参加 1919 年和 1920 年上海的讨论后才开始信仰这种思想。② 李汉俊(1890 年生),湖北人,曾留学日本多年,是七人中第六个开始在《星期评论》中工作的人,通晓日、英、德和法语。③ 杨之华指出李是《星期评论》团体中主要的知识分

① 任武雄:《关于俞秀松烈士》,第 76 页。
② Boorman(包华德):*Biographical Dictionary of Republican China*(《中华民国传记词典》),1:242—243。关于上海地区当时流行的有关社会主义及无政府主义思想的大杂烩,参见 Dirlik(德里克)在 *The Origins of Chinese Communism*(《中国共产主义的起源》)一书中令人信服的描述。
③ 陈、罗和田:《李汉俊》,第 109—116 页。

子,且与日本、朝鲜的共产党联系颇多。她还提到在李的介绍下,她得以造访居留上海的朝鲜和日本进步人士:李还把她介绍给他的一个俄罗斯朋友以帮助她学习俄语。①

　　这七个最初小组里的人并未与世隔绝。随着许多青年人的加入和退出,上海的革命团体在不断扩张或收缩。例如施存统于 6 月持戴和李这两位曾长期居留日本的同志的介绍信,赴日学习兼在一家疗养院治疗肺结核。② 另外值得一提的是情况的多变性。有些人是为参加政治讨论而专程去上海的,其居留时间较短;有些人——如沈定一——则是长期持续参与的。③ 除了最初 7 人,还有 4 人就属于这种短期的参与者;其中 3 人来自浙江:茅盾(沈雁冰,1896 年生),在商务印书馆工作的作家和编辑,不定期地来这里参加讨论;邵力子,《民国日报》编辑,由于经常有事而脱不开身;张东荪(1886 年生),梁启超研究系的喉舌,《时事新报》主编,对小组的意识形态趋向态度不明朗。④ 另一个则是李达(1890 年生),湖南人,留日归国学生,后来成为马克思主义意识形态方面的重要人物。⑤

　　所有这 11 个"扩大"小组的成员都投身报刊杂志业,且都认为报刊杂志是唤醒中国民众的教育工具。他们都还年轻,介于 20 出头到 40 岁之间(只有陈独秀例外,41 岁)。其中 8 个为浙江人。陈独秀和李汉俊则分别来自安徽省和湖北省,在党的组织工作中配合得很密切。李达则显

---

① 杨之华:《杨之华的回忆》,第 25—26 页。

② 施复亮:《中国社会主义青年团成立前后的一些情况》,第 71 页;陈公培:《回忆党的发起组和赴法勤工俭学等情况》,第 564 页。也有人提到了其他一些参与者,茅盾提到了周佛海,但他到 1921 年为止一直在日本;施提及沈仲九,但陈公培认为沈并未参加;李达说王明斋也参加了,但他实际上是维金斯基的翻译,而杨之华则提到了沈仲九和刘大白。

③ 茅盾:《回忆上海共产主义小组》,第 47 页。他注意到沈定一参加了 1920 年夏天讨论小组的每一次会议。

④ 同上;邵力子:《党成立前后一些情况》,第 61—62 页;《浙江人物简志》,2:159—160。就像邵一样,张在上海五四运动中也很活跃。

⑤ Boorman(包华德):*Biographical Dictionary of Republican China*(《中华民国传记词典》),2:328。

得是一个形单影只的人,直到 50 年代他及其妻子王会悟在回忆录中对当年上海的同事仍愤愤不平,对他们的评价甚为苛刻。①

如果说这一团体的成员组成是多变的,其活动区域则是极为确定的。据陈望道的记载,所有参与者当时都住在法租界,且相互之间挨得很近,这样就为经常商讨提供了便利。② 除了最初的几次讨论是在《星期评论》的办公室里进行的之外,以后的聚会都改在渔阳里进行,在那里他们有两处房子:二号和六号,是专门用于讨论和进行一系列革命活动的。前者是李达及其妻子王会悟以及陈独秀的住所,这里也是《新青年》杂志的办公室。1921 年,共产党公开成立时,这个地方成为了经常性的联络点。③ 但在这一时期,六号房子是团体活动更为重要的场所,它是 1919 年由戴季陶租下的,他在上海时就住在楼上,后来陈独秀租下了这所房子。房子门口的招牌上写着"中俄通讯社"字样。由于霞飞路上住着大量白俄,因此这样做较少受怀疑。但实际上,楼下的偏房(后来也包括客厅)实际上成了教室,用来教授俄语,以便安排中国革命者去苏联学习革命理论,并运用到中国实际中来。④ 1920 年 8 月,这里也成为俞秀松创办的社会主义青年团的中心。⑤

包括沈定一在内,人们既在《星期评论》办公室里住宿,也在渔阳里的房子里工作,可以说,工作室和宿舍没有绝然区分。理想主义的青年学生络绎不绝地来到语言学校、社会主义青年团办公室和出版中心讨论和争辩中国前途,这更加促进了工作和生活的一致。但这种现实状况也加剧了政治上的紧张气氛:与这种生活相伴随的是越南和法国巡警对住

① 李达:《中国共产党的发起和第一次、第二次代表大会经过的回忆》,第 6—18 页(最初发表于 1955 年)。在同一卷中,还可参见《中国共产党成立时期的思想斗争情况》,第 50—55 页(最初发表于 1959 年);王会悟:《建党初期的一些情况》,第 76—78 页。
② 陈望道:《回忆党成立时期的一些情况》,第 20 页。
③ 王会悟:《建党初期的一些情况》,第 76 页。
④ 包惠僧:《共产党第一次全国代表会议前后的回忆》,第 303—304 页;以及同卷中许之桢:《关于渔阳里六号的活动情况》,第 58 页。
⑤ 任武雄:《关于俞秀松烈士》,第 76—77 页。

房的突击性搜查。① 但这种生活确实也有助于男男女女的革命者在一个亲密无间的环境里训练为共同理想而一起工作的能力。尽管没有他们当时的会议记录，但他们讨论的思想毫无疑问是沈定一和其他人在前些年写的文章。茅盾曾指出当时会议的议题包括与其他共产主义团体(北京和广州)交换信息，研究如何发展成为一个长期性的组织，如何吸收新成员和扩大宣传工作。②

　　对一个主要是自许颇高的知识分子组成的、且人人在个人利益上不愿作轻易让步，更兼有那么几个毫无疑问爱出风头的人在内的团体来讲，工作中的配合和强度问题，以及日常生活中的问题所导致的冲突，有时会使个人恩怨与意识形态倾向相互掺和，从而导致社会联结纽带的破裂。王会悟后来曾提到一些有争论的会议由于对立观点冲突太厉害以致不得不休会。③ 由于意识形态观点不同，张东荪只是短暂地参与了这一小组就离开了。④ 即使朋友间个性方面的尖锐差别也潜伏着使这种冲突升级或扩大的倾向。一个来自杭州的学生钱耕莘曾注意到沈和戴之间存在的差别："沈先生听了介绍词后，就对我发表意见，侃侃而谈，如对老友，恳切而且真挚，使我十分兴奋。中饭时，又与戴季陶先生相见。戴先生完全是学者的态度，不大轻易开口，即偶尔说一两句，也是非常慎重的。"⑤

　　杨之华记述的一件事足以表明个性特质带来的紧张。一天晚上，沈、俞和其他大约十人从外面游览回来。杨之华听到戴季陶在他的房间里哭泣。她上前询问，才知他们刚正式成立了一个共产主义小组，戴恐怕孙中山反对而拒绝参加。他之所以哭是因为他的意见没被大家接受，

---

① 许之桢：《关于渔阳里六号的活动情况》，第58页。
② 茅盾：《回忆上海共产主义小组》，第46页。
③ 王会悟：《建党初期的一些情况》，第76页。
④ 包惠僧：《共产党第一次全国代表会议前后的回忆》，第312页。
⑤ 钱耕莘：《沈定一先生》，第62页。

且大家的批评更使他下不了台。① 除此之外,还存在一些其他的个性冲突。通过各种小事可以明了李达对陈独秀和李汉俊的嫉恨,而从他对张东荪和沈定一的申斥中也可以看出这种冲突。② 年轻的俞秀松在其年长的同事面前也总是表现出了强烈自卑和自我贬抑情绪。③

由一些自我意识强烈的人主导群体显然不利于建立一个稳定的社会网络。但当群体中的联系渠道具有可变的强度和指向,并且既包含平等又包含不平等的关系,从而地位较高者可以为其他人提供所需要甚或渴求的物品或满意度时,这种稳定的网络系统还是能得以建立并加强的。在上海小组里,最强的联系渠道是浙江同乡关系。在缺乏其他强的社会联结时,私人怨恨和日常生活产生的紧张和意识形态差别等引起的冲突就是难以避免的了。

相对性和身份:沈定一在上海小组

1919 年和 1920 年上海时期的沈定一正处在一个重要的自我重新定位的阶段,这一阶段的沈定一开始超越他的浙江同乡网络进入全国舞台。此时的沈定一所展示的是什么样的身份呢? 有三种资料可以解决这一问题:真实的历史记录、他自己的作品和其他人的报道。第一种资料有力展示了沈定一的某些身份:他是一个新闻记者,对上海发生的事件、对帝国主义的影响、对社会中阶级和性的差别都作出了强烈反应;他是五四运动的报道者,也许还是参与者;通过与戴季陶联合主编《星期评论》,他还与戴季陶建立了密切关系,通过戴他还日益仰慕孙中山;他还是处于时代思潮漩涡中的杭州青年学生的精神导师和保护者。

87

① 杨之华:《杨之华的回忆》,第 26 页。
② 李达:《中国共产党成立时期的思想斗争情况》,第 52—53 页。
③ George Yu(于之乔):*Party Politics in Republican China*(《中华民国的党派政治》),第 76 页。

沈定一自己的作品则传递了他的自我身份意识。[1] 尽管他肯定把自己视为教育家、青年导师、男女平等论者、平民主义者,呼吁通过相互理解和爱来重建中国社会的倡导者。但是这一时期他自己的言论和某些行动却是相当模棱两可的。提出为新中国而"奋斗"(这是沈定一的常用词),倡导"拿起刀"以达到"光明",但同时他又定义这种斗争为教育和互爱;他捍卫低层阶级,痛斥、嘲讽富贵和权势,但作为上流社会精英,他又似乎充满内疚;他支持男女平等,且时时保护年轻女子,但他写的有关家庭亲情关系的文章仍脱离不了传统的痕迹。什么是沈定一的真面目?是激进的革命者或是和平演变论者?是一个仍带精英观点和先入之见的人,还是受负疚感驱使的热情的平民主义者?是男女平等热忱的支持者,还是一个经不住青年女子诱惑的好色之徒?这些无法回答的问题可能只是表明了沈定一身份中一部分模棱两可的成分。

但是,身份也是"完全具有社会性"的,它实际上是由旁观者的观点、利益和个性来塑造的。[2] 这个创造出来的身份反过来又为人们与被观察者的社会交往提供了基石。李达对 1920 年夏天上海小组里许多成员的负面看法,就提供了这种身份观点对社会网络运作的破坏性力量的例子。1959 年他对陈独秀的评价更是充满嫉恨,甚至用不正当性行为这一中国文化中最有力的攻击手段指责陈独秀:

> 陈独秀是资产阶级左派,他不研究马列主义,只是文笔好,文章写得流利,又懂得很多古文,所以一些老古董很怕他,胡适也推崇他,青年人很崇拜他。……他的领袖欲很强,恶霸作风,动辄拍桌子骂人。那时候我搞宣传工作,下边的文件都集中到我这里。……他的住处根本不许我们去,他弄了个女人在那里。有一次,他到我那

88

---

① 有关自我认同的多个侧面的讨论,参见 Chad Gordon(查得·戈登):"Self-Conceptions: Configurations of Content"(《自我概念:意义的轮廓》),第 115—136 页。

② Weigert, Teitge and Teitge(魏格特、台杰和台杰):*Society and Identity*(《社会和身份》),第 31 页。

里去，看到一个同志来信谈工作困难问题，一看就大骂，一下子把个茶碗拿起摔碎。

陈独秀对社会主义认识并不清楚。陈独秀也是我的对头……一九二二年，我就到湖南去搞自修大学，这次是毛主席让我去的。[1]

尽管其他评论也曾揭露陈的"家长制"作风，尤其是在 1927 年陈独秀被撤销党的总书记职务后。[2] 但作为李来讲，他的私人积怨显然影响了他对陈的看法和观点。这里引出的问题是，对那些个性极强、争议颇多的上海小组成员的评论甚或关于他们当时活动的事实材料的可靠性是值得怀疑的，尤其是当这些评论和说明是在 30 年后作出的时候。

除了一些特定的回忆"沈玄庐参加了 1920 年夏天每一次会议"（茅盾）、"一九二一年冬天沈玄庐不常在上海"（包惠僧）外，三个或参加上海小组或与此有联系的人也据其自身在上海的经历，为我们构筑起了一个关于沈定一的特定看法。从杨之华的观点来看，沈定一是新文化运动领导人，在《星期评论》办公室里也是因为他以及戴季陶的存在，才使许多学生慕名而来。一句话，他是一个知识分子和革命领导人。[3] 这种身份观点显然是杨自己的背景、先入之见，是由她和沈定一的关系决定的。李达则出于个人恩怨的偏见而把沈定一归入"大地主"这一社会范畴之中。对彻底的马克思主义者来说，这种社会身份表明沈定一是一个"混进好人队伍"的"坏人"。[4]

新闻记者和绍兴同乡邵力子则认为沈定一的身份比较复杂。然而在他 1961 年的回忆录中，沈定一则是以一个国民党员的政治身份出现的。邵力子认为，上海小组由三种成员组成：留日归国学生、浙江一师学

---

[1] 李达：《中国共产党成立时期的思想斗争情况》，第 54 页。

[2] Lee Feigon（李飞庚）：Chen Duxiu：Founder of the Chinese Communist Party（《陈独秀：中国共产党的创建者》），第 196 页；也可参见 Dirlik 书中袁振英的报告，第 249 页。

[3] 杨之华：《杨之华的回忆》，第 26 页。

[4] 李达：《中国共产党的发起和第一次、第二次代表大会经过的回忆》，第 7 页；《中国共产党成立时期的思想斗争情况》，第 52 页。

生和国民党员,沈定一就属于这最后一类人。① 实际上,尽管此时的沈定
一在杭州与几个即将成为国民党省议员的国民党人有联系,但他个人却
要迟至两年后才加入国民党。因此,邵把沈定一归属于国民党是混淆了
年代;而且,由于随后政治舞台的两极化,他这样做也会使人们只注意到
沈定一的国民党员身份,而几乎不可能从其他方面去认识沈定一。

邵力子也提出了与我们从沈定一的行动和作品中获得的关于沈定
一的看法更为一致的看法。邵表明在 1920 年夏大家对于组建地下政治
组织有两种看法。一些人认为秘密组织的本质之一是要求对组织成员
建立严格的组织生活制度;其他人则赞同组建秘密组织,但他们自己无
法加入。邵力子指出,对于像沈定一这样一个具有较强个人英雄主义色
彩的强势人物,在这样的组织中显然不会轻易接受别人的领导。② 以后
八年中,沈定一参与政党政治的坎坷道路证实了邵力子的评价。革命领
导人、罪恶的大地主、国民党忠实信徒、我行我素者:这其中的几个或全
部评价是否大致体现了较为令人满意的沈定一的身份特征?

正像沈定一在 1920 年 9 月的一首诗中写的:"不知多少我";也正像
1919 年 11 月作为一篇文章的题目的:"他就是你,你就是我。"在一个社
会关系作为价值标准基础的文化环境里,群体和网络中个体身份和人际
关系的相对性表明社会的流动性。这种流动性使得人们只好不断地对
自己的身份进行定位和再定位,这种不确定性和模糊性除了根植于中国
社会关系之中外,也能在误解、错误判断和怨恨情绪的核心处找到。在
这样一个文化环境里,尤其是又处在激荡和变迁的年代,给个人和群体
贴上具有政治和社会含义的身份标签是一种重要的武器,因为这些政
治、社会标签实际上定义了现实。通过比较,由沈定一自己的作品和行
为得出的身份和其他人眼中沈定一的身份,我们可以发现这些身份既有

① 邵力子:《党成立前后的一些情况》,第 68 页。
② 同上书,第 69 页。邵还提到陈望道的不愿参与,因为他喜欢从事宁静的学术研究;而沈仲九
则虽有社会主义思想,但也不愿加入。

符合事实的,也有纯粹虚构的。沈定一的身前死后一直为这些虚虚实实的身份所困扰,它们既是沈定一获得拥戴之源,也是他遭致憎恨之因,同时也昭示着他的死因。

第四章 患难与共:衙前,1921—1922

你喜欢养活你理想上的性灵,

不喜欢看透骨的棘手的悲剧么?

我常常设想一种境地,

常常到这种境地去游戏,

是一个什么境地呢?

一个既深且黑的粪坑,落了下去,

着慌无用,喊救命,无人听见,

到那时节,我便认定这污秽恶臭的粪,

染不到我的血里去的;

再运用我的思想,发挥我的体力,

跳出这个既深且黑的粪坑,

必须跳出这个既深且黑的粪坑。

因为粪坑之外,

必定是较清爽,

且便是悲剧的作用。

凡是悲剧,都要当作乌托邦的背面,

不该当作灰心厌世的导旌。

答无名,1920 年

沈定一"常常"沉浸在这一恶梦的想象之中,这也许并不奇怪。这段文章的主题与他的其他诗歌和文章是惊人的相似:一个人处在恐怖而幽深的险境中,前无古人后无来者而只能孤独地奋斗。这几乎是沈定一个人悲剧的写照。这种悲剧是挫败的乌托邦——悲怆的理想主义——而不是某种纯粹的悲观主义的结果。对 1921 和 1922 年的沈定一及其家乡衙前来讲,这个悲剧性的乌托邦幻梦却是令人难以置信的真实。从上海归来后,他就试图在家乡实践他在上海形成的社会和政治观点,因此这些年所发生的一切对我们进一步认识沈定一的身份、地位、价值判断及其政治纲领有着重要意义。

南沙一带的自然灾害

沈定一的家乡衙前位于塘内和南沙两地区的自然边界上,前者位于最初的北海塘内,这条大塘建于几百年前,用于保护县内土地免遭杭州湾水域以及变动不居的钱塘江大潮的侵袭。沙地原在杭州湾北岸,但由于前清中叶钱塘江突然向北改道,从而使得这片地成为萧山县的一部分。北海塘的尽头就位于衙前北部并与几座小山相接。这些小山最初就在江岸边,它们分别是凤凰山(124 米)和航坞山(299 米)。

这两个地区差别异常明显。[1] 从地形上来说,塘内大体上是平原,但也有几座孤立的小山头。另外从衙前西南大约两英里的地方开始,有一列呈东西扇状分布的山脉,高度从 100 米到 400 米不等。平原地区的土地上纵横交错地遍布着迷宫似的河流和港湾;船是主要的交通工具(有许多人家也把船当家)。两条主要的河流是东西延伸的大运河和西小

---

① Schoppa(萧邦奇):"Contours of Revolution in a Chinese County, 1900—1950"(《一个中国县的革命概况,1900—1950 年》)。

江。衙前就位于运河边上,而西小江则是平原地区的排水道。这里的主要作物和南沙一样是水稻、黄麻、棉花和桑树。南沙的地形则几乎完全是由冲积土形成的平原,尽管这里也有纵横交错的人工河,但主要的河流则是一些东北—西南延伸的较大的平行水道,这些水路是这一地区与塘内市镇联系的关键通道。

20 世纪早期,南沙地区是一个自然灾害频繁的地方。19 世纪时经常有一些沙地由于缺乏大塘保护而被暴风雨淹没并冲入海洋。然而 1905 年开始钱塘江干流再次改道,从而在江岸形成了大片新沙地。由于土质适合作物生长,从绍兴和宁波府各县来的少地农民很快就布满了这片新土地。到 1910 年,这一地区已布满了盖有茅草屋顶的农舍。一幅 1914 年的沿海军事地图表明可耕沙地达 3 英里宽,上面村庄星罗棋布。上苍似乎为这一带长期处于人多地少压力中的人口,带来了如果说不是乌托邦式的至少也是梦寐以求的恩赐。因此,越来越多的定居者拥入了沙地区域。

但潮流能带来生机,也能夺走生机。一部分新土地的形成是以另一部分已经存在的沿岸土地的侵蚀为惨重代价的。到 20 世纪 10 年代晚期,甚至连新开发的土地也开始受到洪流的潜在威胁。在持久的自然和人为悲剧中,土地被不断冲进河流,卷入海洋。在 1923 年写的一篇文章中,沈定一描述了这种恐慌,文中提到在 20 年代早期有一个乡的全部和其他 3 个乡的部分土地被卷入了钱塘江:

> 潮风过去,一浪,半个竹园没了;一浪,几陵桑园没了。潮声、风声,有时雨声中的坍江声,拆屋抢命的喧哗声。……到了月黑星孤、大江沉寂的夜里,微有火光的茅草蓬,东一个,西一个,疲劳极的壮年男子是入了丰收的梦境了。那时,儿啼声,妇女饮泣声,老人长叹声,时起时息,夹杂偶然"砰"、"砰砰"一两声的坍地声,足够使天地英雄血轮全冻!这种天崩地塌的惨剧,在南沙演了将近廿年了。

> 这回西仓乡西又报坍地,有人从坍江边来,据说——"这回终算

是小坍,有一家:阿弟在那里掘地,阿哥背着手去江边看坍势,看看晓得支持不住了,蹒蹒跚跚摇着头踱回来。阿弟问:'到底怎样?'阿哥摇摇头说:'我们也保不住了!'阿弟登时把锄头丢掉,坐在地上,瞪着他阿哥惨黑的面孔,一声不响。草舍里同时钻出几个女人来——丢了手头的工作出来——望着他们嘿然的两个兄弟,搓搓手说:'这样! 我们该怎样?'"报告我的人把这片话说完,继续又是一句:"这回还算是小坍。"①

94

沈定一在无底深渊挣扎的梦境似乎正是这些面对自然灾害而又无能为力的受害者的贴切写照("这样! 我们该怎样?")。但是,使得南沙地区的形势尤为绝望的还是这里的农民必须面对的严苛的社会经济结构。在全县三个生态区域中,这一地区的地主数量最为集中。由于地租繁重,因此这里的佃户长期处于困苦之中。这里一种最为苛刻的议租方式是要在租种前,通常是租种的前一年确定租水(交租比率)。② 假如佃户到时无法交齐,地主很快就把地租给别的佃户,或者起诉要求县知事处理,这种情况下农民大多无权可言。遇到年成不好,许多农民就成为流民。30 年代在一个村庄进行的经济调查显示,即使在收成较好的年头,这 170 户人家中也有 20 余户不得不外出乞讨。许多家庭每年都缺乏生火燃料,而许多家庭则靠去绍兴打短工做殡葬时用的锡箔来勉强维持生活。③ 尽管民国初年这一地区的几个市镇也兴起了一些繁荣的工业——纺织、冶铁、酱油酿造、菜油炼制、花边制作——但由于地处交通要道以北,且由于频繁和不可预料的自然灾害引发的社会不安定,以及钱塘江潮水的破坏性侵蚀等原因,这一地区的经济发展总体上是落后的。

除了南沙地区常因定居者争地而引发社会骚乱之外,附近的衙前、钱清和柯桥等乡镇尽管位于萧绍平原(与沙地南面相邻)及运河两岸,社

---

① 《坍江片影》,《觉悟》,1923 年 5 月 6 日。
② 《萧山县志·附录》,第 1 页。
③ 《萧山县志》,23:8—9。

会秩序也不是很安定。由于运河在这里与西小江交汇,并从重要的稻米集散地临浦出发,沿途经过许多繁荣的市镇直达杭州湾的三江闸,衙前、钱清和柯桥就因接近重要的商路而成为盗贼、土匪和绑票者横行之地。[①]95 自然灾害、社会问题和流动人口(垦荒者、徙居佃户、水陆游商、流窜匪盗),使得这一地区危机四伏。

沈定一和农民

1920 年秋,满怀"五四"乐观精神的沈定一,带着业已形成的全新的群体导向的个人主义和社会组织思想回到了衙前。他努力把他在上海获得的平等意识付诸实践,尽管他家仍继续保留佣人,但他要家里的佣人直称他名字,不准叫三老爷。[②] 这一时期,他致力于解决农民问题。在上海时期他没有在文章和诗歌中专门提到农民,当他在其作品中提及农民时,总是使用一个宽泛的概念"劳动者",而这一词汇可能包括(就像诗歌《你不怕脏》中展示的那样)农民、漆匠、印刷工人、泥瓦匠和工厂工人。[③] 他的大量作品是以这种方式提到农民生活的。但直到 1920 年秋季,沈定一在《星期评论》和《觉悟》上发表的 29 首诗中,只有 3 首是专门讨论农民的困境的;且在 33 篇文章中,只有 1 篇详述农村形势。这样的记录并不表示对沈定一试图在衙前发挥影响的动机存疑,尤其是当考虑到他的农村成长背景以及他与农村的天然联系时更是如此。但它确实表明,对于 1919 年和 1920 年所有激进的"五四"知识分子来说,农村革命最初不是一个急迫的目标。

在衙前,沈定一担当着这一地区农民的保护者和支持者角色,并不断加强与他的潜在追随者们的私人联系。他穿着农民的衣服(有时穿着

---

① 参见《民国日报》,1921 年 4 月 22 日、1922 年 5 月 16 日。
②《衙前农民运动》,1985 年版,第 69 页。
③《觉悟》,1920 年 3 月 25 日。

当地渔民的水裤),口操当地方言与农民谈论他们的生活条件。① 他叫佃户罢工,给他们钱,并鼓励他们去茶房吃茶点。对于有困难的佃户,他还慷慨解囊。② 通过这些方式,沈定一显然在试图与农民建立某种更为亲密的关系,但这同时也表明沈定一在尽力实践他自己关于解决中国问题的一些观点。他在《他就是你,你就是我》一文中指出,没有穷人便没有富人;没有"你我他";且"凡在天下的'你'、'我'、'他'都可以当作一个人,团成一个'爱'"。与这种思想一致,他对他的佃户减租,有些情况下甚至一点不收,尽管这样做他的母亲很不高兴,她当时仍是这一家族的大家长。③ "凡是农民有求于他的,他无不帮助,竭力救济",1993 年夏天,当我请他的儿子剑云谈一谈他的父亲时,他毫不迟疑地答道:"他对群众非常友好,在团结群众方面起着桥梁作用。"④

1920 年底到 1922 年,早期沈定一的诗集中反映了他对农民长期困苦不堪的生活的理解和同情。南沙和塘内的农民不仅面临着上游山区洪水泛滥的威胁,而且面临一切农民必须面对的典型的自然灾害:涝灾、旱灾和虫害。在 1921 年写于衙前的《北窗风雨》中,沈定一提到了非人力能控制的自然世界(青山和暴风雨),也提到了面对反复无常的自然界而束手无策的农民:

> 乌云逼青山,
>
> 山态依人近;
>
> 颇有可怜处,
>
> 不灭独立性。
>
> 一忽大风发,
>
> 踏遍高树顶;

①《衙前农民运动》,1985 年版,第 76—77 页。

② 同上书,1985 年版,第 69 页;《萧山县志·附录》,第 2 页。

③ 同上书,1985 年版,第 76—77 页。

④《萧山乡土志》(未标页码);杨福茂和王作仁:《中国现代农民运动的先声》,第 31 页。

雨点打横来，

雷声夹着震。

小孩两手曳母裙，

回头窗外作倾听。

一家老小嘿然坐，

放任风雨雷电纵横行。

青山不知处，

远天吐黄明。①

在这样一个水灾频仍的地方，干旱问题却依然困扰着农民，尤其是在夏季伏旱时节。在1921年8月写的《水车》一诗中，沈定一揭示了农民因水田灌溉不足和地主剥削而面临的困境：

97

两天不下雨，水车声起；

三天不下雨，水车声急；

十天半月不下雨，水车直立。

车流水转向西流，究竟替谁出力？

犯贱呵！农夫！

租时节到来时能剩得几粒？②

沈定一在这首诗后还专门加了一条注释，以向他的城市读者进一步说明农民的处境："无论哪条河哪个湖哪支溇，没有没人车水的。车多水涸，水车便得直立起来使用，车流水也就转了方向。"

衙前农村小学

除了对农民所关心的农业和经济问题表示关注外，沈定一还出资建

---

① 这首诗写于6月20日，而发表在6月26日《觉悟》上。尽管不能肯定，但沈的这首诗很可能是描述凤凰山。

②《觉悟》，1921年8月8日。

立了衙前农村小学,农民及其子女可以免费入学并免费获得书本资料。
1920 年秋季开始,这里率先成为那些从没有机会上学的农民的教育中
心。学校共分五个班级,有些班安排在晚上授课以利于当地农民。从
1921 年到 1923 年,学校共有学生一百多人。[1] 在上海期间写的大量作
品里,沈定一清楚地表达了教育之于建设新中国的核心意义:它释放了
个人潜力。

> 一把鸦舌锄,无论多少面积的荒地,只要他肯先降,便成锦阡绣
> 陌;无论多少体积的矿产,只要他肯光顾,连天地也不敢自私宝藏。
> 中国算是四万万多人,脑子里没有开发的荒地和矿产,总不止百分
> 之九十九。要开发这九十九分的天荒地宝,就得拿教育这锄头。[2]

他还写道:"孤陋寡闻与深闭固拒都是增进文化的大障碍,而教育是
助长本能的良好法则。"[3]1921 年和 1922 年,沈定一特地邀集了杭州第
一师范学校的几个富有才学和朝气的毕业生宣中华、杨之华、徐白民、唐
公宪等来学校执教。由于沈定一受人尊敬的省内领导地位以及他那些
有名的新文化运动作品,使得这些人在五四时期就开始跟他接触。现在
又通过参与他的教育实践,从而加深了双方的关系。这种关系是互利
的。从沈定一的观点看,作为保护人——雇主,从而加强了与其中每一
个人的联系;而他们则也感激他为他们提供了这样一个实施理想并获得
经验的机会。杨之华,尤其是宣中华后来在沈定一的生活中占有重要位
置。所有这些青年人的背景都足以表明这所学校教育的性质。

宣中华,1898 年出生于诸暨县一个只有 6 亩水田的农民家庭。[4] 由
于入不敷出,这个有 10 个孩子家庭的日子越来越艰难,以致最后不得不

---

[1] 杨之华:《杨之华同志谈萧山农运》,第 6 页。

[2] 《牺牲与鱼肉》,《星期评论》,1919 年 9 月 7 日。

[3] 《竞争与互助》,《星期评论》,1919 年 7 月 13 日。

[4] 有关宣的最为详实的传记,参见赵子介、徐尚全和李维加:《宣中华》。本段材料引自第 79—
83 页。

把土地抵押了出去。1909 年,宣中华毕业于一个农村初级小学,随后又于 1913 年毕业于高等小学。1915 年他进入杭州的浙江第一师范学校求学,在那里他以学习刻苦严谨著称,并与进步教师陈望道、刘大白以及思想开明的校长经亨颐关系密切。据说他的同学都很尊敬他,并尽力帮助他克服经济困难。1919 年五六月间,他成了杭州学联领袖,领导学生集会、游行和罢工。到衙前后,沈、宣之间的关系变得更为密切。据与宣和徐同级的另一个一师学生曹聚仁回忆:"宣中华和沈玄庐先生两个人就像一个人一样,仿佛是用的同一个脑子。甚至宣中华的笔迹也开始变得和沈先生一样起来。"①

　　杨之华,1900 年出生于萧山一个小地主兼丝绸商人的家庭。杨家与沈家是世交。杨之华很早就开始接触进步思想,她不缠脚,且离开萧山去求学。1917 年,杨进入杭州女子师范学校。学生时代她就参与了"五四"游行和新文化讨论,并深受陈望道和刘大白的影响。显然,在沈定一眼里,她不仅是或主要不是他的儿媳妇,而是他的学生和信徒。这一点可从 1919 年沈定一给她寄来进步书刊并带她去上海《星期评论》杂志工作得以看出。沈定一显然注意到了她的资质和潜力,所以才会尽其所能在政治上培养她,邀请刚做母亲不久的杨之华来农村小学教书也是这种努力的一部分。②

　　徐白民生于 1895 年,与宣中华同是诸暨人。1915 年秋,他也进入杭州一师求学。五四运动期间他曾以杭州学生代表身份赴沪出席全国学联会议。1920 年于一师毕业后,留任一师附小教学并组织开展杭州工人运动。唐公宪生于 1898 年,他来自浙江西南部的遂昌县,在一师读书时和徐白民、宣中华同是杭州学联的重要领导人。③

---

① 《觉悟》,1928 年 9 月 3 日。

② Gilmartin(杰尔马丁):*Mobilizing Woman*(《发动妇女》),第 144—146 页,以及 1991 年 10 月 4 日致作者的信。

③ 参见《衙前农民运动》中有关徐和唐的小传,1987 年版,第 113—114 页。

这 4 个青年教师都曾亲身经历过杭州教育界的"五四"风暴。① 1919
年底,因《浙江新潮》杂志刊出《非孝》一文而引发的风潮,导致了杂志的
停刊和 4 位与杂志有关的教授的解雇,其中包括陈望道和刘大白。但是
血腥的冲突并没有到此为止。1920 年 2 月,当经亨颐校长被免职时,学
生奋起抗议,他们的矛头直指省长齐耀珊和教育厅长夏敬观。宣、徐和
唐是这场驱逐运动的发起者。当局作出的反应是在 3 月中旬关闭了学
校,这一举动激起了杭州学联的愤怒,再没有比破坏新文化运动更令学
生们感到存亡攸关的了。3 月 27 日,学联在省政府门口举行示威,省政
府出动军警弹压,从而造成街头流血事件。军警镇压以及随后的派军事
当局查封学校更加激发了学生的行动,并导致全省的抗议风潮。

当时领导这场运动的学联决策委员会理事长宣中华,试图发动全省
乃至全国力量以驱逐齐、夏。4 月 21 日,当学生在公共体育场集会后沿
西湖抗议游行时,1000 名军警挡住了去路。在随后的争执中,有 80 多人
受伤,这更激起了人们对省政府当局的愤怒。5 月省议会集会讨论了事
态发展,6 月中旬他们对齐耀珊提出弹劾案,第二天齐被迫辞职。②

因此,在过去的一年中,衙前小学的教师们经历了与(被视为新文化
运动的敌人的)传统保守势力作顽强斗争的痛苦、挫折和喜悦。他们充
满了变革思想,并且至少从迫齐下台的力量上看,具有领导政治运动的
实际能力。除了为单个农民传授思想和知识外,他们所在的衙前农村小
学还成了革命活动的中心。教师们在由沈家房子改建的教室里上课,宣
中华负责教一个成人夜校班。③ 他们还到田头或去家里访问农民并调查

① 参见下列有关杭州五四运动的评述和回忆。《五四运动在浙江》;在《五四运动回忆录》第 2
卷中,参见夏衍:《当五四浪潮冲到浙江的时候》,第 730—736 页,倪伟雄:《浙江新潮的回
忆》,第 737—739 页,傅彬然:《五四前后》,第 742—748 页,施复亮:《五四在杭州》,第 755—
756 页,蒋丹殊:《"非孝"与浙江第一师范的反封建斗争》,第 757—762 页;最后还有杨福:《五
四时期马克思列宁主义在浙江的传播》。
② 赵、徐和李:《宣中华》,第 86 页。
③ 《衙前农民运动》,1985 年版,第 27 页。

农民状况,在私下交谈中,他们传播革命思想,宣传抗租、抗税。他们还利用当地风俗宣传劳工思想:1922 年"五一",他们给上课农民分发一种印有"五一纪念"字样的饼。他们接近当地群众的方式不仅符合实际,卓有成效,且还影响了这一地区其他学校。例如据杨之华记载,衙前农村小学与附近一个地主办的吸收本族子弟上学的学校里的比较进步的教员有密切联系。[①] 总之,这些人几乎没有傲慢、教条、排外色彩,与人们所想象的那些参加过反对传统思想的剧烈斗争的新近毕业生有着天壤之别。

后来也成了学校教师的另一个沈定一的信徒王贯三,记述了 1922年秋天的一个下午,他和杨之华在附近村子访问学生家庭的事情。对七户人家家访的结果显示,家庭妇女们也都知道读书的重要性,但由于农村生活所迫,因此读书多受限制。王和杨尤其关心小学生们的高缺课率,一位老妇答道:"今天若使不教他去斫柴(而去上学),没有烧了,所以今天不能来,而且还要斫几天。"除此之外,距离对小学生来说也构成了困难(这个村子距衙前大约 2 英里)。与这些妇女谈话后,王贯三得出结论认为,农村教育必须重新安排,以使乡下子弟能切实得到实惠。而旧的教育体制,甚至像一般认可的按"年限"来教育是行不通的。

王还描述了村里农民极端贫困的生活。他写道,所有茅草屋中的摆设都是一样的:黑色的椽子、灰白色的墙壁、泥的地坪、一两张吃饭的桌子、一条长凳、几件农具和几张土地庙的符。通常墙上没有什么画,只有家境稍好的人家墙上贴着几张香烟招牌。"地坪上鸡粪满布,但他们竟赤脚的走。"当地的一首民谣反映了这种困境:"吃也精光,穿也精光,哪有东西还点王(此处称田主为'王')!"[②]

---

① 杨之华:《杨之华同志谈萧山农运》,第 6 页。

② 王贯三:《家庭访问记》,第 45—46 页,重印自存在时间不长的《责任》杂志,1922 年 12 月 15日,该杂志是在沈定一的赞助下得以在坎山出版的。

衙前农民运动的起源

革命过程是辩证发展的:像 1920 年春天杭州一师风潮一样,前面的行动或决定会引发后面的行动和决定,而这些后来的行动会再引发或累积起新的行动。这一过程是不可预测的。可能发生一连串首尾相接的紧张事件,从而导致滚雪球效应,但也可能会发生张力扩散或方向调整。在任何革命过程中,最初发生的事件很可能与后来人们所认为的有出入,因此沈定一当然不可能预见到 1921 年春天有人请他帮忙一事会发生一连串的反应。但他却确实建立起了一个有利于促进变革的氛围:他设了衙前小学,并在当地农民中树立了有求必应的声望。

1921 年 4 月,衙前村 60 多岁的李成虎、李成蛟兄弟,前来请求沈定一帮忙讨回前一年被一个住衙前以东 5 英里的三江平原上的安昌奸商赊买去的油菜籽钱,这个奸商还欠了其他 6 户人家的油菜籽钱。而这时,李家兄弟和其他这 6 户人家都急需这笔钱投资种地。尽管沈定一与这些农民住得不远,但李氏兄弟对他了解不多。成蛟最初还是托自己的田主转托沈定一代讨这笔账。因为从欠菜籽账的商人那里完全拿不到钱,所以沈定一便自己拿了一笔钱出来,并对李氏兄弟说:"这笔钱本来不是我的,还是你们种我的田还来的租,就是你们农人自己的血汗。现在只好算是农人帮助农人,不好算我帮助你们。"[1]尽管这段引文最初出现在 1922 年 2 月李成虎的传记里,且可能出自沈定一自己的手笔,但这并不表明革命的开始;实际上,在 1921 年上半年,沈定一经常提出这样的思想。

如果没有后来更具普遍性的问题的发生,李家兄弟的请求可能仅仅只是一个由奸商欠账不还引发的小事件而已。这一普遍性的问题是轮

102

---

[1]《衙前农民运动》,1985 年版,第 37—38 页。

番的物价上涨导致农民生活愈加艰难。1922 年绍兴《越铎日报》记载,物价轮番上涨推动了米价上涨。① 1921 年春末夏初,地方米行哄抬米价,从而使形势更加恶化。因为佃户们怨声载道,沈定一鼓励农民与坎山一家臭名昭著的米行对抗。可能正是这件事,导致沈定一第一次向农民建议成立农民协会。他对农民说:"一根麻杆容易折断,一捆麻杆就折不断。"于是在李成虎领导下,一群农民步行 2 英里去坎山捣毁了一家米行,并乘胜追击,袭击了那里其他的哄抬粮价的米行,还赶赴别的市镇捣砸米行。沿途加入了许多参加者,他们都希望限制米行,降低米价。

没有信息表明面临砸毁或砸毁威胁的商人是否降低了米价。但在农民的概念中认为他们的抗议取得了成功,并打击了操纵粮价者的气焰。这样一种概念进一步激发他们参与其他当地事务,沈定一就很自然地予以引导。萧、绍界河西小江盛产鱼类,但绍兴县官绅一直把持着养鱼权,衙前农民决心争取他们在河里养鱼的权利。当绍兴县知事到西小江检查鱼荡时,沈定一把他请到自己家里与农民讨论这个问题。绍兴知事自知理亏,于是只好对沈定一讲衙前农民的要求是合理的,他答应依法给予衙前农民在西小江养鱼的权利。②

应当说农民要求调整米价和争取实际权利的努力是成功的,并且没花太多精力,也没有负面的后果。显然,农民们从他们的保护人沈定一的权力和声望中得益不浅。这年夏天,他又被选举为将于 10 月召开的第三届省议会议员,1918 年他擅自离开议长职务,证明对他的再次当选并未构成重要的障碍,再次当选只是增加了他在地方的地位和影响。地方史志也表明农民的成就感使他们第一次感受到了联合行动的吸引力。③

也就在这一关头,沈定一在对衙前附近的农民谈话或发表演说时提

---

① 《越铎日报》,1922 年 3 月 27 日,引自杨和王:《中国现代农民运动的先声》,第30 页。
②③ 《萧山县志·附录》,第 2 页。

出了更为激进的主张,从而使他成为 20 世纪中国第一个号召农民起来与地主精英斗争的政治领导人。① 在与沈家相隔一条大运河的东岳庙,沈定一第一次提出了他所领导的农民运动的宗旨:

> 我不跑到都市上几千几万人听我讲演的地方去讲演,而跑到乡村里一个佛庙底戏台上只有百几十个农夫和工人听我说话的地方来讲演,这是因为你们是我亲爱的朋友,世界是你们的气力造成的。今天我来告诉你们:你们用了许多气力造成世界,而吃世界上一切的苦痛;我想替你们设法,免避痛苦;但这事到底是你们自己切肤的事,所以你们自己须要明白,并且要奋斗!②

沈定一总是竭力拉近与农民的距离。在向农民发表演讲时他总是头戴当地流行的毡帽,身穿农民的衣服,操着当地方言。而他出众的口才更使他的讲演平添了说服力。他那洪亮的嗓门和机智而朴实的比喻具有魔术般的吸引力,极易抓住听众的注意力。当时的报道显示沈定一及其讲演极受农民的欢迎。③

沈定一早期发表的关于农民联合的讲演主要集中在农民团结上,但到夏末,他开始把矛头直指敌我矛盾上了。这年 8 月 19 日在坎山东菁草庵,沈定一发表"谁是你底朋友"的讲演,他提出的答案是劳动者。他认为,劳动者要和农民团结起来做"一块别人很不容易分开的石头",而不是做"一堆散沙"。这里的关键是要团结起来,反对共同敌人——资本

---

① Angus McDonald(安各斯·麦克唐纳)提到在 1917—1919 时期长沙知识分子已经在谈论让农民参与的必要性,但"直到 1923 年,湖南农民运动在知识分子眼中也仅仅只是一线曙光"。参见 *The Urban Origins of Rural Revolution*(《农村革命的城市源头》),第 217 页。而有关后来彭湃在组织农民中的活动的描述,参见 Femando Galbiati(弗那多·伽尔贝塔):*P'eng P'ai and the Hai-lu-feng Soviet*(《彭湃和海陆丰苏维埃》),以及 Robert Marks(马克斯):*Rural Revolution in South China*(《华南的农村革命》)。Galbiati 和 Marks 都认为彭决定发起组织农民是在 1922 年中期。参见 Galbiati,第三章和 Marks,第 173 页。也可参见 Roy Hofheinz, Jr.(小霍夫海因茨)的 *The Broken Wave*(《被击碎的浪潮》)。

② 《衙前农民运动》,1987 年版,第 13 页。

③ 同上书,第 4 和 13 页。

104

家阶级,而他们的目标是"世界上一切东西都应该归劳动者所有"。在演讲结尾,他向听众们说:"我是一个资本家,讲这些话,并不是荷叶包刺菱——里戳出。我已明白了我吃的穿的住的一切享受的东西,都是劳动者底血汗,我再也不能把我的良心泯灭了。"他还欢迎在座的资本家,若以为他的话是错的可以站出来评理。但是他同时又指出:"我知道他们不敢。我知道他们躲在人背后,暗地里气我罢了。"①这些对抗性的言辞对地主们来说是难以听得进的,他们也肯定听到那天下午从坎山传来的小道消息。沈定一想干什么? 他是一个布尔什维克? 这些煽动性的言论要把农民引向哪里? 那天夜里,老天似乎对此作出感应了——至少从地主们的观点来看是这样:这一地区遭到了飓风暴雨的侵袭,从而引发了严重的洪灾,粮食作物损失惨重,棉花则被洪水淹没埋入土中。由于怕翻船,钱塘江摆渡也告暂停。②

9 月 23 日,在航坞山山北土地庙,沈定一向来自二三十个村庄的几千农民听众作了《农民自决》的演讲。③ 他用南沙垦荒作为例子来证明农民的处境:

> 当钱塘江改线、东坍西涨、淤紫沙为草荡的时期,你们能出气力去开垦的,未尝不独立背负一把开荒锄头,到一望无边绿茫茫的芦草荡里挖沟作埂。可是一面农民自淘伙里没有协作底组织,又没有分配机关,便发生争夺和械斗的事情。一方面有势力的绅士老爷们,在"夺到手就是自己的"私有财产制度下面,使赵家竖起一张赵家旗划几百几千亩,钱家圈起一处钱家园划几百几千亩,到官厅一注册,赵家若干,钱家若干,于是你们一般挖沟做埂的只可忍气吞声

① 《谁你的朋友?》(原题如此),见《衙前农民运动》,1987 年版,第 14—16 页。
② 《民国日报》,1921 年 8 月 23 日。
③ 《农民自决》,见《衙前农民运动》,1987 年版,第 17—20 页。关于这一演讲的日期各家资料意见不一,据《萧山县志》说是 8 月 1 日;但《衙前农民运动》1987 年版上引用 1921 年 11 月的《劳动周刊》则说是 9 月 23 日。

皈依在几个大地主脚底下做一个地户。

他指责地主"种一年田地还一年租",即在种地之前先交一年租的贪婪心肠;同时他赞扬农民的"生产能力的伟大,比钱塘江水底源流还要长远"。他号召他们赶快团结起来,精密地组织起来,并预言:"大地主总有一天投降你们的。"[1]农民们表示:"听了三先生的话,真是如见天日。"[2]

8月和9月的一段时间,沈定一在南沙、衙前附近村庄、绍兴县中西部发表演说,在演说中他大声疾呼希望农民团结起来抗租。尽管他的语言通常极为简洁直率,但事实表明他同时也是一个精明的政治家。一次,他到坎山山北土地庙戏台上去演讲号召农民抗租,可这个村中有他的一个老师,是一个小地主,反对他来演讲。这个老师很受村民尊敬,因此农民劝沈定一不可得罪老师。沈定一答道:"你们放心好了,我自有办法。"他叫农民搬来一张太师椅,请老师坐下,接着讲:"今天我先讲一段这位老师教我的。"然后他背了一段《孟子》:"孟子见梁惠王,王曰:'叟!不远千里而来,亦将有以利吾国乎?'孟子对曰:'王!何必曰利?亦有仁义而已矣!'"沈定一还背了《孟子》中其他几段名言,充分展示了他对中华元典精神的领会。老师听着无话可说,只好任由他讲。而沈定一则因为方法得当且内容适合民众心理,而获得了讲演的成功。[3]

并不是所有地主都对沈定一的挑战保持沉默。一次,沈定一去衙前东南数英里的大义韦陀王庙号召农民组织起来搞三折还租,一个当地大地主汪元洪冲进土庙向沈定一挑战:"三先生是呆子,疯疯癫癫。"汪元洪还警告农民不要听沈定一的话,听了要吃苦头。[4] 面对当地权贵的挑战,沈定一仍然信心十足,决不气馁,继续谈论为什么地主无权收租。

面对权贵,沈定一从来就不退避三舍。当他年仅19岁任云南广通

------

[1]《衙前农民运动》,1987年版,第20页。
[2] 同上书,1985年版,第36页。
[3] 同上书,1985年版,第69—70页。
[4] 石大中和汪四牛:《沈叔言来大义,钱清号召减租》,第101页。

知县时,他就敢于与一个巡抚的父亲对抗。本世纪初,广通县城的居民为了贪图方便,就在城东门外随地便溺,以致满地都是排泄物,行走极为困难。沈定一令人把这些脏物清除干净,并建了一个公共厕所,并制定严格的法令禁止随地便溺。一次在巡查时,看到一个老头蹲在城门入口便溺,十分震怒。这个老头自恃儿子朱嘉宝在安徽做巡抚,因此在当地是一个“土皇帝”,关系众多并以收受贿赂和替人做讼棍出名。听到这些法令,他就偏要破戒让人瞧瞧镇上的习惯不是一个年轻知县想改就改得了的。案发后,沈定一立即派捕快把他抓来见他,朱老头又喊又闹,竭力反抗,沈定一就令衙役和捕快鞭笞他的臀部。这些人慑于这个老头的地方势力不敢执行命令,沈定一更加震怒,亲自走过去一把抓住朱,然后命令衙役鞭笞了 40 下。笞完后,朱老头在潮湿的泥地上哭天喊地,不相信这样一个年轻的知县竟敢让巡抚的父亲受笞刑。①

八九月间,农民协会的思想蔓延开来。除了李氏兄弟外,还涌现出领导这场初起的农民运动的其他农民领袖。43 岁的陈晋生是衙前附近一个村子里的农民,他原先以在衙前摆水果摊维持生计。他是一个很有激情的人,热情地投入了农民协会的宣传工作。与沈定一一样,他也善于演讲,他们两个在宣传运动中承担了主要的演说任务。② 单夏兰是距衙前 3 英里的钱清镇前梅村人,他是佃农,同时还是雕花匠和土郎中,信奉耶稣教,颇善辩,有智慧(有资料显示他能一下识别人们的谎言)。

衙前农民协会

9 月 27 日,衙前农民协会在衙前东岳庙隆重成立。那天,庙宇(沈定一不费吹灰之力就将其征用了)和周围地方挤满了兴高采烈的农民,到

---

① 《沈定一先生事略》,第 5—6 页;高乐天:《沈定一先生的一生》,第 31 页。
② 《衙前农民运动》,1985 年版,第 6 页和第 74—75 页。

处飘扬着红旗,口号声、锣鼓声和爆竹声响彻云霄。① 当天选举产生了农民协会的 6 个委员,还分发了由沈定一起草的《宣言》和《章程》,李、陈和单以及其他 3 个农民(其中 1 人也来自衙前附近)被选为协会委员,任期 1 年,不得连任。其中 3 人组成议事委员会,3 人组成执行委员会。议事委员会由李成虎领导,决定协会的议程并解决政策争议;执行委员会掌管协会名册及登记簿,并联络别村与本村同性质的团体。协会章程明确宣布:协会与地主立于对抗地位。②

在协会《宣言》中,沈定一更明确地表明了这一立场:

> 农民出了养活全中国人最大多数的气力,所有一切政费、兵费、教育费,以及社会上种种正当和不正当的消费,十有八九靠农民底血汗作源泉,而这许多血汗所换来的,只是贫贱、困顿、呆笨、苦痛。积了许多人的贫贱、困顿、呆笨、苦痛,才造成田主地主做官经商聪明的威福。

> 天年丰收,丰收的还是田主地主,我们农民没有份;天年歉收,田主地主在收租簿上就记上一笔第二年该还的欠账;……乡镇上所有一切典当、杂货、米、布等铺户,又没一家不敲剥农民流剩的一点汗血。

> 一般第三阶级主政的世界,已经支持不住我们所需要的生活了。他们所崇拜的经济制度,发展我们底贫困,比发展他们底私有财产还要快。关于这种不良的经济制度所给的苦痛,农民和工人是一样受着的,照这样看来,他们第三阶级正不配做主权者。

> 我们底觉悟,才是我们的命运。我们有组织的团结,才是我们离开恶运交好运的途径。决定我们底命运,正是决定全中国人底命运。大地敞着胸襟,欢迎我们下锄头铁耙造成锦绣……农民在锄头

---

① 杨和王:《中国现代农民运动的先声》,第 31 页。
②《衙前农民运动》,1985 年版,第 32—33 页。

柄上传播气力,才用得着土地,所以我们该认定:"土地是农民传播气力来养活人类的工具。"那么？这种工具不该归农民所组织的团体保管分配么？①

这个宣言重申了他在航坞山和坎山的讲演的主旨。值得一提的是其中的两元对立思想:作为敌对的资产阶级的地主和富人与作为受害者的赤贫的农民和工人。尤其使地主们惊恐万分的是宣言竟然宣称土地是农民传播气力来养活人类的工具。② 这里的含义并不隐晦,就是农民对供养人类的土地拥有权力,而且农民有权控制这种资源的使用。作为一种"离开恶运交好运"的途径,农民协会是沈定一关于新社会模式的一大创造,其实早在上海时期他就开始关注这种模式的重要性了。在宣言中他则断言这一行动决定全中国人的命运,而这一断言似乎也果真预言了这一开天辟地的行动对未来中国的潜在影响。农民协会是走出深渊的手段,而"离开恶运交好运"也正回应了他早年的隐喻:"粪坑之外必定比较清爽。"

协会在农业方面的目标主要是实现三折还租,规定改每斗 17 斤的"大斗"为每斗 15 斤的"公斗"量租;取消地主下乡时要佃农负担的所谓"东脚费";反对交预租,提出种当年田,还当年租,并看年成好坏还租。但是沈定一设想的协会具有更多更大的目标。协会提出破除迷信,扫除文盲,解放妇女,反对旧礼教,支持"五四",强调民主和科学。为实现这些总体目标,协会推倒东岳庙的菩萨偶像,把竭力抗议、扬言报复的庙祝赶到另一寺庙,而把庙宇作为农民协会的会址;宣传"妇女与男子应有一样的人格"和"男女受同等发挥本能的教育"的思想;提倡婚姻自主,禁止缠足、穿耳。③ 并把节孝坊上的"钦旌节孝"匾额除去,而代之以"妇女解放万岁"字样,两旁还加了一副对联:

---

① 《衙前农民运动》,1985 年版,第 30—31 页。
② 《民国日报》,1921 年 12 月 21 日。
③ 杨和王:《中国现代农民运动的先声》,第 32 页。

一部廿四史中无非写那些吃人的礼教

这座牌坊底下不知压死多少妇女冤魂①

　　20 世纪 80 年代对当地农民的采访显示,协会刚成立时这一地区的村庄只有很少的农民去衙前参加农会,但仅在一周内,参加农会的人就从涓涓细流汇成滔滔洪流。② 10 月 1 日,星期六,许多人到衙前注册成为农会会员,或寻求信息以筹建他们自己的协会。据说大运河和西小江挤满了船只,那天有五六百人注册成为农会新成员,并拿到了《宣言》和《章程》副本。这种副本被印了几千册,但由于来的农民越来越多很快就发光了。还有很多来的农民想见见沈定一。③

　　沈定一这时可能在杭州,因为 10 月 3 日省议会第一次会议就要召开了。他倡导并成立了农民协会并为其规定方向和路线,这一工作已经完成。当农会在秋天继续发展时,他正在议会扮演重要角色。我们不清楚这时他间隔多长时间走大约一个半小时的路程回一趟衙前。但不管如何,他没有再参与农会的决策和指导工作,而让李成虎和其他委员放手去搞。

　　在以后的两个月中,关于农会和其目标的消息传遍了杭州湾南岸地区。沈定一通过其农会保护人地位组成了农会的领导网络,现在这些人又成了其他网络的中心,而这些其他网络又是通过农会领导人的私人关系建立起来的。萧绍平原上相互联结的水网更加速了农会的扩散,各地农民代表摇船到衙前——运动的中心和象征去学习组织程序和策略。每天有 20 多个农民注册成会员,他们的村庄也被记录了下来。农会扩展到了 82 个村庄约 200 到 240 平方英里的区域,其中萧山县 36 个,绍兴县 44 个,上虞县(在绍兴东面,与绍兴以曹娥江为界)2 个,估计约有 10

① 孙喜禄:《沈定一——两事》,引自杨和王:《中国现代农民运动的先声》,第 32 页。
② 张瑞生、平六三、翁阿顺等:《斗门、高泽等村减租情况点滴》,第 102 页。
③《萧山县志·附录》,第 3—4 页;《衙前农民运动》,1985 年版,第 7—8 页。

万农民及其家庭加入了农会。[1]

那么,组建这些革命性质的农会的都是一些什么人呢?许多农会的成立是基于与沈定一的联系或距衙前较近。除了 10 个村庄以外,其他所有村庄距沈家不到 10 里,而有 26 个(几乎是总数的 1/3)位于衙前至钱清段大运河两岸 1 英里之内。人们参与运动的原因多种多样,前面已经提到,陈晋生是听说这一运动后主动要求参加的,长巷村领导人沈正丰则是沈定一的宗族。[2] 除了沈定一的关系,衙前和绍兴的村镇之间还存在社会、经济和劳力方面的往来,两地之间的姻亲网络相当发达。衙前地区许多农民还到绍兴乡村锡箔制造作坊做临时工以贴补家用。通过这些私人联系,有关农会及其宗旨和创立者的信息就得以传播开来。

农会会址的密集也反映了这方面的特征。在距衙前 8 英里的柯桥镇附近运河两岸的村庄共有农会 6 个;同样在钱清以南和以西的前梅镇和后梅镇附近建立了 11 个农会。柯桥和前梅、后梅附近的农会的发展代表了另一种快速繁衍的方式:那就是在已入会的成员的积极影响下加入农会。既是佃户又是雕花匠兼土郎中的单夏兰委员是这些异常活跃的农会的组织者。陈晋生则主要是在离他家较近的衙前以西的村庄活动[3],单和陈各自工作最成功的地方都是在其各自所在的村庄附近。这一时期农会成员沉浸于一片欢欣鼓舞的热烈气氛之中,很令人动情。[4]确实,在整个 11 月,一切都是如此美好,农会已有的成果和沈定一的坚定支持使他们对未来充满了信心。在这种高涨的组织热情和乐观精神驱使下,11 月底,农民们在衙前成立了农民协会联合会。

---

①《萧山县志·附录》,第 1 页和第 3—4 页;参见《衙前农民运动》一书开头的地图,1987 年版。也可参见成汉昌:《中国现代农民运动最早发生于何时何地》,第 55—57 页。

②《衙前农民运动》,1985 年版,第 29 页。

③《萧山县志·附录》,第 4 页;《衙前农民运动》,1985 年版,第 73—74 页。

④ 邵维正:《衙前农民协会始末》,第 465 页。

灾　难

联合会成立后不久,衙前附近的地主集中了 80 余只收租船分头向农民逼租。为抵制收租,农民协会组织了几百农民,高呼抗租口号,向收租船投掷石块。许多船遭佃户石块袭击后只好空着船,或仅装半船狼狈逃走。当时至少发生了两起因地主坚持十足收租而遭农民痛打的事件。一次,一个姓高的地主,因为做过检察官,其父又是县商会会长,就仗着自己的地位企图迫使农民就范。高才来时踌躇满志,被农民痛打一顿后狼狈逃跑。[①]

12 月 8 日发生的事件则更具影响力。那天前梅镇一大地主的儿子周仁寿带领一帮人到清坞村收租。[②] 周姓地主不承认任何农民协会的合法性,更不承认其减租的权力。据说农会领导人单夏兰闻讯后,带了五六百佃户围住周,要求他跟他们一道去到另一人那里评理。周辱骂单和其他佃户,并自恃有绍兴地方官为他撑腰,竟命令属下捆绑抗租农民。佃户们忍无可忍,抓住周并痛打一顿。周逃出来后径去绍兴城里告状,要求调查农会并惩罚发起者。[③] 这一事件使冲突更进一步升级,也使早就关注事态发展的地主士绅感到恐惧。

对抗和一触即发的潜在冲突使协会面临新的挑战。一些人主张积极斗争,社会主义青年团员、前两年在杭州组织过工人运动的激进的徐梅坤(1893 年出生)就持这种意见。[④] 但是经历过周仁寿事件后,大多数农会成员主张和平示威。他们把农民分成两拨,分头去萧山、绍兴县政府前进行跪香请愿,要求减租,请愿农民遭到了萧山县知事所派警察的

---

① 邵维正:《衙前农民协会始末》,第 465—466 页。

② 石和汪:《沈叔言来大义,钱清号召减租》,第 101 页。

③《越铎日报》,1921 年 12 月 12 日;《萧山县志·附录》,第 5 页。

④ 徐行之(徐梅坤):《党成立时期浙江的工农运动》,第 38—43 页;《衙前农民运动》,1985 年版,第 9 页。

殴打驱赶。① 这时,一些农民发生了动摇,问李成虎:"我们是不是要完了?"②

周仁寿事件发生后,地主们愈视农会为严重威胁。于是从 12 月 10 日至 17 日,12 个绍兴地主在县治与县知事策划破坏农民协会。记录下来的一个叫胡寿震的地主的发言后来成了行动的依据:

> 窃绍地农业本年秋收十分丰稔,田佃共歌,大有本属相安无异。不图邻邑萧境,藉农民协会名义,私结党援,散步谣诼,始而演讲萧邑,继而蔓延绍境,以共产主义煽惑愚众。乡民无知,一唱百和。有徒表面不过抗租,内容不可思议,有殴辱田主者,有扣留租船者,甚有良佃已还租谷而被其捣毁者,有垄断要口不容租船入境者。当此时局阽危之际,良莠不齐,国课之有无,窒碍犹其系事。倘或酿成祸乱,地方不堪设想。窃思治蔓当在萌芽,防患宜于事先。民等为维持治安计,应请严惩祸首,以遏乱民而靖地方。③

最后他们形成决议请兵镇压这场运动。地主陶仲安被委派与驻绍浙江陆军步兵第三旅司令盛开第联络。④ 这 12 个地主在当地处于精英地位,其中的陶仲安作为地方精英直到二战后仍是县中显要,曾任绍兴县第二届管治委员会委员。⑤

12 月 17 日,单夏兰领导农民从钱清出发,游行至县城以请求县政府当局同意减租。钱清地区的农会是由单夏兰组织起来的,工人活动家徐梅坤也曾在此号召农民斗争,与地主周和高的冲突就发生在这里。钱清农会有自己的会旗,农会会员胸前还别有协会标记。⑥ 当时大约 1000 多

---

① 《萧山县志·附录》,第 5 页。
② 《衙前农民运动》,1985 年版,第 80 页。
③ 《越铎日报》,1921 年 12 月 19 日。
④ 《民国日报》,1921 年 12 月 31 日;《衙前农民运动》,1985 年版,第 13 页。
⑤ 《绍兴县行政第二行政会议特刊》,第 16 页。
⑥ 杨和王:《中国现代农民运动的先声》,第 33 页。

人参与了去绍兴县城的游行,游行队伍足有 1 英里长。一些人捧着香,而另一些人则更是身背已被虫咬掉的稻草秆。[1] 当游行队伍经过柯桥时,柯桥警察报告了县里的官员。因此,当这支队伍行至县城西门外时被士兵挡住了去路。尽管这次行动没有成功,却使地主极为震惊,并促使他们在第二天采取行动,他们决定逮捕单夏兰。[2]

更令地主们恐慌的是一个自称萧山南沙组织农民团体所发表的宣言。[3] 这份宣言发表在 12 月 20 日上海的《民国日报》上,且这份直接号召农民起来革命的宣言已在当地流行。回顾了沙地农民面临的自然和社会困境后,宣言特别提到了沈定一在秋末运动开始时发表的《农民自决》的演讲,它还鼓励农民组织起来发动反对地主的抗租斗争。宣言指出,社会不安定与不平等是有产阶级形成的结果,因此它号召"从今天以后",要打破有产阶级在社会上的势力。最后,它郑重宣告,无产阶级的人必须起来斗争。

12 月 18 日,星期天,这场农民运动终于被镇压下去了。那天,农民协会联合会的代表们在运动司令部——衙前东岳庙集会讨论对策。省政府派盛开第率一队士兵和 60 名警察开小火轮来到会场。此时正当午饭时分,100 多士兵手持上了刺刀的步枪包围了庙宇。这时庙内大约有 130 多人,庙宇外围有一些家属成员,一些正在做饭,另一些则或坐或谈。由于担心被围困在庙里的父亲、儿子或兄弟的安全,外围的人在衙前找人求助并捎话给附近的村庄,在很短的时间内,会聚了大约 1000 多个农民与军警对峙,要求释放庙内的人。士兵们考虑到僵持时间愈长,将会愈加激怒农民从而不利军队行动,于是他们就用刺刀袭击手无寸铁的人群,扎伤了 3 个人。当农民四散逃命时,军警命令庙里的人出来,有 3 个

113

---

[1]《衙前农民运动》,1985 年版,第 73 页。

[2]《民国日报》,1921 年 12 月 21 日。

[3]《衙前农民运动》,1985 年版,第 36 页。

人包括农会领导人单夏兰和陈晋生被当场逮捕并押解至绍兴。①

　　当士兵到达时,李成虎正在庙外欢迎与会人员,他乘军警不备得以逃脱。尽管他儿子请求他外出躲避一段时间,他拒不同意。12 月 27 日,他在自己的地里被捕。在那个曾经驱使警察殴打请愿群众的县知事面前,他非但不下跪,反而郑重宣布:"我是衙前农民协会底议事员,我是主张组织农民协会的,我是三折还租的提议者。"②县知事当即令人给李戴上了脚镣。1922 年 1 月 24 日,李成虎在狱中不到 1 个月就病逝了。陈晋生被判无期监禁后,又因病保释出狱,出狱后 1 月即去世。单夏兰被监禁 3 年半后释放出狱,1949 年去世。③

　　星期天的镇压过后,浙江省长派了两个政府代表下去,第一个是来调查这次事件并宣布省政府指示:违反省政府政策要处以重罚;第二个则宣告抗租运动是不能接受的,而且是非法的,因为它阻挠政府征税且破坏社会安定,其意图是要向当地农民宣示国家权威的存在和力量。实际上省政府是企图藉此告诉农民:虽然他们在上层有人支持,但这个人没有权力实施他发动的运动。省政府还在两个县张贴告示,宣称农会是非法的,且其领导人将被逮捕。④

　　实际上遭到逮捕的不仅仅是农会领导人,因为官兵包围衙前东岳庙时,登录有所有会员和 82 个农会的领导人名字的农会登记簿被官兵带走了。根据登记簿上的名字,官方抓走了共约 500 余名会员。在取缔农会引发的长时间残酷镇压过程中,地主们还求助于官府去收租。警察经常被派往村里去收缴尚未收上来的租谷,例如在距衙前 3 英里的瓜沥镇一个姓王的佃户租种 11 亩地,年租金为 84 元。当王病倒后,其妻无法足额完租。萧山县知事三次派军警去收租,最后其妻和子女被强行拘提

114

----

① 《萧山县志·附录》,第 5 页;《衙前农民运动》,1985 年版,第 13—14 页;《民国日报》,1921 年 12 月 21 日。
② 《衙前农民运动》,1985 年版,第 40 页。
③ 同上书,第 40、73—75 页。
④ 同上书,第 14 页。

到法庭，直到租金全部交齐才放人。[1]　在另一个例子中，萧山知事则派警察为县议长从不顺从的佃户那里收租，这更是官方和地主联合的证据。[2]在取缔农会的随后几周内，抗租事件仍时有发生，尤其在绍兴县，但这些事件通常是由单个农民发起，因此只是死灰余烬罢了。[3]　抗租运动过程中点燃的希望和乐观之火已彻底熄灭了。

沈定一之谜

那么，沈定一这个社会经济现状的强烈批判者，农民抗租改革运动的倡导、鼓励和组织者，在整个运动过程中又在干什么呢？10 至 12 月，农会从成功地被组织起来开始抗租到狂乱地终结的过程中，沈定一在浙江省议会一直扮演强有力的活跃角色。尽管这届议会（可能由于 1917—1918 年任期内他放弃议长职位的缘故）没有选他做议长（他只获得两张选票），但记录显示他在许多重大问题上是重要发言人：从议会腐败到教育、对外关系和农民处境。[4]　在议会中他似乎仍在为实现夏末他在衙前向农民宣扬的价值观念而努力奋斗。

例如，10 月和 11 月，他作为主要发言人参与了弹劾议长、副议长贿选和贪污案。在该提案中，他得到他任议长时的那些主张自由议会目标和程序的议员组成的网络的支持，这些人中包括著名的许祖谦、任凤冈以及进步律师查人伟。10 月 15 日，他长篇发言呼吁加强法律、道德权威的作用，并特别强调要反对资本主义。资本主义的内在诱惑是政客和军阀们惟利是图的根源："产业革命后，世界无论极野蛮的地方，都被现金

115

---

[1]《衙前农民运动》，1985 年版，第 15、80 页。

[2]《民国日报》，1922 年 2 月 10 日。有关江南收租问题中政府参与的更多信息，参见 Kathryn Bernhardt（伯恩哈特）：*Rents，Taxes，and Peasant Resistanee*（《地租、税收和农民反抗》），第 165—172 页。

[3] 参见《越铎日报》的报道，重印于《衙前农民运动》，1987 年版，第 150—158 页。这些报道的起止日期为 1921 年 12 月 15 日到 1922 年 4 月 13 日。

[4] 参见《民国日报》首页，1921 年 10 月 7、8、9、14、17、26、29、31 日和 11 月 7 日。

主义所攻破。爱情、义侠、忠实的美风统通汨没在金钱窟里。金钱成了一种特别的人格,支配住一切人格,于是人底人格就扫地。……本席为争得省议会人格和议员人格起见,提出本案。"①选举这一届议会的目的正是为了通过控制这种惟利是图的行为支持新的省宪法。他接着问道,如果听任这种公开的腐败,议会怎么可能代表社会良知? 又怎么在将来代表人民弹劾其他错误行为? 因此他呼吁强化纪律。尽管他的呼吁得到了与他意见相同的议员网络的支持,但并没有得到回应,由此导致的惟一实际结果只是从此遭到权势者的敌视。

夏天,在他第一次对衙前农民发表演讲时,他曾谈到他希望制定一部法律以解放农民。11 月 6 日,沈定一又在议会就农民问题发表了措辞激烈的演讲,敦促议会承认减租的合法性。这一事情的起因是萧绍地区地方官员致信省政府攻击农民运动是过激主义。他的讲演呼吁议会支持农民:

> 原案云:岁歉农民请求减免租息……如今公然以这种请求诬为过激主义,出示威吓。究竟地方官吏,是否专为有产阶级底委员,非驱农民于死亡不可? 特依省议会法提出质问书如左。

> (一)萧山县属南沙沙地,十年以来,坍去二三十万亩。失业农民,流离相属。本年夏秋间,又被风雨潮水夺去农作之半,而地主且依习惯课收明年的租息,叫做"现息"。农民被逼于催租和缺乏粮食,死亡相继。例如萧山县属坎山乡农民李文校,被地主张明正逼讨尾租,文校没奈何向他亲戚沈金松借些衣服去当,满望当来还租,不料当不起钱,并且被当伙拒绝不收,他登时急得吐血,跌倒就死。这是前月二十日在坎山乡市上的事。

> 又如仁字号一带地方,已经饿死了百多农民,这些人吃一餐断二餐,或是有一天没一天,连急带饿陆续死亡。这种惨酷的情形,如

116

---

①《民国日报》,1921 年 10 月 17 日。

今还是继续着。本省省长究竟有所闻见没有? 究竟对于这种"乐岁终身苦,凶年不免于死亡"的社会生活状况,负不负责任了? 此质问者一。

(二)农民在这种困苦死亡情形下面,向萧山县公署跪香哀求出示减收租息,人民心目中认县公署为陈诉机关,才肯对县知事乞命。而萧山县知事庄纶仪,不但不能为他们来告的农民负丝毫的责任,反放任警察,殴逐向他哀求乞恩的穷百姓,一面接连出示禁止人民陈诉,并且诬到县跪香陈诉的农民为过激主义运动。《约法》第八条所谓"人民有陈诉于官署之权",如今饥饿的苦痛逼来,尚且不许他们喊一声痛,这是何种政治现象? 此质问者二。过激主义名称从何来? 过激主义底内容是什么? 过激主义运动方式如何? 地方长官也曾一一了解了没有? 是不是人民向地方官吏跪香禀求,便是过激主义? 此质问者三。这三重质问,均有事实发生。本席是吃饭长大的人,并且是一般人民底代表,特依法提出,限浙江省长八日内答复。[1]

这一提案再次得到了沈定一的自由宪政主义者同盟的支持,但是议会仍然没有采取任何实际行动,而只是通过了一个毫无意义的"扶济穷弱"的指示。沈定一议会辩论中的陈词清楚表明他对萧山方面的进展仍是了解的,但是他没有公开积极地介入这场由他发起和支撑的运动。

有人也许会怀疑他作为社会低层的领袖和保护人的判断力和道德感。如果他劝说议会支持农民运动的努力成功的话,这将是一场由政府批准的革命。然而,很明显,尽管沈定一在杭州有相当的声望,但他并没有掌握实际权力,因而也无法使议会通过触犯议会保守派以及政府官僚利益的提案。难道他自己果真相信他能做到这一点吗? 假如他相信,他似乎又并没掌握多少实权;假如他不信,难道他仅仅是在拿自己的立场

---

[1]《民国日报》,1921 年 11 月 8 日。

和原则作赌博?

更为迫切的问题是:地方官员对抗租行动的可能反应将会是什么?11 月上旬,也就是 11 月 24 日农民协会联合会成立前好多天,沈定一就应该看到一些重要官员已视这场运动为过激主义并试图反击。难道沈定一没有看到等待着那些经他激发和鼓励的农民们的将是何等悲惨的命运?显然,他不会看不到地方官吏和地主的相互勾结。几乎在两年前,也就是 1920 年 2 月 15 日,在《星期评论》上他就写了一段对话《哥哥不知道》,在这篇对话中,地主出身的兄弟俩讨论农民和农民问题,其中的弟弟为地主阶级统治辩护,宣称佃农的困境是命定的:

> 哥哥:他们辛辛苦苦种了田,白给我们吃,算是有良心;那么,我们白吃了他们的,也算是有良心么?
>
> 弟弟:我们爹爹也是辛辛苦苦赚了来的。
>
> 哥哥:他们种田的有儿子么?
>
> 弟弟:种田的大多数有儿子。
>
> 哥哥:他们辛辛苦苦种了田,为什么不给他们的儿子呢?
>
> 弟弟:他们不敢给他们的儿子。
>
> 哥哥:为什么他们不敢给他们的儿子呢?
>
> 弟弟:他们如果把他们种得的东西,给了他们的儿子,就完不了租。
>
> 哥哥:他们不完租怎么样呢?
>
> 弟弟:我们可以告官去。
>
> 哥哥:官只保护我们收租的,不管他们种田的么?
>
> 弟弟:那个自然。做官的吃喝,都是我们完的粮,当然应该保护我们的。

既然他明智地察觉到政治上的这种可能性,那么他又为什么会无视地主阶级政治权力的现实性及其随时可能的运用?历史学家不能虚无缥缈地分析为什么历史上有些事情没有发生,但考察一下这种可能性对于我们理解沈定一及其境界是颇为重要的。一定意义上讲,沈定一是受到了当时的环境和其个人特质的蒙蔽。他可能认为,尽管有风险,但当时的时机对于进行社会实验是最合适不过的。没有有效的中央政府,而省内政局也基本上无秩序可言。省督卢永祥是安福系的幸存者,对直系控制的省政府极为不满。1921 年夏,他宣称支持通过一部省宪法以作为实现某种联省自治的第一步。① 早就对北洋军阀从 1917 年以来的统治不满的浙江精英积极支持卢的倡议,以求获得更多自治权。然而尽管宪法在 9 月得到了广泛宣传,但从来未被付诸实施,且在 1921 年 9 月还遭到了来自杭州省政府和民间精英两方的强烈指责。②

在宪法辩论的同时,人们还就广泛的政治和社会问题展开了讨论。作为议会中重要的精英,沈定一也参与了这些争论。总的来讲,当时省内政治形势是积极促进变迁的,这要是在中央控制较强或社会方向更为明确时显然是不可能的。由各利益团体组成的新的社会和政治组织的涌现(如劳工、妇女、学生协会和一个两省水土保持协会)是这一时期相对自由和不断发展的社会政治形势的明证。当时的报章经常可以看到与组织含义相同的“联合会”一词,表明了当时包容性的组织氛围,并预示了崇尚变迁的乐观气氛。在这样的社会情境下,一个农民协会的联合会也许符合时代精神。

假如沈定一认定当时的环境有助于新的可能性,则他也拥有其他资源以使其处于有利地位。基于多年的对浙江政治进步的积极贡献,他的政治声望及政治资本是巨大的;而且,尽管他在政治事业中投入了大部分家产,但他仍拥有足够的资金以支持其政治活动。而他的个人资

---

① Schoppa(萧邦奇):“Province and Nation: The Chekiang Provincial Autonomy Movement, 1917—1927”(《省和国家:浙江省的自治运动,1917—1927 年》)。

② Schoppa(萧邦奇):“Shen Dingyi in Opposition, 1921 and 1928”(《在野的沈定一,1921 年和 1928 年》)。

质——他对朋友和佃户的吸引力,他对公益事业的兴趣,他的勇气和自信,以及他在公共场合发表演讲的能力——也是他争取支持并获得支持者的资本。

但尽管拥有这些个人资本,他完全错误地估计了他的反对者的实力。考虑到他在省级政治上长达 10 年的领导地位以及 1917 年和 1918 年他与北洋军阀之间精明的斗争,这种错误显得出奇的幼稚。看来,他的这种错觉主要是他 20 年代初期积极参与进步知识分子团体,尤其是深受中国共产党建党前上海小组革命思想影响的结果。作为变革的倡导者,沈定一似乎错误地使用了自己的权威,并把他对合法性的诉求建立在那些似乎对参与"五四"团体者也只具抽象真理性的主张之上。他在刚刚成立的农会的讲演、在议会的讲话以及他在 1921 年农会被镇压下去之后写的诗歌之中,充满了天赋人权、阶级和革命行动方面的言论。他似乎认为他能在萧山和绍兴发动阶级斗争的同时,通过在杭州呼吁这场运动不证自明的正确性以获得道义上的支持,进而使人们承认运动的合法性,从而保护这场运动。由于专注于思想的力量以及梦寐以求的目标,导致他忽视了那些对于达到目标也许是必不可少的手段。而他对于斗争所持的明显的双重态度——有时赞成,但大多数时候还是强调互爱而反对斗争——也可能使他无法把握他自己发起的这场运动的方向。

119

在这一事件中,对于沈定一而言还有另一个令人困惑的附带问题:难道他竟然对那些由他发动起来并对他极为尊重的农民不怀一丝责任感?竟然不知道在 12 月初当言论升温、冲突升级时提醒他们注意危险?或者实际上他在抗租斗争中始终与那些他为之揪心的人们站在一起?尽管沈定一从未直接谈及这个问题,但在农会被解散以及随后遭镇压之后,他的行动和一些作品则表明了其内心相当的内疚、愤怒和悲哀。12 月底,当听说李成虎被捕后,他回到衙前,对李家提供了不少抚慰和资助。李成虎死后,沈定一叫儿子剑龙(杨之华的丈夫)为李画了一幅像,以供他家保存纪念。他叫他们把李葬到他的地里去,并亲自撰写碑铭。

随后几年,李家生活更为困难,沈定一又出钱资助他们并给了一块沙地让他们耕种。除了提供帮助外,他还撰写了对联和诗文以纪念李成虎,并对其牺牲表达哀思。① 陈晋生去世后,也由他出资安葬并立碑。② 对于参加过农会的农民来说,沈定一仍是保护人和领袖,尽管他们为此蒙受了许多不幸。而且,尽管(至少从表面上看)他对这个事件未尽到完全责任,但20世纪80年代对参加过农会的农民的调查显示,他们仍然崇敬沈定一,并对其为救农民于水火之中的努力深为感激。③ 实际上,1921年和1922年初被镇压下去的组织网络在1927年和1928年再次出现,同样又是沈定一扮演了关键角色。

在农会被解散后的一个月里,沈定一写了一首诗,诗中他旗帜鲜明地站在农民一边,反对省政府当局的暴行,从中可以看到沈定一在其计划落空后的态度,值得分析。诗名叫《衙前农民协会解散后》,写于12月底。

> 杭州城里一只狗,跑到乡间作狮吼;
> 乡人眼小肚中饥,官仓老鼠大如斗。
>
> 减租也,民开口;
> 军队也,民束手;
> 委员也,民逃走;
> 铁索镣铐拦在前,布告封条出其后,
> 岂是州官恶作剧,大户人家不肯歇,
> 不肯歇,一亩田收一石租,减租恶风开不得,
> 入会人家炊烟绝!
>
> 馋狼饥虎无人驭,凤凰低敛沧深蕴,

120

---

① 《衙前农民运动》,1985年版,第42—45、71—72页。
② 同上书,第75页。
③ 同上书,第68、76—77页。

潮来天未曙,梦飞不过钱塘去。

宁为时望抛时誉,泪绝声嘶肠断无凭据。

铜角夜风透吴絮,大千世界暗然死,

魂暗暗,和谁语?

咫尺家园几万里,班声截断哭声起,

狂呼天不理,苍生生命如蝼蚁,

呼冤不应除骂无他技。

两字"农愚"称号被,

狼摆头,虎磨齿。①

　　沈定一在这里用了大量篇章描述了小眼睛(意味着生活要求极低)和要求变革(炊烟绝)的农民与地主官僚的冲突,后者带来了戕害生灵的邪恶的资本主义之风。在这种社会体制下,农民的饥寒交迫换来了政府官僚的中饱私囊。当忍无可忍的农民奋起发动减租运动以捍卫自己的权利时,军队和委员竟用布告封条查封农会领导人的房子,用铁索镣铐套住他们的身体。第二节中的凤凰可能意指衙前及其在运动中的角色,凤凰山就在村庄正西北,是村庄的象征:它带来了曙光,但是新的一天的太阳光芒仍然没有到来。这个意象使人回想起南沙农民的宣言,沈定一在航坞山的讲演,如农民所说令他们茅塞顿开。

　　然后就是一幕惨剧:天未曙——与之相伴随的是梦飞不过钱塘去。第二节的后半段充满了骚乱的景象和愤怒的希望。资本主义之风已经消灭了社会(这里重申他在议会和农会演讲时的申诉),湮没了人类精神。农会遭解散后,呼啸的"狂风"湮没了人民的哭声,这表明天理实际上也不公正。当人民呼天天不理时,这些无权无势者只能依赖诅咒作为武器。然而,尽管遭遇是如此的悲惨,地主官绅仍把他们称做"农愚"。最后一行再次指出终有一天这些忍无可忍的农民将起来以暴抗暴,假如

_121_

----

① 《衙前农民运动》,1985 年版,第 62—63 页。

"谗狼饥虎无人驭",那么就会发生"狼摆头"、"虎磨齿"。

在 1922 年 1 月初写的《愚》一文中,沈定一分析了官厅和地主用于称呼民的"愚"这一标签:

> 萧山绍兴各县八十多个农民协会被官厅解散了,农民协会底委员,被捕的都钉镣收禁,逃走的住屋发封,官厅委员呈覆文中有"今查得农民协会章程,确与现行法令抵触,其主旨专在'打破阶级资本主义',言'土地是农民传播气力、养活人类的工具,土地应该归劳农所组织的团体保管分配',又言'该会会员与田主地主立于对抗地位,每年完纳租额数,由会员自由议决',实行真正平等,实行片面自由……均系向少读书识字无高等知识之真正农愚"。

> 杭州报无我君曾经做了一个时评,题目是"农民的罪恶原来如此",内容就是拿委员呈覆文中"此次主动者,大抵读书不多,而被动者都属十乡愚"的话,来批评他们愚民的。

> 我也觉得这一个"愚"字,不知含有多少冤枉的血汗在酸辛苦辣中滴出这个愚字来![①]

在这篇文章后面附的几节诗歌中(有些是刘大白写的),沈定一希望有朝一日农民能有能力改变自己的命运。[②] 因此,尽管这场运动以惨败告终,但沈定一仍然没有动摇自己的信念和理想,他的心中燃烧着正义的怒火和乐观的希望,相信人民终将重见天日。

然而似乎还存在另一个谜:经历过这场风暴,沈定一又为何能脱离干系,没有被官方公开指控为煽动革命?沈定一显然与这场抗租运动有关:12 月的南沙农民宣言,他和他的学校从一开始就对农会运动提供的指导,他在议会中对资本主义的抨击,在他的讲演以及上面讨论的两个

₁₂₂

[①]《民国日报》,1922 年 1 月 23 日。

[②] 他同时还把读者的注意力从萧绍地区引向华盛顿会议上的形势,这次有关太平洋事务的会议从 1921 年 11 月一直开到 1922 年 2 月。他并因而引申认为,正像衙前农民被称做"农愚"一样,输给资本主义的日本和西方的中国也可称得上是世界的"木瓜"。

作品都清楚地说明了这一点。他以悲愤的语气和词汇强烈地抨击了地主和官厅的勾结。他也一定知道萧绍一带的地主视他为阶级叛徒、危险的激进分子,但是他显然也相信他在地方和省内的地位能给他提供有效保护。确实,地主们没有公开指责沈定一。当时有 12 个地主(可能是那几个与绍兴县知事聚议解散农会的地主)曾计划联名呈电杭州省政府,要求查办沈定一。但一则资料显示,考虑到沈定一政治上的影响,以及害怕假如他被控入狱后农民的反应,当局没有采取行动。[①]

另一则资料则表明,地主的行动被一个绍兴精英孙德卿阻止了。[②]孙与沈定一在晚清末年就相识,他曾与民国前著名的革命者徐锡麟和秋瑾一起在绍兴县城的大通学堂共事。他还是同盟会和光复会重要成员,也就是在两会他得以与沈定一相识。1911 年,孙德卿在绍兴军政府供职。[③] 1912 年初,他们与鲁迅一起联手抗议当时绍兴军政府都督王金发的暴戾恣睢。但自那以后没有文献表明他们有更多的接触,然而资料显示他们仍是朋友。我们已经提到沈定一没有参加孙德卿成立于 1915 年和 1917 年的两个纪念光复会领导人的会社,而且,孙的家乡在曹娥江边,那里没有受到抗租运动的太大影响。辛亥革命后,孙一直在地方从事慈善和文化事业,基本上不问政治。[④] 如果确实是孙劝阻了 12 名地主的联名行动,则其何以竟要支持沈定一的原因是相当令人奇怪的。而他竟能左右这些地主的意见也许又很好地表明:10 年以前有力的领导地位对 20 年代的政治发展仍具有重要的影响力。

沈定一的身份

1921 年对沈定一而言是关键的一年:他开始强烈意识到中国革命的

---

①《衙前农民运动》,1987 年版,第 8—9 页。
②同上书,1985 年版,第 68 页。
③《时报》,1911 年 6 月 8 日。
④宋顺祥:《绍兴先人志》,I:113—114。

关键在农村,在于中国农民的觉醒。毕竟,农民是人数最多的社会职业群体,而且正如沈所描写的,他们在土地上"传播气力"、"养活人类"。这一思想直到十年后才流行开来,因此沈定一可以被视做这方面的先驱。他把实现个人和社会变革从而建立新中国的基础着重放在中国农村,这一点表明他的理论化的五四思想已经走向成熟。由此他也很自信地把自己视做引导中国社会走向光明的革命导师。

但是,"确认一个人的身份的事实不是由主体自己给定或决定的,它们是一种社会建构的事实,依赖于社会情境和其他人的(常常是恶意的)动机。"①沈定一在 1921 年的行动恰好为其他人——当地地主、政府官吏、本地农民——在 20 年代越来越革命的气氛中提供了定义或再定义他的身份的证据。这一事件耗尽了他从辛亥以来积聚起来的巨大政治资本。他作为省内政治领袖的合法性也可能因而受到了侵蚀,而他对议会领导人的腐败的猛烈抨击也无助于这种合法性的保持。那个向外来军阀挑战的沈定一已经成为向任何权威挑战的沈定一。由于在萧山的地主官绅中树敌颇多,他很难再获得保守派精英的支持,因为现在他们已把他看做过激分子。那个曾经在省议会代表他们利益的沈定一已经成为破坏他们赖以生存和发展的体制的沈定一。通过所有这些行动,沈定一形成了新的形象,而通过这一新的形象记录官吏和地方社会经济精英又形成对他的新的看法。这一切将对他的行动自由产生消极影响,且成为塑造其前途的力量。实际上沈定一所做的一切是在为自己的将来设置障碍,因此通过这次行动走向崩溃的不只是抗租运动和农民协会。 *124*

有证据表明沈定一认识到了他的行动的影响且作了反思。在《衙前农民协会解散后》一诗中,他暗示他仍对将来充满信心,他的声望不会因为这一次事件而丧失。1922 年 2 月 7 日,《觉悟》杂志上刊出了李成虎的

---

① Robert C. Solomon(罗伯特·所罗门)："Recapturing Personal Identity"(《重现个人身份》),
　　第 14 页。

传记,这篇文章可以肯定出自沈定一的手笔:他最了解李成虎的事迹,且当时他正为这份《民国日报》的副刊定期写稿。这篇文章尽力把沈定一与这场运动区分开来。文章作者在文中让李成虎对 10 月初去衙前想见沈定一的农民说:"你们要章程,章程已经去印了,我们印好就分送给你们。你们要会见三先生,以为这件事是三先生发起的,其实这件事正是我们自己身上的事,并不是三先生一人底事。"①

假如说沈定一从这件事中获得了政治资本,则可以说是从农民那里。作为大地主的沈定一,已经成为同情他们、鼓励他们的保护人的沈定一。但几乎可以肯定,佃户的观点也有巨大的差别。一些人肯定怀疑沈定一是否真的支持他们,或是否只是在让他们自己"苦苦挣扎"。对他们来说,有胆识的沈定一成了只会夸海口的、怯懦的沈定一。一个一开始曾对他很是感激的农民后来在提及他时称他为"叔言"。②

尽管可能所有农民都理解经沈定一清晰阐述的农会的目标,但地方上肯定有一些人对于沈定一所参与的一系列地方事务表示惊讶。五四思潮和大都市上海的思想并不易被衙前农村地区的人们接受。沈定一作品中上海的景象——街头游行、汽车、爵士乐、工厂和城市无产阶级、新文化辩论、豪奢的上流华人家里的女佣和丁当作响的香槟酒杯——似乎与这正在坍塌的沙地世界相距数个光年:这里是一个贫困的乡村,孩子们在村边四处搜索生火燃料,漏雨的、光秃秃的、鸡粪满地的茅草屋,而屋子的主人则年复一年地濒于饥饿的边缘。这两个世界的鲜明对照,可以从当地人对上海工商友谊会代表童理璋的反应得到印证。童于 1922 年 2 月代表该会往萧山衙前致祭李成虎。他报告说当他询问李成虎家住址时,"乡人皆面面相觑,形甚恐惧"。当他说明来意后,他们才领他到李家。在那里会见李成虎之子后,童当众宣读祭文,"一时观者甚为

125

---

① 《衙前农民运动》,1985 年版,第 39 页。
② 石和汪:《沈叔言来大义,钱清号召减租》,第 101 页。

惊异,乡人约有四五十人,童将祭文词意解说明白,各乡人咸称道不已"①。

对这样的人们,在推进农会同时呼吁男女平等改革,以及在衢前农村学校讨论的男女平等思想可能是不易接受的。有一次,沈定一和女儿、儿子、儿媳在一个附近的湖里一起游泳的消息在当地引起了极大的震惊。② 而推倒神像、占领东岳庙并把它作为农会司令部的举动则不仅使庙祝且使虔诚的信徒极为不满。作为地主议员精英的沈定一,成了行为方式惊世骇俗的社会激进分子的沈定一。这些行动给予他新的身份——政治的、社会的、私人的和革命的。正如前面已指出的,身份具有"不断变迁"的特性,因为它"与社会生活的所有方面有内在联系"③。

在过去,这些身份主要来自于沈定一所参与的网络,组织学习小组、杂志办公室、省议会,也就是来自那些在身份和地位上与沈定一相当的人。但在衢前农民运动中,他与农民以及在农村小学中教书的杭州学生间的关系则主要是保护人—被保护人、导师—信徒的关系。在此过程中,他建立起一些新的网络:由他和几个进步学生的关系发展而来的一师小圈子和由一批农民领导人为基础发展而来的激剧繁衍的农民网络。在很多方面,比起由省议会、学习小组和讨论会组成的更为平等的网络,这些网络可能具有更高的强度,但同时承受更大的压力。因为它们建立在上下有别的不平等基础之上。④ 沈与网络中其他成员的关系是家长与子女式的关系,他传授智慧,提供建议,并加以扶植;而其他人则向他学习,并从他那里获得恩赐。在这种社会态势下,保护人、导师会希望从他的追随者那里得到更多的忠诚;反过来,被保护人、信徒则可能希冀从其领袖那里获得高度承诺和道德楷模示范。而农民和学生间的主要区别

①《民国日报》,1922年3月4日。
② 高乐天:《沈定一先生的一生》,第一部分,第7页。
③ Gregory P. Stone(格列高利·斯通):"Appearance and the Self"(《外形和自我》),第94页。
④ 关于网络含义、强度和持久性,参看 Mitchell(米歇尔):"The Concept and Use of Social Networks"(《社会网络的概念和使用》),第20—22、26—27页。

则在于农民不会背离其臣属关系,而从前的学生和如今的教师则会背离这种关系。在衙前农民运动中这一点不成为问题,但是沈定一和这些杭州学生信徒间的动态关系最终将赫然超过他与农民的关系,这一新关系终将改变沈定一的生命之旅。

第五章 分崩离析:杭州和衙前,1924—1925

狂情把酒浇,

天上星摇,

地上山摇,

手上杯摇。

月光如电浑无定,

思也难熬,

怨也难熬,

四顾苍茫笑拔刀。

醉,1922 年

年届不惑的沈定一已经成为一个嗜酒如命的人。据说他的朋友们都知道他酒量很大,因此沈定一每次赴会他们都盛情向他劝酒。① 在1919 年 11 月的《星期评论》上,沈定一自称基本上已不抽烟(他曾每天要

---

① 高乐天:《沈定一先生的一生》,第一部分,第 8 页。高报告说,尽管沈确实又恢复了喝酒,但他确实也保持了相当的克制。

抽五十多根烟），并且已彻底戒酒："我本来是非酒不过日子的，近三个月来决心不饮。'双十节'那天，有一位很有学问而不饮酒的朋友，约我过节，饮了两杯，过后我想国庆节正是打破奴隶的牢笼的一个纪念日，更不该饮那麻醉神经的酒。从此便和酒别住另一个世界了。"①在《醉》这首诗中，沈定一描绘的正是这样的一个世界。正当沈定一决心为国事而戒酒时，20 年代中期形势的发展却正像诗中所描述的那样，犹如醉后天花乱坠一般，使得他的个人生活和政治生涯的"支点"开始动摇。面对四顾苍茫的政治前景拔刀相向，成了沈定一力挽狂澜的应变之策。

128

搭台布景

　　1924 年《觉悟》新年号上，沈定一发表的《留别留俄同志们的一封信》描绘了苏联革命后的深刻变迁，并提出中国不能自外于世界革命潮流："我们在这愈趋愈严重的形势下面……非革命不可。可是一哄的革命、浪漫的革命，都不能够摆脱实际的压迫。我们要有组织，要有步骤，要有建设计划。远的且暂时不说，最近的将来，我们该做的工作：关于组织的、明明暗暗要有很精密、有系统的构造。"考虑到他认为生命是一运动和变迁的过程的看法，这一对革命如何取得成功的观点——有组织、有步骤、有计划地展开——似乎是自相矛盾的。1921 年在一篇题为《生活问题》的文章中，他写道：

　　　　昨日的玄庐，可是今日的玄庐吗？昨日的玄庐决不是今日的玄庐。何以呢？因为玄庐自己知道从一岁到今三十七岁，决不是一天长成到这么大，一定是一秒一秒地逐渐长大的。所以一秒前的玄庐，还不是现在的玄庐，可知没有一秒可说玄庐没有长大的，因为真的玄庐是动的，决不是静的。……所以常闻人说：某人守旧，某人顽

---

① 《学校自治的生活》，《星期评论》，1919 年 11 月 2 日。沈同时也声称已绝对放弃赌博和嫖妓。

固,其实是不通的话,因为今日以为新,后日视之就是旧。……人生底真实在动,离了动就不是真实。①

革命就是变动。粉碎旧的体制,产生新的体制;放弃旧的规矩,形成新的模式;推翻旧的领导,出现新的领导;摈弃旧的观念,接受新的观念。尽管人为的机制(组织和政党)可能有助于革命,但革命过程对这些机制却几乎同样是无情的。沈定一和另一些人只是从理论上确立了革命的正确组织、步骤和计划,但革命中最为关键的机制仍是那些形形色色的私人、职业和政治网络。它们从中国社会的个人关系中土生土长而来,终致形成相互联系又时而相互竞争,且处于持续变动张力中的关系网络。1924 年和 1925 年,革命形势势如破竹般的重大转折再次激起人们的革命激情,沈定一在关于生命是生生不息的变迁和运动论点的一文中提到的观点——人的身份所具有的快速变迁性终于成为现实。

作为中共建党活动的最初参与者之一,沈定一还在 1920 年 10 月和俞秀松一道成立了杭州社会主义青年团。② 另外,他那些反资本主义的作品以及在衙前农民运动中所扮演的农村革命领袖的角色都表明他与共产党的关系。曾作为律师和省议员的阮性纯的儿子阮义成在回忆中,曾提到当时那个作为共产党成员的沈定一:

> 我听过几次沈玄庐在平海路上的省教育协会礼堂里的讲演,那时的他还满脑子的社会主义和共产主义理论。他身材瘦长而匀称,双眼炯炯有神,约摸刚过中年,故蓄有一撮黑色的小胡须。他的嗓门极为洪亮,论证极为雄辩,口若悬河,滔滔不绝。他的报告内容至为丰富且极具说服力,不由你不信。那些听他讲演的青年学子很难

---

① 《觉悟》,1921 年 1 月 5 日。

② 据《浙江工人运动史》的编辑们的说法,这一组织是俞一手建立起来的,且建立时间是在 1922 年 4 月(第 51—52 页)。这显然缺乏文献根据,且与其他材料不相吻合。参见张国焘:*The Rise of the Chinese Communist Party*, *1921—1927*(《中国共产党的兴起,1921—1927 年》),I:128。

有不被他的言论所折服的。①

　　1922 年夏天，遵照共产国际的指示，中共决定其党员可以以个人身份加入国民党。孙中山为加强革命力量并寻求苏俄共产党的支持，也同意了这样一项政策。② 同年底，沈定一加入国民党从而成为跨党分子。③这段时期他仍是省议会活跃的发言人，参与了改革宪政、规范省级行政官员任命程序、制定反对军阀统治的政治建设方案等活动。

　　1922 年，尽管他的活动领域主要是在省级或全国舞台，但他仍然密切关注地方事态的发展。在每一级舞台，他都与作为革命成功基石的，由支持者和志同道合者所组成的网络保持着联系，他仍是他的一师网络的精神导师，杨之华继续在衙前农村小学教书，新的一师毕业生也不断加入到她的行列中来，如王贯三。他曾和杨之华一道去学生家里作家访。而曾在 1921 年轰轰烈烈的秋天在衙前工作的宣中华，则受刚刚成立的共产党的指派赴苏联出席远东各国共产党及民族革命团体第一次代表大会。他先在伊尔库茨克继而在莫斯科参观学习，从而进一步加深了对苏维埃革命模式的印象。1922 年春，沈定一邀请他回到南沙，在坎山这个沈定一前一年夏天作过《谁是你底朋友》的反资本主义讲演的地方，编辑一份由沈定一出资赞助的进步刊物《责任》。这份杂志从 1922 年 11 月一直办到 1923 年 3 月中旬，在此期间他与沈定一再度确立了亲密关系。在这份杂志里，像沈定一一样，他也支持社会主义革命，同时强调发动工农群众的重要性。④

　　协助编辑杂志并为杂志写稿的是前一师教师和诗人刘大白，他是沈定一的密友，曾在 1917 年和 1918 年沈定一任省议会议长时担任议会秘

---

① 阮义成：《沈玄庐》，第一部分，第 5 页。
② Wilbur and How(韦和郝)：*Missionaries of Revolution*(《革命传道者》)，第 45—57 页。
③ 《沈定一先生事略》，第 9 页。
④ 《五四时期期刊介绍》，第 468—469 页。

书长,并与沈定一一起在衙前住过一段时间。① 参与杂志编辑的还有衙前农村小学教师徐自民和唐公宪,他们是专程回南沙襄助宣中华的。参加者还包括另外一些中小学教员——这些人也常在上海、杭州的大量进步刊物上发表文章。他们中的许多人与杭州第一个现代工会——浙江印刷公司工作互助会有密切关系,该工会的领导人是共产党工会组织家倪忧天。宣中华在 1921 年为农会成人夜校讲课时,倪就与他相识。宣曾帮助倪加强对杭州印刷工人的组织领导,1921 年他们还曾一道赴苏俄访问。②

　　工人、农民和知识分子之间的组织网络在此时显然已不再仅仅是理论上的设想;十年前出现的社会圈或"界"中现在新增了一种政治活动界,这使人联想起辛亥革命时期的类似网络。只是辛亥时期下等阶级人士是被囊括在秘密会社和黑社会中的,而这些新网络则把精英跟社会法定的非精英——工人和农民首次吸引到同一网络中。随着这些政治、社会和教育网络的相互联结、互相交织和逐渐扩展,革命团体就得以将农村、城镇和都市联结起来并发展壮大。而随着沈定一在上海、杭州和衙前三地间的穿梭往来,随着他对一系列进步活动的保护、指导和支持,个人的和政治上的忠诚就得以在他周围建立和发展起来。

浙江省国民党的兴起

　　"一九二三年九月二日",沈定一后来写道:"我到了世界革命的中心。"③1923 年秋天,孙中山指派他陪同蒋介石去莫斯科考察,他们的使命是发展苏共和国民党两党领导人之间的良好关系,并在出兵中国西北

---

① 陈觉模:《刘大白先生之生平》,第 49、53 页。据陈说,刘和沈在衙前一道撰写新体诗。
② 《五四时期期刊介绍》,第 467 页;也可参见赵、徐和李:《宣中华》,第 87、89—90 页。有关印刷工人的活动的描述,参见《浙江工人运动史》,第 46—48 页。
③ 《觉悟》,1924 年 1 月 1 日。

以打败军阀吴佩孚的问题上寻求苏方支持。① 与此同时,迈克尔·鲍罗廷作为共产国际代表来到中国,开始帮助重组国民党。我们都知道这个中国代表团的关键人物是蒋介石,会晤苏共领袖如列宁和托洛茨基的也主要是他。这次访问有关军事支持的谈判毫无结果,而且,根据蒋的日记,我们知道他对以俄为师也深感失望。

然而对于沈定一在苏俄访问的经历我们却知之甚少。一个有时不太精确的传记作者声称,沈定一曾与列宁就世界革命问题有过深入探讨,并成了苏联领导人的朋友。② 这种可能性不大,因为沈定一不会说俄语,且他在苏联逗留的时间也不长。③ 沈定一自己倒是言及他到苏联后病了半个多月,而且承认他在苏俄考察和研究的收获是十分有限的。他还指出,他关于苏俄革命后的变化的看法部分来自与共产党知识分子瞿秋白的交流,后者从1920年末到1923年初一直在苏俄。但与蒋介石不同,沈定一显然对于在莫斯科的见闻并不悲观,1924年他写的文章仍然把苏俄看做中国的榜样。他还带回一棵幼苗,并把它栽在衙前农村小学,以象征苏维埃式体制在新中国能茁壮成长,这显然也是他的希望。④

从苏俄回国后不过一个月,沈定一在杭州西湖主持召开了浙江国民党临时代表大会,以选举出席于一月底在广州举行的国民党第一次全国代表大会的代表。党的中央执行委员会已给了浙江省三个代表名额,其中包括沈定一和戴季陶,这次会议则要选出另外三个代表。⑤ 所选出的

132

---

① Wilbur and How(韦和郝):*Missionaries of Revolution*(《革命传道者》),第87—88页。也可参见 Tony Saich(托尼·赛奇):*The Origins of the First United Front in China*(《中国第一个统一战线的起源》),第193页。

② 王威廉:《沈玄庐与共产党》,第159页。

③ 参见张国焘:*The Rise of the Chinese Communist Party*,*1921—1927*(《中国共产党的兴起,1921—1927年》),I:191—201,有关1922年中国留苏学生的描述。

④ 尽管这套体制已经烟消云散,但这棵树到1993年依然枝繁叶茂。

⑤ 戴作为浙江代表出席会议,初看似乎令人惊讶,因为戴的家族从18世纪起就已迁出浙江,且自那以后一直住在四川,他与孙的亲密关系可能是他作为代表地位的合法基础。

三名人选中有一个就是沈定一——师网络中的密友和信徒宣中华,时年25岁。[1] 沈定一与戴季陶、宣中华所形成的关系,从此将形塑未来三年浙江的革命形势。正如沈定一1923年秋季的苏俄之行使他在国民党重组中取得了有利地位一样,戴季陶于1922年秋也受到孙中山指派,到四川省以帮助调停军阀派系间的争斗,并寻求他们对孙的事业的支持。由于对自己的健康的忧虑,也许还有对这次使命的可能无功而返深感失望,他在途中跳入长江试图自杀。[2] 尽管还是被救了上来,但他终于没能完成使命。在不利的形势面前,戴季陶的消极低沉甚至于企图自尽,与沈定一遭遇挫折时的乐观主义和百折不挠形成了鲜明的对照。

　　1924年1月20—30日,国民党"一大"在广州召开。在这次大会上,戴季陶被选进了中央执行委员会和中央政治委员会,并被任命为国民党中央宣传部部长[3],沈定一则被选为中央执行委员会候补执行委员。他们各自的职位反应了各自在党内的地位及其主要的政治活动领域。戴季陶曾长期追随孙中山,因而是全国舞台上的重要领导人;沈定一的活动领域则主要是在省级以及省以下。在大会期间,沈定一对孙中山的开幕词产生了强烈共鸣,实际上这也是他自己的看法:重建国家需要一个统一和团结的政党。他自己就曾多次撰文强调人类共性、联合与合作在实现国家目标中的作用。与这种联合与合作相关的是,大会把同意共产党加入国民党的政策当做大会议题。戴季陶竭力反对这项政策,因此最初曾不打算参加这次大会;沈定一则是跨党党员。代表们决定保留这项政策,因而这一议题暂时被搁置了起来。[4]

---

[1]《民国日报》,1924年1月8日。

[2] Mast(马斯特):"An Intellectual Biography of Tai Chi-t'ao from 1891 to 1928"(《一八九一年至一九二八年间戴季陶的心智历程》),第169—171页。

[3] Boorman(包华德):*Biographical Dictionary of Republican China*(《中华民国传记词典》),3:201。

[4] Wilbur and How(韦和郝):*Missionaries of Revolution*(《革命传道者》),第97—100页。

大会结束后,戴季陶因为有大量党务工作要处理而留在了广州,沈定一和宣中华则返回杭州开始组建省、县党部。遵照鲍罗廷的国民党重组方针,沈定一在 1921 年衙前运动中所侧重的精密组织方法已加以改造以适应党的政策。在以后一年半中,沈和宣二人分头在两个不同层面(省和县)上各自开展工作,且在其各自的组织工作中使用了两种不同的方法:一种方法是通过发动群众游行和集会,以培养潜在的党员和领导人,并为革命工作创造群众动员基础。这是一种兼容的方法,通过让非党群众直接参与公共活动,以为他们创造入党条件;另一种方法则是强调党的章程,以确保新老党员认识到党员资格的含义和责任,这种入党程序通常倾向于依赖法理主义。这是一种排他的方法,使党员保持对党的忠诚。革命过程中这两种方法的平行发展最后导致了沈和宣的分道扬镳。

3 月 10 日,在距律师协会几个街区的新市场地区其侄儿沈肃文律师的家中,沈定一主持了党员重新登记工作。① 他宣称,凡在此次第一次全国代表大会以前加入国民党的,须经过登记方为党员,因为从前各地"罗致党员,单求其多",不问关于主义了解与否,只要花钱,都是党员。如今要成为党员——"本党同志"——须满足三个要求:(1) 须了解、赞成、接受本党第一次全国代表大会决议的宣言;(2) 须绝对服从党律;(3) 须知登记后,在物质上到自身的生命精神上到个人底自由,不复由个体自由支配。在其告示中,沈定一明确表示,个人为党为国,只有牺牲,没有权利。只有这样,才能使"我们底民族,我们的国家,在国际帝国主义和军阀压迫下面以自力要求解放"②。

随着鲍罗廷改组的纪律严明、组织严密的列宁主义式政党的建立

---

① 《清党实录》,第 211 页。沈定一在杭州时经常就住在沈肃文家中。1923 年,沈肃文曾任了不长一段时间的绍兴省立第五中学校长,当时刘大白为教务长。参见陈觉模:《刘大白先生之生平》,第 53 页。

② 《民国日报》,1924 年 3 月 8 日。

(就像 1921 年建立的共产党一样),20 年代的新的国民党变得更为排他而不是兼容。民国初年的旧的国民党是议会政党,到 1924 年为止已在全国和省级政治舞台上声誉扫地。因此新的模式强制规定党员必须承认、服从并献身于党,否则就不能重新登记。具有革命排他性的制度环境就这样得以建立起来:随着 20 年代革命的发展,为了保证更改后的党章和宗旨的贯彻,党员从此将被要求不断地重新登记。这种重新登记限定了党员特定的活动领域,中国人传统上尽管也以其所在的家族、群体和村落为排他的边界,但接受这样一种严密的非人格化规章并必须严格执行之的西方模式,显然也是一种对中国传统的革命性背离。在中国传统中,社会和政治上的常规做法是强调私人关系和灵活变通的人际网络。但是,这种西方模式只是一种被人为嫁接到中国文化之树上的移植物。因而,谁是党的领导人,其网络和派系的物质如何仍显得至关重要,因为实际上是他们而不是非人格化的规章决定了谁可以加入、谁不能加入。

人们或许怀疑沈定一对此种模式的适应性:毕竟他的政治生涯是从旧的政党模式中走过来的,而且其诗文一贯是充盈兼容精神的(例如"他就是你,你就是我")。然而事实上,新政党体制的内在制度精神同样能在他的一些作品中找到:党或者一些党的领导人对真理具有垄断的权利,而作为党的成员则必须被灌输以强烈的道德正义和正直感,以便处理国家生存和发展的重大问题。重新登记过程的本身假定存在一个"反动派"集团,而党决不与这样的人妥协。它拒斥那些不能或没有看到真理的人——或者那些被认为是没有看到真理的人。例如,在 1919 年 9 月的《牺牲与鱼肉》中,沈定一写道:

> 只有大家从建设计划和发展个人本能这两件事进行去,才能出这九死的险。当大众准备进行这两件事的时候,果真有人阻挠,甚至横加禁止的,便和夺我们的锄头不许我们垦荒开矿一样。这明明断绝我们的生路,那是我们不得不因为争得生路去成一个最大的牺

牲的决心,即使因此演出极大的惨剧也就顾不得了。①

因此,在革命年代,政治危机感及党在政治上的绝对正义性作为一种制度,其重要性超过通常具有相当流动性和灵活性的社会制度。在许多情况下,社会联系和网络将受到革命政治制度的重创甚至毁灭性打击;但相反的情况也同样存在,新的政治制度也会受到旧的社会联系和网络的侵蚀和塑造。

3 月 30 日,星期天,临时省党部第一次会议在律师协会开幕。考虑到律师协会与经鲍罗廷改组前的省国民党的密切关系,会址选在律师协会可以说是再合适不过了。80 多名党员和 30 名贵宾应邀列席了大会,会议记录显示了领导成员的构成:沈定一看来牢牢控制着会议,9 人组成的临时执行委员会也主要来自他的两个个人网络。除了他本人以外,其他 8 人中有两个是他的族人(沈肃文和沈尔乔);4 个来自他的省一师网络;1 个是衙前小学教师宣中华,1 个是 1920 年和他一道成立杭州社会主义青年团的俞秀松,1 个是前两者的同学安体诚,还有 1 人是一师校长经亨颐。4 个候补执委中,唐公宪是一师毕业生,曾在衙前小学教书,并协助他编辑《责任》杂志;还有 1 个是倪忧天,他是印刷工人领袖,也是宣中华的亲密盟友。② 沈、宣、俞先后在大会上发表主要讲话。宣向大会报告了广州会议精神;俞解释了党章和入党登记办法;接着沈定一围绕党的历史、三民主义和孙中山的经历和贡献作了 1 个多小时的报告。据当时报章报道(用的是典型的沈定一式修辞),尽管沈定一的报告很长,"人人听得至为专心",而且(又用了一个颇具时代特色的词汇)"掌声如雷贯耳"。

作为一个演讲家,沈定一不仅受到党内的欢迎,还受到不少云集在杭州社会政治舞台上并将成为革命一部分的组织团体的欢迎。出于对

---

① 《星期评论》,1919 年 9 月 7 日。
② 《民国日报》,1924 年 4 月 1 日。

其演讲才能的钦慕,学生团体更是经常邀请他去讲演。当时的学生高乐天说他就是受沈定一演讲的鼓动而加入国民党的。① 省党部会议结束后一周,沈定一向学生服务军团发表了《我们必须努力为青年服务》的演讲,抨击祖先崇拜和迷信。那天早些时候,他还应杭州青年互进会之邀作了题为《国家必须作好准备》的讲演,参加这次演讲会的有学生、杭州各大报社代表以及两个同乡组织——萧山县同乡会和东阳县工界同乡会的代表,共计100多人。后一个同乡组织与国民党的关系日益密切。②

　　《我们必须努力为青年服务》和《国家必须作好准备》这两篇演讲是 1924 年中期中国政治分水线的最佳体现。1924 年初,杭州的社会政治气氛从总体上来讲还是宽容、外向和开放的——这是五四文化及其衍生的激动人心的社会和政治运动的精神的继续。当时的报道说,对"青年听友"来讲,这些演讲中更令人感兴趣的部分是对个人主义的肯定。这一分水线在 10 年代末 20 年代初曾引起地动山摇般的冲击,而且仍具有这样的潜力。但是,民族主义势力,尤其是那种强调通过行动缔造一个现代中国民族的民族主义,已成为另一道日益重要的分水线。尽管通过集体抗议和集会示威也可唤起民族感情,但是行动已日渐被看做民族振兴的最为有力的手段,且已形成明确的目标和系统的步骤:建立政党和军队。为了保证效率,达到预期目的,这两者拒斥任何不合格分子。这种排他性不仅仅体现在制度上,在目标上也是如此。缔造一个现代民族国家的努力意味着确定未来国家的国体,冠以这一国家的国号,并赋予其以特定的国家内涵。每一种确定国体和冠以国号的努力都排斥任何其他的可能性。这一分水线比第一种分水线更具危险性和潜在的致命性,因为它除了导致各派在政策和决议上形成判然分明的界线外,排斥本身就制造了紧张、仇恨和暴力,因而易于诱发个人复仇的冲动——这

136

① 高乐天:《沈定一先生的一生》,第二部分,第 9 页。
②《民国日报》,1924 年 4 月 4 日。

种复仇情绪将招致革命过程中的个人悲剧。①

　　临时省党部第一次会议结束不久,党员即被分派到下属市、县组织地方党部。例如,经亨颐去宁波并在 4 月初建立了宁波市党部;接着杭县党部也在 4 月底建了起来②;6 月,宣中华建立了绍兴县党部。③ 而与沈定一一道来自萧山的省议员盛邦彦被派往萧山,监督萧山县党部的组建工作。但由于沈定一已在这里做了大量工作,因此甚至在盛到达之前,当地青年、农民和地方精英已被组织起来,4 月 6 日他们在衙前汽船码头欢迎盛的到来。之所以选择在这里迎候,也许是因为作为入选的党部组建委员之一的沈定一的胞兄沈仲清所开办的成安轮船公司就位于那里。④ 另两个委员一是孔雪雄,他是沈定一的忠实信徒之一和进步的地方自治精英;另一个是一师毕业生钱义璋。这些人选定当地的一家茶馆作为临时办公地。⑤

　　4 月 12 日,县党部利用沈定一当时频繁过江回家的一次机会,邀请他作演讲。沈定一这次演讲围绕“军队和农民的关系”展开。演讲正是雨天,从而吸引了附近村子的许多农民,来听沈定一谈论他们是军队的天然盟友。当闲散的农民组织成为兵士,他们就能对付得了土匪,明白其活动区域,这样正规军队里的士兵就可专心对付“外部问题”。因此,在国民党的革命中,农民能够起到重要的作用。⑥ 在这次演讲中,沈定一给予军队以正面评价,这本身就是一件耐人寻味的事。1916—1917 年以至五四时期,他还在强烈反对并呼吁消灭军阀和军阀主义,但这一切如今都过去了,究其原因是形势已发生了变迁。1924 年,国共两党部分领

---

① 有关革命的界定,参见 John Fitzgerald(约翰·费茨杰罗德):“The Misconceived Revolution: State and Society in China's Nationalist Revolution, 1923—1926”(《被误解的革命:中国国民革命中的国家和社会,1923—1926 年》)。

② 《民国日报》,1924 年 4 月 9 日、5 月 10 日。

③ 赵、徐和李:《宣中华》,第 97 页。

④ 《民国日报》,1924 年 5 月 7 日。

⑤⑥ 同上书,1924 年 4 月 15 日。

导人已充分意识到必须掌握革命军事力量以对付军阀势力。从 10 年代以来,中国政治的日益军事化已是大势所趋,而现在政治精英党团也已开始接受马背上打天下的方式。①

萧山县党部组建工作的完成以 5 月 18 日在县城召开县代表会议为标志。② 沈定一再次应邀作讲演,讲演中他讨论了争取国家自由独立中的一些问题,并号召党员精诚团结、敢于牺牲:"本党的工作就是革命,我们一定能成功的。本党同志正在为国家自由和民族独立的目标而战,我们将不得不准备作出巨大牺牲。"他呼吁党内同志必须再接再厉,抛弃狭隘的地方观念,同时又要求党组织必须加强青年工作以扩大党员队伍。在组成的七个临时党部成员中,盛邦彦和孔雪雄两人是沈定一的长期盟友;另两人是县议会议员(其中一人就是三个月前叫警察替他强行收租的县议长);有一人是县第三中学校长;还有一人是北京大学毕业生,此人直到 40 年代木仍是县党部秘书。由此可见,县党部成员主要由受过教育的沈定一网络成员和本县精英组成。沈定一的亲信孔雪雄担任了常务委员,他很快就从省党部获得了资金支持,资金问题仍是党所面临的严重困难。

1924 年春,沈定一也许是省、县两级舞台上最重要的党的领导人,杭州和衙前党的决策层中的主要成员几乎都是他的网络中的成员,或者与这些成员有联系。许多人等着他去作演讲。作为显示他的影响和地位的标志,在党的赞助下,衙前农村小学决定设立自己的分校。曾经在衙前小学执教的一师毕业生、党员王贯三被派遣到全县各地考察这些分校的校址。③

138

---

① 有关这一时期政治军事化的讨论,参见 Edward A. McCord(麦可德):*The Power of the Gun: The Emergence of Modern Chinese Warlordism*(《枪杆子的权力:现代中国军阀主义的兴起》),第 308、312—315 页。

②《民国日报》,1924 年 5 月 21 日。

③ 同上书,1924 年 4 月 22 日。

庆典、示威和革命热情的高涨

夏天,当党部的组建工作还在紧张进行的同时,许多党员已经投身于公开的纪念和抗议活动中去了。作为兼容性策略的一部分,群众性集会和示威被组织起来,以扩大党的革命基础,并提高国共两党的影响力。这些革命手段激发了更多人的革命热情和对党的了解和忠诚。这些活动本身也显示,早在 1925 年的惨痛事件发生之前,公众的觉醒便已形成,而其组织和展开同时也表明在 1924 年中期一种蓬勃发展中的革命文化正在杭州和衢前的公共空间形成。

发生在杭州的规模最大的一次公共活动是由国民党临时省党部执行委员会组织和发起、并由宣中华任主席的"五一"集会游行。[①] 这年"五一"是星期四,工厂、报社和印刷公司工人干到中午就停止工作,开始聚集到位于西湖东北的大体育场以参加下午一点半的集会。与 1917 年捍卫浙江人的浙江的集会不同,当时的集会是在火车站附近的封闭的第一剧院内举行,而 20 年代开始所有大型的爱国集会则都在这个与新市场相邻的、可以一览西湖美景的体育场进行。火车站周围地区的开发及其成为民初杭州的政治中心的时间,是在前清最后十年,即沪杭铁路建成之际,也就是杭州的第一波现代化变迁之时。但是,"五四"集会则彻底打破了这一旧格局。从那时起,杭州的公共政治集会场所永久地转移到与以前的满洲绿旗营相邻的体育场:这片开阔空间为娱乐、体育活动、商业以及政治集会提供了绝好的场地。

据称共有来自各大著名的劳工、政治、学生和同乡会等团体的代表1200 多人,以及来自其他不知名的团体的代表或普通市民 2000 多人参

139

---

① 《民国日报》,1924 年 5 月 2 日;赵、徐和李:《宣中华》,第 97—98 页。这些事件是在 4 月 22 日的一次会议上得以决定的,当时与会代表分别来自国民党一个叫工人联合会的组织及东阳工界同乡会、印刷工人俱乐部、《浙江民国日报》、青年共进会等。

加了这次集会。在演讲台前面插着四面上书"五一纪念"的大旗，讲台周围则飘扬着许多三角小旗，上书各种反映工人和民族目标的口号："国民革命"、"建立工会"、"打倒军阀"、"反对帝国主义"、"实现八小时工作制"、"男女工资平等"、"禁用童工"、"保障工厂安全和卫生"、"劳动者联合起来"等。写有同样口号的纸旗还被分发到参加集会的个人手里，以壮声势。

　　宣中华首先致词，阐述"五一"纪念的起源，随后是演讲者登台发表演讲。六个演讲者的讲演都是围绕团结劳动者以反对帝国主义列强而展开的。报道者在提到沈定一的讲演时（与往常一样）特别提到其慷慨激昂，听者无不为之动容，人群中——还会有什么呢？——"掌声如雷贯耳"。其他几个讲演者也是国民党员，他们分别是倪忧天、张秋人（他是沈定一的信徒，也是宣中华的密友）[1]、陈惟俭（与沈、倪、张一样，他也是临时省党部执委会成员）、吴先清（宣中华之妻）[2]和吴芝英（致力于对其行业进行机械化改造的丝绸商人）。演讲会在人们三呼"工人万岁"、"国民革命万岁"的口号声中结束，然后就开始了列队横穿杭州城的游行示威。[3]

　　游行队伍的次序显示了各个团体的相对地位。那些即将在未来的革命中扮演重要角色的组织纷纷在此亮相。走在队伍最前列的是最为激进的杭州工人组织印刷工人俱乐部的 150 名成员。这一俱乐部由倪忧天和萧山人徐梅坤于 1923 年组建，其领导成员与一师师生关系十分密切。一位一师老师负责编辑俱乐部刊物《曲江工潮》，这是中国最早的工人出版物。在成立的第一年，这一工会就领导了一场反对浙江印刷公司的罢工。持续两周的罢工使得公司丧失了印刷浙江省政府公报和其他官方出版物的权利，最终导致公司倒闭。在所有工人组织中，这一俱

140

① 参见王威廉：《沈玄庐与共产党》，第 159 页。
② 赵、徐和李：《宣中华》，第 100 页。
③《民国日报》，1924 年 5 月 2 日。

乐部与那些坚持五四思想的国民党员的关系最为密切。①

继俱乐部成员之后的是两百名"杭州工人联合会"的代表。这一联合会由许多不知名的团体组建而成,可能是由金—衢—严—处联合会于这年春天发起成立的,是代表省内内部不发达县份的政治游说集团。这些县份从区域体制上来讲分属省内三个最不发达的边远地区,过去常被排除在权力位置之外。② 紧跟在工人联合会队伍之后,且后来也从属于金—衢—严—处联合会的是此次游行队伍中最大的分队——由400名纺织和手艺工人组成的东阳县工界同乡会代表。③ 有证据表明,与印刷工人俱乐部相比较,这后两个工会更类似于资本家操纵的黄色工会。本次集会讲演者之一的企业主吴芝英与东阳县工界同乡会有密切联系;他可能一直想竭力维持对协会的严格控制,尽管当时他推行机械化的努力将会导致工人失业和骚动。④ 这两个组织在随后的革命年代里将扮演极为重要的角色。

排在第四、第五位的是单个的工厂代表——紧随其后的是杭州青年共进会的80名成员。这也是一个进步团体,此前不久曾邀沈定一作讲演。接下去的是浙江艺术专门学校的40名学生,沈定一是该校赞助人,并于1924年夏秋之际不长的一段时间内担任过该校校长。⑤ 然后是社会主义青年团的30名团员,跟在后面的则是省党部60名代表。在所有这些有组织的社会团体之后的是女子蚕业学校和第十一工业专门学校

① 徐行之:《党成立时期浙江的工农运动》,第38—39页。David Strand(斯特兰德)在 *Rickshaw Beijing*(《北京的人力车》)一书中注意到北京的印刷工人也是最先"与激进政治家和工人组织家建立关系"。

② 有关这一群体的讨论,参见 Schoppa(萧邦奇):*Chinese Elites and Political Change*(《中国精英和政治变迁》),第175—181页。

③ Jean Chesneaux(简·彻斯纽克):*The Chinese Labor Movement,1917—1927*(《中国工人运动,1917—1927年》),第365页。

④ Schoppa(萧邦奇):*Chinese Elites and Political Change*(《中国精英和政治变迁》),第182—183页。

⑤《浙江百年大事记》,第183页。

的学生。当游行队伍从新市场穿过主要商业区直达通向游行终点的火车站的大道时,不断有市民加入,沿途人群的喧闹声被此起彼伏的口号声湮没。到了火车站以后,反对帝国主义列强和军阀势力、拥护国民革命的民族主义口号声更是一浪高于一浪。

有关这次"五一"纪念活动的几个方面是值得一提的。尽管这天的主要组织者和演讲者都是国民党员,但他们却几乎站到了游行队伍的末尾,而让几个主要的劳工组织打头阵。这在政治上是明智的:他们站在游行队伍中足以向世人显示他们对游行的支持;但当队伍通过市中心主要商业区时,人们又发现他们并没有作为领队人,这样就不致公开触怒资本家。但通过让劳工组织领队,他们同样可以向这个阶级表明,国民党是关心劳工利益的。游行队伍也避开了一些关键的政治和政府建筑,而去横越联结现代杭州的新市场和火车站的东西轴线,这一轴线的两头分别是现代工商业成就和世纪初现代化变迁的象征。

5 月上旬,进步团体和民族主义力量还在杭州举行了另两次规模较小的纪念会。五四纪念会在新市场平海路教育协会礼堂举行,省党部执行委员沈定一和安体诚应邀作报告。① 5 月 9 日,由杭州青年互进会举办的国耻纪念会也在教育协会礼堂进行,会议由宣中华主持,演讲者纷纷声讨帝国主义的罪行。讲演者中有沈定一的长期盟友、共产党人俞秀松,金一衢一严一处联合会成员黄唯实,以及沈定一的妻子和"革命内助"王华芬。②

1924 年 5 月中旬,杭州的革命者似乎已团结起来。工人、学生、记者、教育工作者以及政治活动家等这些来自具有不同观点和立场的政治和劳工组织的人们,为了共同的民族主义目标而走向了联合。而通过私人纽带和直接网络,或者通过与这些直接渠道有联系的团体所形成的次

①《民国日报》,1924 年 5 月 6 日。
② 同上书,1924 年 5 月 11 日。

生纽带,沈定一与所有这些组织团体建立了联系。他作为共产党人和国
民党领导人的双重身份可以说象征了这种兼收并蓄的联盟。因此,尽管
142 在广州"一大"上一些党员提出了有关国共合作的议案,但在浙江却还不
存在这样的问题。

在党的总书记陈独秀的坚持下,5 月 14—16 日,沈定一在上海主持
了共产党扩大会议。① 那次会议上陈独秀提出辞去党的总书记职务,以
便言论更自由一些。会议也讨论了两党合作方面的问题。据张国焘回
忆,尽管沈定一"平时总是滔滔不绝地发表自己的看法,但在这次会议上
显得相当审慎,自始至终几乎不发一言"②。他是否对这一问题开始表示
怀疑和担忧(像张国焘明确表明的那样),我们不得而知。他的生平纪念
事略记录了那次会议的一则轶事,考虑到传记作者刻意突出沈定一的爱
国精神,这则轶事的准确性是值得怀疑的。据称当时有两个俄国人出席
了会议。当谈到计划破坏国民党时,沈定一提出:"如果第三国际对于中
国共产党存决计消灭中国国民党的训令,今天才不妨作这样的决议。"当
俄国人听了翻译后,极其愤怒,咕噜了一会儿,他们问沈定一:"你今天到
此开会,有人知道没有?"他回答道:"凡是我的朋友都知道。"他们对他的
回答十分震惊,接着又问:"你难道不知我们的会是秘密的吗?"他说:"凡
是我的朋友都是我的同志。"他们没有再说什么,但据称这场交锋加深了
沈定一对与共产党合作的不信任感。③

在衙前,人们对统一的革命行动几乎不存在怀疑。"五一"庆祝在衙
前农村——没有产业工人——能够举办起来,是由于人们从沈定一的工
作和一师来的小学教师两年前的"五一"倡议中已理解了其含义。这一
年,农村小学和社会主义青年团联合筹划了这场庆祝活动。青年团把准

---

① 张国焘:*The Rise of the Chinese Communist Party*,1921—1927(《中国共产党的兴起,1921—
　　1927 年》),I:342—343。也可参见王学祺对那次大会的评论:《一九二四年五月中共中央扩
　　大支委会述评》。

② 同上书,I:342,这里沈定一的沉默可能部分来自于他必须主持会议。

③ 《沈定一先生事略》,第 15—16 页。

备的印刷品和新成立的国民党党部议案报告向来轮船码头的船只散发。农村小学学生则举着旗帜,唱着劳工歌曲穿越村子举行"游行"。当天的口号是"工作八小时,教育八小时,休息八小时"①。可以看出,杭州的标语口号须得作一番修改才适应衢前情况,但有两点看来仍是重要的:第一,"五一"纪念能够在衢前组织起来,离不开沈定一及其同事以前在此所做的工作;第二,所处舞台的不同,革命组织也有明显差别:在杭州是工人组织、高等院校以及迅速扩展的国民党党部;在衢前则暂时以农村小学和早已成立的社会主义青年团为主,而以最近刚成立的国民党党部为辅。

雷峰塔的倒塌及其预兆

1924 年 9 月,浙江进一步卷入了国内军阀派系斗争的漩涡之中。浙江督军卢永祥是中国南方惟一坚持反对直系吴佩孚统治的军阀。尽管江、浙两省精英竭力阻止战事的发生,卢永祥和江苏督军齐燮元的紧张关系还是导致了 9 月 1 日战争的爆发。② 在三周的战争中,浙江腹背受敌,既要对付北面的齐燮元,还得对付西南更强的孙传芳,最后以失败告终。9 月 18 日,卢永祥逃离杭州;9 月 25 日,孙传芳率部进驻杭州。当日下午 1 点整,正是孙传芳入城的时刻,雷峰塔轰然坍塌。

雷峰塔位于西湖南岸的一座小山上,建于公元 10 世纪。③ 作为一个界标,它与湖北岸的保俶塔交相辉映。塔砖最初是灰色的,16 世纪倭寇火烧雷峰塔后不仅烧坏了游廊和门洞,而且砖头也被烧成了红色,然而"雷峰夕照"仍是所谓的西湖第一景。④ 除了迷人的景致外,一则有关雷峰塔和西湖的故事从 12 世纪初就开始流传,并成为家喻户晓的中国民

---

① 《民国日报》,1924 年 5 月 5 日。
② Schoppa(萧邦奇): "Politics and Society in Chekiang, 1907—1927"(《浙江的政治和社会, 1907—1927 年》),第 225—229 页。
③ 《游杭纪略》,第 26 页。
④ 《浙江百年大事记》,第 184 页。

间故事。①

《白蛇传》故事反映了虚拟的现实和双重身份,也描述了无恶不作的暴力和忠贞不渝的爱情。故事中,西湖中的一条白蛇因自我修炼,以及偶然吞服一粒长生不老的仙丹而变成了一个美丽女子:白蛇娘娘。在与一位叫许仙的药剂师相遇后,她爱上了许仙并最终嫁给了他。婚后不久,在一次喝了雄黄酒后,白蛇头痛欲裂,从而现出了原形:一条长着"血盆大口、信子乱吐"的蛇,把许仙吓昏死了过去②,白蛇只好从昆仑山偷来灵芝草酿成药酒让他吞服才总算把他救活。可是,善施魔法的乌龟精法海和尚的出现打破了他们忠贞不渝的幸福生活。为了吸引更多的人到他庙里来还愿,法海在人间制造了一场流行病。但是流行病并没有给他带来更多的布施,却使许仙药铺的生意愈益兴隆:因为许仙的药一向有名,人们纷纷来他这里抓药。因此法海恨透了许仙和白蛇,他决计与白蛇娘娘一决高低。他们各自施展法术进行斗法,结果法海赢了这场争斗,白蛇娘娘重新成为一条白蛇,而法海则建起了这座雷峰塔,"收白蛇于金钵中,镇于塔下"达 20 年之久。③

对于浙江人而言,雷峰塔有很多象征意义。在五四精神鼓舞下,鲁迅写了一篇《论雷峰塔的倒掉》的文章,文中把塔比做钳制白蛇身份选择的牢狱,同时也将其喻为"压制本能欲望和爱情的传统道德枷锁"④。而在一般平民眼中,几个世纪以来,由于此塔经得起倭寇的破坏,从而被视为浙江的保护神,因此它的倒塌使得谣言四起,人们又想起了古老的预言:"雷峰塔倒掉之际,正是失去自由之时。"⑤对于许多人而言,比起引起

①　吕以春和叶光庭:《西湖漫话》,第 164 页。关于这个民间故事,有许多种说法,我使用了其中两种,参见下一脚注。

②　这一词取自《白蛇传》,第 24 页。

③　《西湖民间故事选》,第 64 页。在另一种说法中,法海是受如来佛的派遣而下放人间,"以评判白蛇的罪恶"。参见《白蛇传》第 29—33 页。根据这一版本,20 年正好是白蛇修炼以获得"长生不老的凡胎"的时间(第 37 页)。

④　Leo Ou-fan Lee(李欧梵):*Voices from the Iron House*(《来自铁屋的呐喊》),第 119 页。

⑤　E. H. Clayton(克莱顿):*Heaven Below*(《天国之下》),第 32 页。

塔坍塌的真实原因来,人们更相信这个可怕的预言。而实际上,倒塌的真正原因是几百年来香客不断挖掉塔砖,以致损害了塔的内部支撑骨架。据说香客取砖磨粉和水吞服可治胃病,而这种药正是源出于许仙和白蛇的传说。

确实,孙传芳的胜利意味着浙江从此成了众多受其统治的省份之一。自1917年,沈定一辛辛苦苦以图保存且自那以后似乎并没有完全丧失的自治权力至此彻底付之一炬。对于塔的崩塌,沈定一写了一首诗以追怀塔的悠久历史和自然风光,以及薄暮时分在此饮酒赏景的惬意情景:

> 感念雷峰塔崩裂的喧嚷,
> 犹似奔马腾空的嘶鸣。
> 就来将坐祭舜的雨龙台上,
> 一杯,两杯,三杯。

> 祥和宁谧的夕照,
> 辉耀过晚空的明星。
> 感念这美景的人们呵,
> 永将赋诗吟唱,直到
> 百年、千年、万年。①

145

在他眼里,是军阀的铁蹄导致了塔的崩塌,而塔的崩塌又象征着许多极为有价值的中国传统遭受着当时的军阀主义的蹂躏。

尽管没有资料显示沈定一对《白蛇传》故事有何评价,但从白蛇娘娘的双重身份和沈定一时常交换的不确定的身份,我们可以找到某种共性。身份总是相对于社会中的其他人而言的,而且随着家庭、社会和政治等环境的不同而不同,但这并不会必然导致冲突。因此从理论上讲,

---

① 高乐天:《沈定一先生的一生》,第二部分,第13页。

对于沈定一而言,同时拥有多种身份也不必然引起冲突。但是,1924 年夏天的沈定一事实上确实面临着潜在的身份冲突:是共产党人还是国民党领导人? 是保护人兼导师还是党的老板? 是杭州省领导人还是衙前精英? 首先定位在哪一网络——密友或同乡? 一师? 省议会?

显然,"在社会变迁时代或人生重大决策关头,把多种身份统一起来就成为紧迫的任务。"①尽管雷峰塔的倒塌与沈定一没有多少直接关系,但在塔倒塌的同时,他自己的社会和政治支持也开始受到侵蚀并逐渐消逝。这就迫使沈定一必须确定自己的身份,而正如白蛇娘娘的故事所表明的那样,身份形塑过程经常是外力压迫的结果。既然如此,那么哪些身份将占据主要地位呢?② 为什么? 而在浩浩荡荡的革命潮流中,形塑社会和政治身份的力量源泉又在何方?

山雨欲来

1924 年夏天,在浙江革命领导人之间正酝酿着一场静悄悄的但却是危险的裂变,似乎与雷峰塔的倒塌有异曲同工之处。只是在这里,受到侵蚀的是那些支撑网络和私人关系的诚意和信任,导致这种侵蚀的最初导火索是资金短缺的现实困难。前面已经提到,从 4 月到 6 月,国民党在建立市、县党部(杭州、萧山、绍兴等县以及宁波市)方面取得了显著成绩;派往其他地方(平湖、海宁、临海、永嘉等县)的代表也正筹备组建当地党部。新建党部(如孔雪雄领导的萧山县党部)为了开展工作通常都请求资助,临时省党部也总是有求必应。因此到 6 月为止省党部已积欠

146

---

① Weigert,Teitge and Teitge(魏格特、台杰和台杰):*Society and Identity*(《社会和身份》),第 58 页。

② Mitchell(米歇尔)已经注意到网络中"关系的多样性""导致紧张从而引起行为的前后不一致",见"The Concept and Use of Social Networks"(《社会网络的概念和使用》),第 47 页。这种观点可能有助于解释归属于沈定一的多种身份:他在自己所参与的网络和网络之间的行为的不一致,引起并加强了他的某些身份。

两千元债务,与此同时来自中央党部的资助却停止了,而省党部执行委员们个人也无财力偿债或继续资助地方党部。①

与此同时,国共两党中央对两党合作都有不同意见。共产党内如陈独秀、毛泽东都对继续执行"党内合作"政策提出了质疑;而国民党资深领导人如张继和谢持对共产党的不信任感也日益加深,然而这一切并没有直接影响杭州的形势。尽管对于沈定一来说,主持 5 月共产党上海会议时关于消灭国民党的讨论,以及参加 8 月广州国民党"二大"时关于两党关系的提案,无不使他对两党关系产生深深的忧虑。如果说着装方式是政治地位的某种象征(就像中华人民共和国有一段时期曾展示的那样),那么,当时的他还没有接受较为保守和正统的立场。国民党"二大"上,21 个中央执行委员和候补执行委员(其中有 6 个同时也是共产党员)的合影中,只有两个人穿着西服打着领带——沈定一及其共产党同事瞿秋白,其余的人都穿着传统的中国服装。另外,引人注目的是,一张沈定一直接站在孙中山背后的两人合影,似乎预示了今后几个月中沈定一的政治倾向。"二大"关于两党合作的提案,大会最终还是接受了鲍罗廷的立场,即继续"党内合作"政策,但同时允许共产党员有特殊保密权利和"对无产者的特殊责任"②。

9 月 7 日是 1901 年《辛丑条约》签署的国耻纪念日。此时江浙战场 *147* 仍是硝烟弥漫,在杭州又发生了一起纪念集会。从这天的事件似乎可以看出,4 个月前的集会游行中所展示的两党合作风尚正在逐渐消失。这次群众大会的发动者仍是浙江省临时党部,且仍由主持"五一"集会的宣中华总负责。此次集会的目标是声讨贿选总统曹锟、搞贿选的国会以及支持曹锟的军阀吴佩孚。大会之后,参加者即开始了声势浩大的示威游

---

① 《浙江省党部报告》,第 424 页。

② C. Martin Wilbur(韦慕庭):*The Nationalist Revolution in China ,1923—1928* (《中国的国民革命,1923—1928 年》),第 19 页;Wilbur and How(韦和郝):*Missionaries of Revolution*(《革命传道者》),第 105--106 页。

行。站在队伍最前列的是6位国民党人,这6人中有5人是沈定一的一
师网络中最重要的成员:宣中华、安体诚、俞秀松、王贯三和倪忧天。还
有1人是查人伟,他做过律师、记者,是沈定一省议会网络中的资深国民
党人。游行队伍突破军警徒劳的道路封锁浩浩荡荡向前挺进。队伍行
至金沙街后,人们心中压抑已久的对北洋军阀及其统治的怒火终于爆发
出来,他们捣毁了北洋政府财政部长王克敏的祖宅。据说王克敏屈服于
法国提出的用黄金偿还庚子赔款的无理要求——这自然成了外国帝国
主义和北洋军阀政府罪恶勾结的样板。① 愤怒的群众击碎了王家的祖宗
神龛,并将粉碎的祖宗牌位扔进了西湖,任水飘走。② 这是一个革命的行
动,它不仅象征人们对军阀势力和帝国主义的痛恨,而且显示了他们对
中国传统的极为蔑视。

尽管这次游行的所有领导人都来自沈定一网络中最为激进的成员,
但他自己以及他的密友和同乡网络却没有一人参与此事。查人伟是惟
一的一个参与此事的省议员。沈定一早已从广州会议归来,却显然避免
参加这场国耻日游行。尽管只是猜测,但根据4个月前他自始至终参与
游行而这次却一反常态地缺席,表明其与一师网络的关系可能开始紧张
起来。

对于国民党和沈定一来说,江浙战争的结果构成了另一个障碍。孙
传芳的胜利以及随后的镇压导致了党的重要成员如宣中华的被捕,迫使
党的工作被迫转入地下,且其中的三个常委被迫离开杭州。③ 孙传芳政
府查封了党的报纸,如查人伟主编的《新浙江》。孙传芳还关闭了上海
《民国日报》设在杭州的分支机构,这一机构本来由临时省党部经营并向
各县党部分发报纸。④ 但面临如此严峻的形势,且在不计其数的实践问

148

---

① Boorman(包华德):*Biographical Dictionary of Republican China*(《中华民国传记词典》),3:
387。
②《申报》,1924年9月10日;赵、徐和李:《宣中华》,第98页。
③《浙江党部报告》,第427页。
④ 同上书,第424页;赵、徐和李:《宣中华》,第98页。

题、意识形态问题和社会问题的困扰下,剩下的领导成员却仍在为争夺决策权而勾心斗角。[1]

10 月,省党部秘书们只能挤在一间屋子里办公:党的开销仅够租用这间屋子以及给秘书们的工资,后来甚至连这些开销都难以为继。11 月,来自一师的执行常委安体诚拿出自己教书的薪水用做党的经费,以便租用办公室从而继续对县级党部的事务进行指导。这时候沈定一尽管仍是公认的临时党部负责人,但他并没有试图设法使党从资金危机中摆脱出来,这进一步表明他对党的事态发展的日益不满。尽管办公室是保留了下来,但对县级党部的资助却已难以为继了。而由于孙传芳的严厉镇压和控制,许多夏天时还活跃在县级党部舞台上的重要领导人也已纷纷辞职不干了。[2]

1924 年秋,不知道是由于地方新军阀孙传芳的统治使杭州形势遭受挫折,还是由于铲除军阀的可能性在全国舞台上已经出现,沈定一似乎更为关注全国舞台。从 10 月 18 日到 11 月 4 日,他在《民国日报》上发表了一系列关于国家时局的社论。这一时期,冯玉祥已经成功地发动了一场针对吴佩孚的政变,并邀孙中山赴京北上商讨国家局势。形势似乎使得避免流血的国内战争并把国家从困境中解救出来的前景成为可能。11 月 13 日,孙中山启程赴京,他同意北上进一步加剧了党内分裂。假如他成功了,荣耀将只归属于他个人,而党在统一全国中所起的重要作用将会被淡化。[3] 因此,他的决定引起了党内各派的猜忌和不满。在这种情况下,沈定一被委派宣传孙中山北上的目的,并争取浙江各政治派别的支持。整个 12 月,沈定一肩负这一使命,在杭州会晤了孙传芳以及各个派别并赴浙东会见了各县级组织。[4]

149

①②《浙江党部报告》,第 425 页。

③ Wilbur(韦慕庭):*The Nationalist Revolution in China*, *1923—1928*(《中国的国民革命,1923—1928 年》,第 20 页。

④《民国日报》,1924 年 12 月 7、11、12、17、20、21 日。

在赴京前,孙中山发表了北上宣言,倡议成立一个国民会议以解决"统一和建国"问题①,国民会议遂成为国共两党在年关之交的中心工作。12 月,浙江国民会议促成会的成立表明,尽管党在秋季面临一系列困难,国共两党党员在国民党内的合作仍是可行的。不仅 17 个筹备委员会成员来自国共两党党员,而且促成会还包括了沈定一的密友、一师以及省议会网络中的成员。② 促成会由沈定一的长期盟友、省议员精英莫永贞任会长,国共两党重要党员安体诚、黄中美、邵季昂,可能还有宣中华出席了在新坞路沈定一的族人沈尔乔的律师协会办公室召开的会议。③ 毫不奇怪,1925 年 1 月初,衙前村也组织了自己的促成会。杭州发起的运动和组织,总是一而再地在那些与省会重要领导人有关联的县得以复制,这一切说明私人联系纽带在革命中的实际政治影响力。④

拔　刀

从许多方面来看,1925 年 3 月孙中山因患癌症去世,对沈定一及其在国民党内地位的影响,可以说类似于雷峰塔的崩塌对杭州人民及其环境的心理冲击。作为指引革命方向的路标,孙中山在革命者心目中起着无可替代的作用。而对沈定一来讲,从 1923 年受孙中山的指派访问苏俄,到 1924 年底受命为孙中山的北京之行作宣传员,他对孙中山的崇敬之情与日俱增。如今正如路标的消失使得行人失去方位一样,孙中山的去世给国民党也给沈定一提出了认同和方向问题。

150　　　　值得注意的是,关于孙中山去世后 1 个半月内沈定一的行踪的唯一报道,是提到他在衙前举行纪念孙中山的活动,但他没有参加在杭州举行的类似活动,这也许再次表明了他对临时省党部的不满。3 月 22 日,

① Wilbur and How(韦和郝):*Missionaries of Revolution*(《革命传道者》),第 120 页。
②《民国日报》,1925 年 1 月 7 日。
③ 赵、徐和李:《宣中华》,第 99 页。
④《民国日报》,1925 年 1 月 7 日。

他在衢前主持会议,讨论发动群众大会以纪念孙中山的筹备工作。[①] 这一大会于 4 月 1 日在萧山县议会礼堂举行,在此之后的 1 个月中,他一直在从事衢前纪念委员会的工作。[②]

5 月 3 日,沈定一离开上海赴广州参加于 5 月 18—25 日举行的国民党"三大",这是孙中山去世后国民党第一次尝试确定今后党的政策。在浙江,县党部组织已开始怀疑党的路线:嘉兴县党部写信给临时省党部请求讨论统一战线问题,同时对孙文主义学会的意图提出了质疑,这一研究会系由国民党中的反共人士组建而成。[③] 这次广州大会使国民党内不满共产党所为的国民党人愈加显得不安,然而允许共产党员加入国民党的政策再次得以顺利通过,并保留了鲍罗廷控制的政治委员会——一个 7 人顾问委员会。[④]

孙中山去世后不久,沈定一就与共产党分道扬镳了。据茅盾比较牵强的解释,沈定一早在 1923 年 8 月就决定退出共产党。他在回忆中提到,1923 年 8 月 5 日在上海地方兼区执行委员会的一次会议上,毛泽东建议社会主义青年团上海支部对邵力子、沈定一和陈望道的态度要缓和。这三人被一些党员指责为投机革命者,但从党这方面来看,则希望缓和这种批评,因为党觉得失去这三个重要党员甚为可惜(他们三人已转告党组织准备退党)。此前不久,据说沈定一给陈独秀写了一封信陈述退党理由,信中略谓当初发起共产党小组时,本来郑重约定凡加入共产党者必须品行高洁,像沈定一所说的有献身精神。沈定一接着指出,建党以后,党却"滥收党员,连流氓、拆白党也加入了"。收到这封信后,党组织就派茅盾去见沈定一,请他重新考虑退党的事。沈定一表示愿意考虑党组织的挽留,不久之后去了苏俄。[⑤] 我们知道他对莫斯科之行的

151

---

① 《民国日报》,1925 年 3 月 27 日。
② 同上书,1925 年 4 月 2、27 日。
③ 同上书,1925 年 5 月 12 日。
④ Wilbur and How(韦和郝): *Missionaries of Revolution*(《革命传道者》),第 148—149 页。
⑤ 茅盾:《茅盾的回忆》,第 78—79 页。

反应是相当积极的,因此,这段回忆可能并不完全符合事实。

可是,1925 年春,情况就不一样了。沈定一在临时省党部的权力正逐渐落入越来越自信的年轻共产党人手中,光凭这一点就足以刺激沈定一采取行动。除此之外,据说戴季陶在沈定一最终退党的决定中起了一定作用。假如这是事实,那么这一切必然是在 5 月广州会议期间发生的。戴季陶向沈定一提出了三点退党理由:共产党反对沈定一支持的关于内地居民移民满洲以缓解中国人口问题的计划;沈定一反对阶级斗争方针;沈定一认为共产党员在国民党内不应当拥有双重党籍。[①] 对于沈定一来说,移民政策是其梦寐以求的治国方略,这与他反对阶级斗争的思想正好吻合。假如人口压力能用这种非暴力方式得以缓解,那么,暴力的阶级斗争的可能性就将大大减少。但是,在共产党人看来,阶级斗争是贯穿人类历史始终的核心本质,所以在这一点上是无法妥协的。第三个理由——“党内合作”政策——则至少从 1924 年 1 月国民党“一大”起就已成为一个问题,而且它还将是促使统一战线崩溃的主要原因。毫无疑问,如果这一切不是沈定一退党的所有理由,那么至少也是最为重要的几条。

沈定一死后由其治丧委员会编撰的生平纪念事略中,他的盟友提出了他退党的其他两条理由。[②] 第一条是沈定一反对共产党的纲领,即只认为城市无产者是无产阶级,因而是革命的主力,却认为农民是小私有业主而不是革命力量。可沈定一在 1921 年就认识到农民是创建新中国的革命主力,单凭其数量就足以认识到这一点。从这个意义上说,他关于农村革命的思想甚至早于毛泽东。第二个原因是沈定一与陈独秀之间的不和。考虑到沈定一的领袖欲及其天马行空的个性,这一点毫不奇怪。实际上陈独秀的“家长制作风”确实也很难令人忍受:事实上陈望道

---

① Wang Ke-wen(王克文):“The Kuomintang in Transition”(《转型中的国民党》),第 62、355 页。

② 《沈定一先生被难哀启》,第 162—163 页。

就是以此为其退党的惟一理由的。[1]

在退出共产党的同时,沈定一还计划从已占据省党部的共产党人手中收回权力。广州"三大"上作出的保留"党内合作"政策的决议现在已成了共产党最后的挡箭牌。据1926年一份明显不利于沈定一的浙江省党部的报告记载,正是从其退党开始,沈定一决定破坏临时省党部。[2] 沈定一可能发现全国范围内不断发展的"左"倾趋势,对于他在省内争夺革命领导权构成了障碍,而他以前的朋友宣中华现在也已成了其主要的挑战者。宣中华仍是拥有双重党籍的党员,是国民党浙江省党部执委会常委,共产党浙江省委书记,并在上海共产党中央任职。在1925年共产党"四大"上,宣中华表现得十分活跃。在这次会议上,共产党首次把国民党明确区分为右派、左派和中派,"这是共产党第一次用阶级概念描述国民党"[3]。据说宣中华忠实地执行了共产党"四大"的精神。[4] 有人怀疑沈定一对宣中华及以前的支持网络的日益不满是否与其自己的地主阶级背景有关。但不管其出身如何,从其参与社会和政治改造来看,他已形成了一种不同于其阶级出身的身份。但是,现在他却发现,他自己正被那些曾在他的学校教书并且又在他的支持下发动农民、还编辑过他创办的激进杂志的人们视做阶级敌人。革命开始反噬革命本身。

在决断力与责任感方面,沈定一和宣中华倒是颇为匹配,有一些轶事揭示了他们在性情上的许多特点。1924年冬天,沈定一衔命返回杭州宣传孙中山的北上之行,在杭州他宴请了他的一干朋友,其中包括宣中华和安体诚。侍者端来酒,但他用尽全力也打不开酒瓶。于是沈定一接了过来,但也开不了瓶盖。最后沈定一一气之下在椅子上猛击瓶颈,怒道:"你出不出来?"瓶颈破了,酒流了一地,还打湿了邻座人的衣服。[5]

① 茅盾:《茅盾的回忆》,第79页。
②《浙江党部报告》,第425页。
③ Wilbur and How(韦和郝):*Missionaries of Revolution*(《革命传道者》),第123页。
④ 赵、徐和李:《宣中华》,第99页。
⑤ 王威廉:《沈玄庐与共产党》,第160页。

　　至于宣中华,只要有人在其面临危险时告诫他注意安全时,他总是笑着答道:"什么叫危险呢? 我们如怕危险,何不回家去做坐不垂堂的千金之子?"当叫他注意因工作过度和贫困而已虚弱不堪的身体时,他总是答道:"其他人正在流血或在狱中承受折磨,我怎么能休息呢? 再说,瘦一点又何妨呢?"与宣中华夫妇曾经一道住在上海的一位革命者回忆说:"在冬天,他们夫妻俩只有一套棉衣裤;当其中一人外出时,他(她)就穿上这身棉装,而另一人则赤身缩在被子里。"①

　　英国警察下令屠杀上海罢工工人酿成的五卅惨案,再次激起已积压在人们心头一年多的反帝反军阀怒火。罢工狂潮和革命热情席卷了全国,但五卅运动时期,沈定一却没有参与任何反帝反军阀活动,尽管 1924年他始终站在此类活动的前列。相反,宣中华则处在舞台的中心。共产党上海区委在屠杀发生后即指派宣中华去杭州开展工作。6 月 1 日,他在省教育协会理事会议上发表演讲。在演讲末尾,他的呼吁表明五四精神已开始让位于一种新的意识形态:"当前的斗争绝不只是个人的事了——是到了为拯救国家而牺牲的时候了。"他号召学生和其他社会各界人士起而拯救国家,"来帮助我们在上海流血牺牲的同胞"。当时还成立了杭州中等以上学校学生组建的援助上海同胞反抗英国惨杀会。6 月 3 日,90 多所学校约 3 万多人出席了声势浩大的集会游行。大会一致通过要求政府保存国体,会后群众喊着反帝口号参加了示威游行。②6 月 25日,由一师毕业生韩宝华主持又发动了一场抗议集会,估计有 6 万人参加。③

　　面对如此大规模的民族主义抗议风潮,沈定一的注意力却不在这上面,他的目光全部投注在如何有力控制省国民党上。他已彻底放弃兼容性策略而代之以强有力的排他性策略,两党之间亲密合作的日子一去不

①② 赵、徐和李:《宣中华》,第 100 页。
③《民国日报》,1925 年 6 月 26 日。

复返了。杭州第二次集会 4 天以后,沈定一在萧山县成立了一个正式的国民党县党部。借助这一党部,他将在衙前召集会议,准备抽刀与共产党作最后的决裂。[1] 县党部 7 个常委之中,至少有 5 人(或者可能是全部)不是沈定一的私人网络中的成员就是与他在地方事务中有过亲密合作的经历。5 个候补委员也是如此,其中的张留申同时也是宣中华的密友。沈定一让这些人着手筹备于 1925 年 7 月 5 日开始的省国民党衙前会议,他们自然秉承沈定一的方针和意图行动。

关于衙前会议的真相可谓众说纷纭。然而上海《民国日报》的报道也许是最不具偏见,也最能反应事实真相。上午 9 时,来自全省各党部的 40 多名代表受到了萧山县党部执行委员会和衙前农村小学自治协会的欢迎。在戴季陶和沈定一分别致词后,全体代表去衙前北面的凤凰山,向 1921 年抗租运动中牺牲的农民领袖李成虎墓致哀。下午 3 时,沈定一主持召开正式会议,他向大会报告了正式党部的筹备情况和临时党部面临的形势。接着,戴季陶就国民革命作了演讲。他从同盟会开始详述了国民革命的历史,并重点阐述了孙文主义学说。他认为党内同志没有竭尽全力以谋求革命进步,并号召大家接受并拥护孙文主义学说,然后与会代表们就对于实现国民革命目标极为重要的一些方针、策略展开了讨论。[2] 报纸对向李成虎墓致哀的仪式作了大量报道,大会开始安排这一仪式,显然表明沈定一试图借助它来为会议定下基调。由此可见,不管对特定的党务的立场发生了什么变化,4 年前形成的关于阶级和社会动员的思想仍是他的社会政治观点的基石。

尽管找不到出自沈定一手笔的有关会议的记录,但 1928 年他的生平纪念事略可能反映了他的观点。这份记录认为会议的基本问题是国民党内的共产党人试图削弱甚至剥夺沈定一的权力。据说他们提出中

---

[1]《民国日报》,1925 年 7 月 2 日。

[2] 同上书,1925 年 7 月 9 日。也可参见李云汉:《从融共到清党》,第 411 页。

央执行委员会拨款应当直接转给市、县党部,以便由他们控制党的经费。因为这样一来,国民党内的共产党员——作为一个集团——就可规避沈定一领导的临时省党部的控制。简而言之,共产党的活动对沈定一构成了强有力的威胁,这一切与共产党在国民党中央委员会里的活动极为相似。据说,在孙中山去世后,沈定一对这种情况看得尤为清楚。而他召开衙前会议的目的就是为了阻止共产党独揽大权,同时在中央委员戴季陶的帮助下,使省国民党统一在孙中山三民主义思想的旗帜之下。①

与沈定一对立的宣中华的生平传记作者,以及沈定一请来作大会秘书之一的绍兴女子师范学校教师钟柏永所作的解释,则与上述观点正好相反。② 这两种解释把衙前会议描述成是一场沈定一玩弄权术以及进一步走向反动的、赤裸裸的表演。但因这两种解释把这次会议放在五个月后才召开的西山会议的背景之下,因此就很难判断这些解释究竟是反映会议期间的事实,还是掺杂了沈定一随后参加西山会议后他们所作的回顾。这些时序混淆的描述,不禁使人们怀疑传记作者的观点和解释,以及钟柏永的回忆的可靠性。尤其值得注意的是,这两份极力贬低沈定一的回忆录都没有提及他率代表致祭李成虎一事,因此他们的部分解释看起来就像在描述另一个从来不曾发生过的事件,有悖于事实真相。

宣中华的传记作者还对沈和戴如何操纵会议各个环节作了细致描述。据称,为了让共产党和国民党左派措手不及,会议在通知下达后即召开;而把会场设在沈定一老家也显然有利于他掌握会议的环境和组织,便于他开展活动。另外,据说沈定一让代表们住在同一房间,在同一时间同一饭厅一道吃饭,甚至还控制了他们的作息时间。如果场所之争既是真实又具象征意义的话,那么沈定一迫使代表们在他家中开会并把活动空间置于他的控制之下,这本身就可视做是其行使“霸权的一个积

---

① 《沈定一先生事略》,第 10 页。
② 钟柏永:《第一次国共合作时期发生在萧山的一出闹剧》,第 213 页;赵、徐和李:《宣中华》。

极组成部分"①。但另一方面,在这一小村庄中,毫无疑问几乎没有什么客栈、旅社和饭店可供代表食宿,而且如果会议安排有作息时间表的话,代表们的余暇时间完全受会议日程控制也是正常的。

尽管这些不利于沈定一的资料对会议的结果的描述颇为一致,但它们对会议动态和进程的叙述则大相径庭。传记作者严厉斥责沈定一专横的组织方式,却又指出戴季陶是一个更为狡猾的阴谋家。戴摆出一副非常友好的姿态,把大家召集起来听他回首往事,甚至唱日本歌曲。鉴于戴季陶通常言辞简洁的风格,这一举动确实显得做作而勉强。这种做法的用心显然是为了向代表们示好,以便争取他们接受他的观点。但是左派也不是傻瓜。根据传记作者的记述,尽管据说沈定一竭力想制止那些不同意他意见的人发言,但他们还是在每一问题上针锋相对,不退半步。②

钟柏永笔下的会议则充满了更多的敌对气氛,而戴季陶则扮演了一个非常不同的引起争议的角色。需要指出的是,钟柏永不是一个不偏不倚的历史学家,当宣中华组建绍兴县党部时,他曾与宣中华亲密共事,并认为宣中华具有"青年人的果断与热情"。据钟柏永回忆,共有 60 名干部出席了这一为期 3 天的会议,尽管会议由沈定一主持,但头两天则实际上由戴季陶把持,他大谈其孙文主义,俨然以总理信徒自居。钟柏永声称,戴季陶要求代表们听了他的讲话后,各自回县组织孙文主义学会。据说代表们听了他的话后十分愕然,而当戴季陶把孙中山描述为克绍尧、舜、文、武、周公、孔子道统的继承者,并称马克思主义不符合国民党的核心原则即忠、孝、仁、爱、信、义、和、平八德时,这种愕然终于转化成愤怒。钟柏永没有直接引用当时的会议记录,因此我们不知道其资料出自何处,抑或主要来自他个人的记忆。不过,里面提到的戴季陶的观点

156

---

① Michael Keith(迈克·凯思)和 Steve Pile(斯蒂文·帕尔),"Introduction, Part 2: The Place of Politics"(《介绍,第二部分:关于场所的政治学》),第 37 页。

② 赵、徐和李:《宣中华》,第 101—103 页。

倒确是他当时的思想,这些思想就体现在那年夏天他出版的著作中。戴季陶是否有意在这样一个他和沈定一都希望寻求代表支持的充满政治气息的会上,表现得如此公然不问政治是另一个问题,这里的关键在于,尽管宣中华的传记作者把戴季陶描述为一个狡猾的政客,而在钟柏永笔下又成了一个不问政治的理论家。不管事实真相如何,有一点是明确的,那就是戴季陶惹恼了许多代表。钟柏永指出,他们听得越多,就越是恼火,甚至群起要求戴季陶停止讲话。①

根据钟柏永的记述,沈定一一直没有开口,直到最后一天才向大会作了关于共产主义不符合中国国情的报告。他的报告没有像戴季陶那样激起与会代表的恼火,但宣中华作为反对戴和沈的立场的主要发言人站出来讲了话。② 据钟柏永回忆,会议结束得相当突然。当时,宣中华翻转桌子以使他们面对孙中山像,他指责他们遗忘了孙中山的教诲,背叛了总理遗嘱及他在"一大"上制定的重要政策。③ 他认为所谓的孙文主义学会将削弱党的组织,提出要向广州国民党中央党部反应这一问题。据说沈定一看到群情激愤后,马上宣布会议结束。④ 由于当时同情沈定一的资料除了说沈定一不满共产主义外,没有提供任何会议细节,因此我们只能对此存疑。但是根据贬低沈定一的人拿后来发生的事实修正前面的事实,尤其是通过西山会议,或甚至通过宣中华后来在国民党"二大"上对衙前会议的揭发材料来修正,因此就很难断定 1925 年 6 月初衙前会议的真相。

不过所有资料都承认,会议上争论最为激烈的议题是党在阶级斗争问题上以及要否继续"党内合作"政策上的立场。沈定一自己在阶级斗争问题上的立场是前后矛盾的,他显然清楚阶级间的内在冲突,且有时

---

① 另一份报告声称沈在辩论中表现得很过分,以致禁止代表俞变群发言。参见潘念之:《大革命时期浙江的反对国民党右派的斗争》,第 4 页。
② 钟柏永:《第一次国共合作时期发生在萧山的一出闹剧》,第 212—213 页。
③ 这些政策包括联俄、联共、扶助农工。
④ 钟柏永:《第一次国共合作时期发生在萧山的一出闹剧》,第 212—213 页。

也提到暴力的必要性。在《诗与劳动》中，他曾经写道："一个地球，哪里还有一寸乐土，容得劳动者避难呢？两个阶级在同一时间处在一个世界上，不把那个强盗阶级打平了，这个为世界尽十分责任的劳动者永远没有安全向上的机会。"[1]但同时他又倡导地主资本家和大众间应当实现相互理解、和谐和仁爱。这种对基于共同人性的社会的强调在其1919年11月的文章中就有充分体现："没有穷人，便没有富人。没有你、我、他，就没有穷富。凡在天下的'你'、'我'、'他'，都可以当作一个人，团成一个'爱'。"[2]这种观点符合作为地主的沈定一自己对农民和工人的态度。在沈定一的相对主义思想中，他自己的地主阶级出身并不表明他永远只能是"剥削阶级"的一员：他的行动超越了他的阶级出身，使他拥有了现在这样全新的身份。从他的角度来看，他的仁爱观点过去乃至将来都是具有建设性的。但从省党部中的共产党员的观点来看，放弃阶级斗争思想就是背离了马克思主义思想的核心。因而，党内合作政策确实是沈定一召集衙前会议的核心议题，他的经历使他意识到共产党在国民党内不会久居下风——而这也正是对方对他的看法。因此，现在他要反对共产党员和社会主义青年团员加入国民党。对沈定一这种做法，宣中华自然是竭力反对。

　　会议结束后，临时省党部向地方党部传达的特别指示反应了沈定一的立场：

　　　　三民主义明白昭示民生为历史中心，指示我民族恢弘已失之能力。吾同胞矢诚矢敬，景仰我总理之遗训，小之足以使我民族庆再生，大之足以使我民族开全世界真正和平之觉路。故吾人……之接受总理遗嘱宣言，及训令全体党员之训令，不复更有其他信仰，以闭目自惑，吾人且将固执此至高无上之信仰，以唤起民众，齐集于国民

①《星期评论》，1920年5月1日。
②《他就是你，你就是我》，《星期评论》，1919年11月23日。

革命旗帜之下,力还我国家之平等与自由。……吾人既接受总理遗嘱,当然景从我总理智仁勇之精神教育,启民众智仁之智,守民众以为仁之勇,努力实践,不事盛涎,不趋偏激,以取得民众之同情,促成国民革命之大众,谨矢诚宣言。①

但是衙前会议"胜利"的代价是惨重的。假如会议结果真如钟柏永所言,那么这种胜利无非是自欺欺人而已。即使沈定一和戴季陶的胜利是由于他们赢得了多数代表的支持②,宣中华和其他一师网络中的人也不会屈从于沈定一,他们将无视他的决定并进而组建自己的省党部。总之,尽管衙前会议是沈定一和如今开始反对他的人的第一次公开对抗,但它没有解决什么问题,它只是使双方彼此的不信任感和憎恶感公开化,并得以进一步加深。对于沈定一来讲,这些旧日信徒们的言行表明他早先对他们的估计是正确的;而对于一师网络来说,衙前会议则成了一则研究沈定一固步自封的极权主义作风及其退步的意识形态立场的反面材料。在返航回杭州的船上,宣中华的一个朋友劝他不要与沈定一为敌,因为尽管发生了衙前事件,但沈定一仍是省党部最有权势的人物:"你和沈玄庐共同从事过革命活动,人们都说很难把你们俩分开。"据说宣中华答道:"我为革命与沈玄庐合作,沈玄庐能劝我加入共产党,但决不能拉我退出共产党。他敢于反革命,我就同他干到底。"③就像列宁主义政党的建立一样,随着这种日益两极化的不是革命就是反革命的形势的变迁和发展,革命过程愈具排他性了。

衙前会议从许多方面来说是一年来双方隔阂日渐加深的结果,它使得曾经是十分紧密的联盟发生了几乎意想不到的崩溃。党的经费问题上日甚一日的危机,毁誉不一的孙中山北京之行和沈定一对此的强烈支

---

① 《民国日报》,1925 年 7 月 11 日。

② 李云汉:《从融共到清党》,第 411 页。需要强调指出的是,沈定一在会上显然拥有众多支持者(有些无疑是经过精心选拔的)。

③ 赵、徐和李:《宣中华》,第 104—105 页。

持,9 月国耻日和五卅运动的激进行动——所有这些都引发了猜忌和恐惧。其中有些猜忌和恐惧本身也许是合理的,但不管怎样,他们都开始侵蚀原本坚实的网络中的相互信任,而这种信任是沈定一开展工作、贯彻意志所必不可少的。因此这种侵蚀弱化了网络,尤其在这样的革命年代更是如此。不仅这样,不欢而散的衙前会议还促使代表们分化成两极对垒的阵营,从而使得在这之前还只是偶尔的猜忌和不信任从此成为永久的现实。另外,从整个革命进程来看,衙前会议还制造了一种两极政治条件下全新的"反革命"类型。在以后的革命岁月中,此次会议中的一些代表将被冠上这种新的身份。正如破解两极化的历史记录本身一样,这样的背景使得人们很难区分事实和虚构。惟一不难断言的是,尽管会议的目的是为了达成共识,以促进革命进步,然而事实上却是一场彻底的分裂败局。沈定一的一师网络从此消失,而原来的成员从此成了积极反对他的劲敌。

　　1925 年夏天,革命者之间的敌对气氛终于导致孙中山的长期追随者廖仲恺于 8 月 20 日在广州遇刺身亡。当时身在上海的沈定一写了一副对联以缅怀其高尚的革命情操,从中也显然反映了他本人的个人英雄主义气概:

> 不招人忌是庸才,
>
> 滚滚红尘,
>
> 那有闲情问休咎?
>
> 能破天惊非枉死,
>
> 堂堂白日,
>
> 全凭正气作光芒!①

刺杀廖仲恺这样一个坚持与共产党合作的国民党领导人,标志着党内宿怨终于发展成为流血冲突。当党内保守派胡汉民因涉嫌谋杀而被迫离

---

① 引自高乐天:《沈定一先生的一生》,第一部分,第 5 页。

开广州、"出使"苏联时,沈定一联合戴季陶和邵元冲(浙江籍上海记者)通电反对对胡汉民的临时流放。[①]

雷峰塔倒塌后,浙江省官员和其他民间精英筹款 1 万元以期修复这一古塔。颇能反映当时时代特色的是,这笔资金竟被浙江省军阀政府挪作军费,且据说到 1926 年秋,这笔钱已不可能要回了。[②] 与塔的倒塌相似,孙中山的去世使得国民党失去了支点,从而开始了自相残杀,恢复曾经有过的革命联盟,以及宽容精神的希望从此变得渺茫起来。

---

① 陈天锡:《增订戴季陶先生编年传记》,第 67 页。
②《浙江百年大事记》,第 199 页。

第六章　黑星:杭州和衙前,1925—1926

中国人究竟名重于实咧!

名义重? 事实重? 1919

发端于衙前并逐渐笼罩中国政治的两极格局——不是令人恐慌的红色就是背信弃义的白色,使得从衙前会议直到3年后遇刺之前的沈定一之谜显得愈加扑朔迷离。对于那些必须面对有关身份和观念解释问题以努力触及某种意义的时代真实的探索者来说,这些年中发生的一切,如衙前会议,迫使他们竭力去调和那些关于历史行动和事件的相互冲突的描述。另外值得注意的是,常有一些界定社会角色及其与政治环境的相互关系的名称,是由处于冲突中的另一方来命名的,因而这种命名行为如同革命过程本身一样,也是相互排斥的。在一个以社会角色和相互依存关系为基础的文化背景中,一个人的社会名称会创造出某种含义,而且这种含义往往又会变成现实。

以"政客"这一名称为例。提到"政客",人们对其印象常常是与"见利忘义"联系在一起的,这是因为当时的军阀与金钱势力的联盟总是充斥着贿赂和贪污。曾有小道消息提到1925年沈定一背离党的政策的原因之一是为了金钱。一份1926年国民党左翼的报告称沈定一从戴季陶

162 处获得了 1 万元赞助才得以主持召开了衙前会议。① 另有一位对沈定一
持否定态度的传记作者,声称沈定一是为了获得长期资金支持,才投入
戴季陶及其他党内保守派组成的网络中来的。② 考虑到党的经费问题的
严峻性,这种解释似乎有某种可信度。但除非人们认定沈定一对从赞助
中能获取的——仅仅是暂时的——额外权力极其渴求,否则就很难相信
沈定一会放弃理想和大量私人关系以谋求小恩小惠,人们显然不应忘记
五四时期他对金钱的诱惑和破坏本质的激烈抨击。③ 与这种指责类似,
还有人把沈定一描述为另一种见利忘义的政客。徐梅坤,这位据说与沈
定一的妻子王华芬有私情,而又对沈定一的所作所为一直耿耿于怀的共
产党员,就曾写道:"沈玄庐是个投机政客;他参与了很多运动,但他的目
的只有一个,就是他自己出风头。"④

　　政客这一名称有时也与"目中无人"、"不讲道德"、"不讲义气"等词
联系在一起。1925 年 9 月在选举代表参加 1926 年 1 月国民党"二大"
时,沈定一据说竭力为自己及其侄儿沈肃文游说。在讨论代表资格时,
据说沈定一提出:"如果一个人深刻地了解浙江的政治、经济、文化和教
育,且能说上一、两个小时而不打疙瘩,没有什么重复,那么这样的人就
是要选的人。"很显然,这是自我标榜。而据说宣中华当时答道:"我同意
沈玄庐同志关于代表资格的观点;但是,假如我们打算选出一名真正合
格的人选来,我们就必须注意这个人是否能做到公正无私。"⑤

　　反对派的报告还描述了当沈肃文没有被选为代表时沈定一的专横
作风。据说当他知道沈肃文将要落选,就拒绝公布剩余的选票,从而取

------

① 《浙江省党部报告》,第 428 页。也可参见蒋天忆:《第一次国共合作时期国民党浙江省党部
活动追记》,第 198 页。
② 王威廉:《沈玄庐与共产党》,第 160 页。
③ 参见《人生问题》,《星期评论》,1921 年 1 月 5 日。
④ 徐行之:《党成立时期浙江的工农运动》,第 43 页。
⑤ 赵、徐和李:《宣中华》,第 103 页。

消了这场选举，有人试图阻止这一行动，他就把选票装进口袋走了出去。[①] 我们缺乏中立的资料来证实这件事，但鉴于两极化的政治气氛，实际上当时可能也不会有这样的资料。诚然，宣中华呼吁要公正也无非是为了标榜自己的立场。但这样的报道却为沈定一塑造了一个特殊的形象，而后人正是据此来认识沈定一的。

　　再来看看据说是衙前会议前沈定一送给宣中华的绰号——第三国际的"工具"这一名称："他只接受第三国际的指示，却不相信他自己。"[②]这种突兀的形象在一个以驱除外国帝国主义势力为己任的政党眼里，显然是一种向外国势力俯首称臣的表示。对于那些与沈定一看法一致或正接受沈定一熏陶者，这个名称具有强烈的现实意义。

　　最后再来看看从那时起就已开始经常使用的"左"、"右"这两个概念。共产党并不总是把国民党右派作为自己的敌人，事实上在其 1924 年 2 月举行的第二次中央执行委员会的决议中，就提出："对于国民党比较不接近我们的分子，我们切不可统认为他们是所谓右派，因而嫌恶疑念他们。因为这样，必致惹起他们的反感，促成他们的实际联合。"[③]此次会议以及春天举行的社会主义青年团中央扩大会所形成的决议，引起了一些国民党员的不满，他们指控共产党企图从内部搞垮国民党。[④] 尽管 1924 年 8 月及 1925 年 5 月的国民党全会还是作出了继续"党内合作"的决议，但是，随着 1925 年两极趋势的进一步发展，尤其在廖仲恺遇刺身亡以后，共产党开始了对国民党右派的攻击。[⑤] 共产党不仅给其反对者加了一顶右派的帽子，而且为其下了定义："反革命分子和帝国主义利益的代理人。"[⑥]

　　尽管相互攻讦不断升级，这些名称所指向的现实却始终极为模糊而

163

[①]《浙江省党部报告》，第 429 页。

[②] 赵、徐和李：《宣中华》，第 103 页。

[③] Wilbur 和 How(韦和郝)：*Missionaries of Revolution*（《革命传道者》），第 101 页。

[④] 同上书，第 103—104 页。

[⑤][⑥] 同上书，第 171 页。

且富于变动性。显然,这一切都与各派在某一特定时刻的各自立场有关。最先使用这类标签的共产党,在从 1925 年夏到 1926 年夏之间的短短一年中,关于右派的含义就曾变换了好几次,关于右派并没有一个独立明确的定义;相反,它视共产党在变动不居的革命形势中对形形色色的政治现状的反应而定。当他们使用"右派"或"左派"这样的术语来指称某些个人或组织时,其实际含义是指代特定的保守或进步的意识形态和社会文化观点的整体。因此,那些分别被归属为"右派"或"左派"的重要历史人物,也就首先拥有了一种意识形态的身份。而在汹涌澎湃的革命政治年代,这正是共产党所希望的;共产党人在国民党内对抗孙中山那些有实力的老资格盟友,并藉以扩大自己权力的策略正是如此。

省内争夺焦点:市、县党部

沈定一在省内的权力尽管有所削弱,但仍然居于支配地位,而在省党部安插来自嘉兴和温州的支持者更加强了这一地位。然而,两极政治的发展,却使得有关这一党部活动的历史记录充满矛盾的记述。例如,反对沈定一的资料称沈定一把俞秀松从执行委员会排挤了出去,并代之以他的亲戚沈尔乔。因为俞秀松是一师网络的人,且与沈定一同是杭州社会主义青年团的创立者。[①] 而支持沈定一的资料则指出俞秀松是因为要去苏联而自愿辞职的。[②]

然而,沈定一和他从前的一师网络更为激烈的角逐是在地方党部展开的。9 月的共产党上海地方兼区委员会会议建议已成为一师网络核心人物的宣中华:"应当进一步发展地方组织,以发动并联合各市、县党部

---

① 蒋天忆:《第一次国共合作时期国民党浙江省党部活动追记》,第 199 页。
②《清党实录》,第 212 页。

对抗沈玄庐的右倾活动。"①这种策略对沈定一来说不啻是一直接的挑战,因为对方试图与他争夺其主要的活动领域:地方。沈定一不仅经常退到地方(他的家乡)以寻求支持和慰藉,也常在其他县以及县以下地区展开工作。我们已经知道,至少从辛亥革命时他与王金发就地方控制发生的冲突开始,沈定一就对地方及其作为社会政治变迁基础的可能性给予了特别的注意。1924 年底,受孙中山之委托,他还曾赴浙东一带宣传北上和谈的意义,而他在衢前会议上的"胜利"也离不开地方代表的支持。因此沈定一没有其他选择,只能奋起迎战。为此,临时省党部与那些友好的市、县党部建立了更为密切的联系,向它们宣传继续与共产党合作的危险性。另外,沈定一还与其同盟者一道指出鲍罗廷的权力问题,以及中央委员会继续"党内合作"政策的错误性。在左翼反对派眼里,所有这一切表明沈定一及其同盟者已成为——这里又有了另一个称谓——"帝国主义的走狗"。毛泽东也认为,他们这些人通过削弱国民革命,"实际上是为帝国主义做事,因为他们的工作符合帝国主义的需要"②。1926 年左派的报告宣称,沈定一竭力破坏那些反对自己的地方党部,并试图通过控制这些党部每月的经费以达到颠覆它们的目的,报告没有提到经费的来源问题,但我们知道省党部实际上常处于资金告罄状态。③

西山会议事件

1926 年在西山会议派主持召开的上海会议上,沈定一向代表们报告

---

① 赵、徐和李:《宣中华》,第 104 页。

② 毛泽东,参见其所作《帝国主义最后的工具》,见《政治周报》第 3 期,第 11 页;此处转引自周自新:《西山会议派召开的两次反动会议》,第 98 页。

③ 《浙江省党部报告》,第 429 页。Angus McDonald(安各斯·麦克唐纳)的意见似乎颇为切中肯綮:即国民党的发展可以大致视为"帮派利益冲突和联合的结果"。*The Urban Origins of Rural Revolution*(《农村革命的城市源头》),第 139 页。

了刚结束的"西山会议"的精神。① 他指出政治形势的发展需要新的联盟。他认为,苏联已决定抛弃中国国民党,因为它已意识到中国国民革命不是打着共产党而是打着三民主义的旗帜。鲍罗廷正是这种活动的具体人物,他们一开始以金钱作为控制党的形成发展的武器,所有的经费申请都必须经过鲍罗廷审查。而鲍罗廷提出对地方组织的经费支持要与革命工作的开展程度挂钩。沈定一认为,表面上看来这一点是不错的,但实际上在鲍罗廷那里,革命工作开展程度是指地方党组织受国民党内的共产党员控制的程度。

组建西山会议派的直接背景是黄埔军校当局和党的中央执行委员会之间争论的加剧,而共产党刊物《向导》开始把国民党分成左派和右派,更促成了这样的分裂。另外胡汉民被遣送苏联,以及鲍罗廷把保守的广东省长邹鲁逐出广州都表明,所有反对日渐坐大的鲍罗廷和共产党的国民党人必须团结起来。因此,1925 年 11 月 23 日至 1926 年 1 月 4 日,这些国民党人便在北京郊外孙中山灵柩前集会。②

在沈定一看来,身份显然是一种可以自己塑造的东西,但实际上它也是别人赐予的结果。从一些人的观点看来,沈定一是个十足的政客和右派分子;但党内另有人则又将他归入另一政治极端,即将他视做共产党分子,因为沈定一曾参与组建共产党。所以在这些人眼里,他的身份就被定格在这一历史角色之中了。1925 年秋天,当沈定一受命在全国舞台上活动时,有人立即提出了这种看法。11 月 19 日,西山会议召开 4 天之前,一道赴京的沈定一和戴季陶在北京下榻的旅馆遭到极右的国民党人绑架和殴打,他们认为沈定一是共产党派来的密探,意在破坏这次会议。

---

① 《清党实录》,第 151—153 页。

② 会议是在距北京 15 公里的碧云寺召开的,这一名刹位于颐和园以西的群山之中。参见 **Vishnyakova-Akimove, Vera Vladimirovna,** *Two years in Revolutionary China ,1925—1927* (《在革命中国的两年:1925—1927 年》),第 50—53 页。

　　从 1925 年 11 月到 1926 年 4 月之间,参与西山会议派的活动对沈定一的形象和前途来说具有巨大而深远的影响,沈定一何以参加这一传统上被认为是国民党极右派的大会始终是一个谜团。表面上看,沈定一似乎已经与他长期的自由派立场和间或的激进意识形态主张相脱离,但是,从西山会议以及随后由西山会议派控制的上海国民党"二大"(1926年 3 月 29 日至 4 月 10 日)的记录中,几乎没有证据表明意识形态问题是大会的核心议题,这一问题甚至根本没有受到多大的重视。[①]尽管许多西山会议派党员无疑属于保守派,但有充分的证据表明这一派内部存在大量的意识形态分歧,从而足以使人怀疑有关意识形态是这一派结合的基础的看法。

　　与其说西山会议派是由一贯保守的意识形态者组成的,倒不如说是由特定时刻、特定的政治不满者集结起来的。一些国民党人出于对共产党所作所为和鲍罗廷在党务上的权力的极为不满才在西山集会,并进而通过了一系列重要决议:弹劾国民党内的共产党员,解除鲍罗廷党的顾问职务,废止鲍罗廷控制的政治委员会,暂停国民党领袖汪精卫六个月职务。在这一群体的形成中,大量私人联系、网络和场所的从中运作也起了重要作用。但这些因素的加入既是西山会议派成员的凝聚力的来源,同时也是削弱这一群体凝聚力的源泉。

　　对西山会议派成员的相互关系(朋友、同乡、姻亲、自发政治联盟、政治上的导师—信徒关系、共同的政治经历)的研究显示这一群体存在两种网络结构。沈定一从属的网络(成员还有戴季陶、邵元冲和叶楚伧)是通过同乡关系和共同的职业背景以及个人友谊(戴和沈、戴和邵)联结起来的。他们对鲍罗廷和"党内合作"的立场相对较宽容一些。这一网络实际上可视做国民党中间派,他们在 11 月 18 日与国民党元老吴稚晖会晤时达成了不单方面与共产党断绝关系也不弹劾汪精卫的协议,据说这

167

----

① 《清党实录》,第 50—67、142—210 页。

一提议惹恼了与会的反共狂热分子。可能正是因为这一提议引发了次日他们对戴季陶和沈定一的痛殴。

这一网络的人都很早就离开了会议。尽管沈、邵、叶在会议中扮演的角色并非不重要，沈定一还是会议许多政治文件和组织章程的起草者。[1] 但从许多方面来看，这一网络在组织以及最终协议上都没有进入西山会议派的核心。戴季陶挨打后会议未开始时就离开了北京，邵元冲和叶楚伧在共产党看来甚至是可以重新争取到广州国民党这边来的，他们回到上海后就与共产党领导人陈独秀、张国焘、蔡和森举行了会谈。[2] 但左派始终对戴季陶持否定态度，这可能源于对他写的小册子的嫌恶，尽管他声明他与西山会议派没有什么牵连。左派对沈定一继续加以谴责，这可能是因为浙江方面的事态发展引发了对他的憎恨情绪。共产党也可能把沈、戴二人视为变节者，因为他们在共产党初创时都曾参与其事，但是后来却都背离共产党而转向"极右"。关于这一网络的另一值得注意的方面是四人中有三人——沈、邵和叶——的主要政治活动领域不是全国而是省或地方舞台。尽管这三人都参与过全国政局，但他们主要的关注点却是在下面：沈定一在浙江和衙前；邵元冲在浙江，尤其是在杭州；叶楚伧在江苏。在政局动荡的时代，个人在其活动领域里的不同际遇是决定其政治信仰的强韧性的重要因素。

会议的核心网络则是由两派 11 人组成的。一派由朋友加上自发政治联盟关系联结而成（他们是会议的发起者，且曾长期追随孙中山：邹鲁、林森、张继、谢持和邓泽如）；另一派则是在上述关系的基础上加上同乡关系（长江中游地区）联结而成，且都是革命家黄兴的前支持者（如石青阳、居正、石瑛、覃振、茅祖权和傅如霖等）。[3] 尽管在每一派成员之间

---

① 《清党实录》，第 51—52、61、64 页。

② Wilbur and How(韦和郝)：*Missionaries of Revolution*(《革命传道者》)，第 191 页。

③ 有关西山网络更多的信息，参见 Schoppa(萧邦奇)："Shen Dingyi and the Western Hills Group: 'What's a Man Like You Doing in a Group Like This?'"(《沈定一和西山会议派："像你这样的人在这样的派别中干什么？"》)。

有多种联系,但两派之间却是单线联络,这两派最初联名写信给汪精卫提出分共主张,这一网络在击败中间派网络上占有明显优势。尽管这两个网络对鲍罗廷和共产党人的日益坐大深表忧虑和恐惧,但每个人参加会议的原因是各不相同的,如个人对最近广州政治动向的不满;自己的朋友参与了会议;对意识形态的深信不疑;对苏联干预中国革命的民族主义怨恨情绪等。

沈定一参加西山会议的原因显然是出于私人关系、他自己在浙江的直接政治经历和对革命前景的担忧等多方面原因。其中与戴季陶的私交似乎很关键,实际上他们也是一道去北京赴会的。他们的私人友谊开始于 1915 年和 1920 年的上海共事,之后在 1925 年则有沈定一对戴季陶提出的意识形态观点的支持,以及 1925 年 7 月戴季陶可能对衢前会议提供经费,所有这些都把沈定一和戴季陶联系在一起。尤为重要的是,西山会议召开之时正是沈定一在浙江省党部的权力面临重大转折关头之际,他在省内的地位受到在国民党内无论是组织上还是影响上都越来越咄咄逼人的共产党人的挑战,这迫使他走上了全国舞台。因此,他参加西山会议派,很可能是由于他已意识到他在浙江遭遇的困境和争斗也是中央党部面临的全国性困境的一部分,因而要推动革命发展就必须找到对这一问题的全国性解决方案。

浙江方面支持西山会议的电报主要来自那些和沈定一及其盟友有密切关系的浙东各县。但一封来自由宣中华组建的嘉兴县党部的支持电更为引人注目,因为它也提到了名和实的问题:

> 总理逝后,党纲无纪,分子复杂,甚有阴险之徒,外借本党之名,内行共产之实。……又有以一二私人,垄断党务,把持一切,为所欲为,言之痛心。数日之前,竟有嘉兴县党部常务委员顾作之,冒县党部之名,私自发出反对贵会一电,其行止不正,手段卑鄙,于此可见。①

①《清党实录》,第 45 页。

东山会议

如果说衙前会议标志着沈定一及其对手们的斗争的开始,那么,西山会议则使双方完全陷入了对抗之中。12 月 7 日,省国民党中的共产党人——他们以前都属于沈定一的一师网络——退出了临时省党部。省党部执行委员宣中华、俞秀松和安体诚以及候补执委倪忧天和唐公宪决定与沈定一的党部断绝一切关系。① 5 天后,临时省党部又多此一举地开除了这 5 个共产党人和其他 4 人的党籍,沈定一的另一个前盟友王贯三也在其列。在这次会议上,省党部作出决议,决定接受西山会议派国民党中央的领导。②

一师网络自脱离沈定一的临时党部后,开始着手把斗争重心转向地方。12 月 15 日,10 个县市党部的负责人在杭州东北的海宁县硖石镇东山公园开会③,只有萧山、浦江两县没有派代表参加,杭州市党部也没有出席。这 3 个党部仍留在沈定一阵营内,并拥护西山会议。④ 宣中华主持了这次东山会议。这一会议对西山会议派作出谴责,并成立了国民党浙江省各县、市党部联席会议。这一联席会议剥夺了沈定一临时省党部的权力,并决定召开全省国民党代表大会以最终成立一个正式省党部。在宣中华的授意下,联席会议致电党的中央执行委员会,报告了他们的行动和沈定一的"叛节",东山会议就这样戏剧性地削弱了沈定一的权力。但是,尽管新成立的联席会议由占多数的地方党部的代表组成,这些党部里还是有许多人效忠于沈定一和西山会议。1 月初,这些忠诚的党员开始组建孙文主义学会,或从联席会议手中争夺对地方党部的控制

---

① 《浙江百年大事记》,第 193 页。

② 《民国日报》,1925 年 12 月 22 日。

③ 赵、徐和李:《宣中华》,第 105—106 页。

④ 《民国日报》,1926 年 1 月 5 日。

权。① 给沈定一以有力支持的是杭州和萧山两党部,这些党部是由沈定一的亲属(如侄儿沈肃文和同族沈尔乔)以及信徒兼朋友(如王讷言、陈博敦和徐攀云)组建而成的。②

　　也许是因为有那么多的地方和省党部成员反对西山会议,西山会议派才只好放弃以江、浙、沪地区为基地以与广州中央党部抗衡的设想。1926 年 1 月 1—19 日,国民党"二大"在广州召开,大会决定保留三大政策即联俄、联共、扶助农工;同时宣布西山会议为非法,并谴责西山会议派的行为破坏国民革命。③ 宣中华则向大会汇报了浙江省国民党的工作,根据这份报告,"二大"作出指示,解散沈定一的省党部,并把权力移交给联席会议。④ "二大"后,联席会议决定在杭州市中心的头发巷新址建立浙江省党部,从而远离了西湖边上文教区内的旧址。沈定一显然不会接受这样的安排。

　　作为一个从不畏惧任何斗争的人,沈定一决定奋起反击。1 月 23 日,他及其盟友召集了浙江省国民党各县常务委员会会议。会上作出决议,支持西山会议提出的清党决议,并拒不承认联席会议成立的所谓正式省党部。⑤ 同时,正如宣中华派系以广州会议决议为根据宣称沈定一的党部为非法,沈定一这边也以孙中山学说中从未提及也从未设想过联席会议体制为由,否定了宣中华的党部。⑥ 沈定一没有亲自主持 1 月 23 日的会议,而是让其得力同事——省党部执行委员沈肃文、沈尔乔和陈廉采——主持通过了一系列决议。在这次会议上,他的妻子王华芬被任命为省党部妇女部部长,⑦6 周以后,她又被西山会议派中央执行委员会

① 《民国日报》,1926 年 1 月 5、7、13 日。

② 同上书,1926 年 1 月 5 日。

③ 周自新:《西山会议派召开的两次反动会议》,第 99 页。

④ 赵、徐和李:《宣中华》,第 106 页。

⑤ 《清党实录》,第 324—325 页。

⑥ 同上书,第 326 页。

⑦ 同上书,第 129 页。

任命为《妇女周刊》编辑。① 因此在 1926 年初,沈定一及其亲属和网络支配着浙江国民党两翼中的一翼,其影响力甚至超出右翼省党部直达中央。

但是他们在党内的政治控制力至多只能维持半壁江山了,没有一个更高的权威可以仲裁两家都自居正统的省党部中哪一家更具正统性。因为随着孙中山的去世,这样的权威已经不再存在。因而当宣中华在省国民党在"二大"的支持下建立了一个新党部后,沈定一在新市场小东桥也建立了一个党部。② 通过党员的重新登记,沈定一的党部把共产党人从国民党中清除了出去,这实际上是通过再次明确党的目标、重申党的纪律以保持党的纯洁和团结。他们把其对手称做"反动分子",尽管这一称号与政治现实毫无关系。与此同时,宣中华这边则视他们为"反革命分子"③。双方都把对方看做是革命的阻碍者。

尽管西山会议号召在春初就须完成清党工作,但清党工作实施细则却直到 5 月初才下达给各省党部领导人。④ 自分裂以来,两个阵营间的敌对情绪有增无减,每一派都希望成为清一色党部而又拒绝承认另一派的合法地位。革命似乎不再是为了消灭军阀和帝国主义,而是排挤已经出现的革命竞争者。这种局面的出现是基于革命发展带来的紧张局势,给革命者展示了实现个人抱负的绝好机遇;是基于革命自身的排他性使得革命者的纯洁和忠诚成为越来越重要的条件;也是基于既存的个人和政治网络由于各人的观点、看法和思想的变化而发生分裂,尽管这种网络常常试图在激剧发展的革命洪流中维系其成员的认同。在这样的时代,塑造不受欢迎的敌人是轻而易举的。

---

① 《清党实录》,第 118 页。
② 同上书,第 272 页;阮义成:《沈玄庐》第 6 页中指出这个新的办公地点设在皮实巷,但另一些材料则可确证是在小车桥新址。
③ 《清党实录》,第 326 页;《民国日报》,1926 年 3 月 9 日。
④ 《清党实录》,第 322 页。

革命斗争的特定情境

同年 3 月 6 日,联席会议召开了浙江省国民党第一次全省代表大会,同时宣布沈系国民党部的一月会议"非法"。这次会议除了宣称自己为惟一正确的党部外,还选举产生了其执行和监察委员会及其秘书处。其成员都是沈定一网络中以前的成员或其同事:宣中华及其同事潘凤涂和丁其美为常务执行委员,律师、省议员及沈定一的前盟友查人伟是五人监察委员之一,前衙前小学教师王贯三则为秘书长。[1] 他们摩拳擦掌准备与其前导师或同事一决高低。

一年以前,作为党内纷争仲裁者的孙中山还健在,而当他去世近一周年之际,两大派系争相宣称自己是其政治继承人,并着手准备孙中山去世一周年的纪念活动。主持这种纪念党的缔造者的活动是维持纪念者自身合法性的一种策略,这种纪念对于以宣中华为首的派系来说似乎显得尤为重要,因为沈定一派早从西山会议起就宣称要以孙中山的学说和遗嘱为行动指南。现有记录表明,当时确实也是宣系党人首先邀集各大社会组织团体展开纪念活动的。但与此同时,地方党部的提案也源源不断地到达沈肃文那里,作为沈定一的侄子,沈肃文已主管沈系省党部的日常工作。据说那些主张纪念活动搞得要有自己特色的建议得到了沈肃文的支持。两大派系之间对对方的计划了如指掌,从而竞争也愈演愈烈。

当时的报道显示,沈系党部的纪念活动联合了省教育协会、杭州总商会、律师协会及其他十多个正式组织。他们的纪念会被叫做"追思大会",以区别于宣系党部组织的"纪念大会"。从两个大会的参与情况来看,尽管宣中华及其左派力量有中央党部的支持,从而有理论上的合法

---

① 赵、徐和李:《宣中华》,第 106—107 页。

性,但从更为广阔的浙江省内政治背景来看,沈系党部却具有远为强大的政治合法性。有报道表明,大约900人参加了沈派组织的大会,与会人员都分到了传单和旗帜,浙江籍教育家和中央党部代表蔡元培亲临致词。来自政界、教育界和经济界的人士或者亲临大会,或者向大会送来挽词和挽联。一份沈系党部的党建工作报告称,追思大会的成功使他们得以从原先支持宣系党部的学生和工人组织中吸收支持者。①

173　　　这些人加入沈系国民党的理由极其简单。从1912年以来沈定一就是省领导人,他与许多政治领袖、政府官员和民间精英共过事,或在某种程度上有过合作。他所建立起来的长期合作关系是一师网络无法比拟的,毕竟他们与沈定一之间相差整整一代人。而且,沈肃文作为省会律师界领袖和律师协会领袖的地位,也有助于沈系党部扩展影响,因此情境再一次产生出意义。尽管沈定一在广州中央党部的地位已受到严重削弱,但在省内政治情境中,他的地位与宣中华相比还是明显不可动摇的。

　　这两大派系之间不仅在竭力扩大各自纪念仪式的影响力方面大做文章,而且在随后对事件的报道方面也展开了拉锯战。沈系党员宣称,宣派在湖滨公共体育场召开的孙中山纪念大会只吸引了几十个人参加,且所发的传单还是手写的而非印刷的。因此,这次大会被说成是宣系国民党不被公众认可的证据。② 相反,尽管没有直接提及纪念大会(但事实上就是指这次大会),宣派人马声称几千人参加了他们的纪念大会。在公众体育场集会之后,他们在军乐队引导下高举孙中山像组织游行。当游行队伍经过正在召开追思大会的教育协会大门时,队伍中喊出震耳欲聋的"打倒西山会议派"、"革命方向向左转去"的口号声。③ 宣中华的支

---

① 《清党实录》,第325—326页。
② 同上书,第325页。
③ 蒋天忆:《第一次国共合作时期国民党浙江省党部活动追记》,第201页。

持者还声称,几乎没有人对沈定一派系及其所从事的事情感兴趣。①

沈定一与省内精英的联系以及他的振系在非国民党成员中(有可能)较受欢迎,引起了一个令人困惑的问题,即关于他及其同事击败对手所采取的策略的问题。宣中华派的党员声称,在他们于三月初召开党代会之际,沈定一秘密地向省军阀政府告发了有关会议的情况及宣中华和其他左派领导人的行踪。② 幸好当时宣中华的追随者韩宝华,从省长夏超的机要秘书廖迅浦处得到省政府的秘密计划文件,宣中华及其网络的人因而得以获悉省督卢香亭决定逮捕和处死宣中华以及国民党左派领袖宋云萍的计划,于是两人就趁三月会议还在召开之际逃往上海。宣派党人认为这是沈派党人与军阀串通合谋的结果。③

174

这里有必要指出如下几点:首先,此时沈定一在上海,即使有人告了密,那也不会是他本人,但有可能是经过他认可的;④其次,宣中华确实是迫于政府压力而外出躲避了一段时间,但政府对被认为是激进势力的镇压并不是一件新鲜事。1924 年以来,孙传芳统治下的省政府加剧了对革命的镇压,而在 1926 年头几个月省督卢香亭关闭报纸逮捕编辑更是常事。2 月初,《浙江民报》主编宋云萍因为宣传赤化遭到驱逐;3 月 23 日,沈定一在省议会中的长期盟友、时任《杭州报》主编的许祖谦由于报道有关军阀政府活动的消息而被捕,报馆也遭关闭;第二天,另一家杭州报社也因报道军阀活动而被勒令关闭,其主编也遭到逮捕。逮捕后的惩罚可谓不轻:许祖谦这位受人尊敬的资深省内领导人被判 14 年半的监禁。⑤因此,宣中华遭到政府的胁迫并不一定是由于沈定一或其追随者的告密引起的。

当然,假如当时沈定一真与军阀有过合作,这表明在与其对手的较

① 赵、徐和李:《宣中华》,第 106—107 页。

② 同上书,第 106 页。

③ 蒋天忆:《第一次国共合作时期国民党浙江省党部活动追记》,第 201 页。

④《清党实录》,第 326 页。

⑤《浙江百年大事记》,第 194—196 页。

量中他已处于相当绝望的境地,因为他曾在 1916 年和 1917 年竭力试图
阻止军阀进入浙江,而从 1919 年到 1924 年,他曾写了几十篇文章鞭挞
军阀。然而,这种关于他与军阀勾结的非难显然使他及他周围的人极为
震怒。他的生平纪念事略的匿名作者试图让宣中华及其党人来承担这
一名声,传记中指出是共产党人而不是沈定一倡导与封建军阀实行合
作。从表面上看来,这个指控似乎显得牵强附会,因此这段插曲只会使
人们益发怀疑对沈定一与军阀联合的指控不是空穴来风:

> 一千九百二十五年夏间,开浙江全省代表大会的时候,共产分
> 子宣中华拿了陈独秀的亲笔信,合先生商量联络孙传芳。先生大骂
> 独秀说:"独秀是不是发昏? 不论中国国民党或是中国共产党,咱们
> 革命党哪里有联络军阀的道理? 即使是一种策略,也是不行。因为
> 咱们不去联合他们,他们还测不出咱们底深浅,不敢怎样咱们。如
> 果一去联络他们,他们就知道咱们底力量有限,不怕咱们了。"但是
> 后来广州开第二次全国代表大会的时候,宣中华在会议中告发先
> 生,说他借着开全省代表大会,联络孙传芳。①

但是我们最终还是不能排除这样一种可能性,即双方在某些场合可
能会愿意与军阀制度取得暂时的联合。安各斯·麦克唐纳描述的国共
两党和湖南军政当权者的联盟与合谋,就是这种联合阵线存在的事实根
据。② 沈系国民党人确实也发现在对待新闻出版上他们与军阀当局的立
场有一致的地方。他们发现许多杭州报纸(其记者或编辑多与国民党左
派有联系)在报道他们这一派的活动时经常歪曲事实、散布谣言,一些编
辑甚至宣称沈派国民党会议没有新闻价值。在三月的一次会议上,沈派
发言人甚至像今天的"新闻监察队"一样,指出报道两派动态的出版物上

①《沈定一先生事略》,第 11 页。
② McDonald(麦克唐纳):*The Urban Origins of Rural Revolution*(《农村革命的城市源头》),尤
　其参见其第 5 章。

的错误和缺漏。① 至于当军阀政府试图镇压宣派国民党人时,沈派国民党没有立即作出反应,可能是由于"尽管对方对本党不忠,但他们毕竟还具有革命的成分。因此,当军阀镇压彼方之时,我方当持何种态度? 关于这一议题,本党部将召集一次特别会议讨论之"②。

在党派斗争中,市、县党部成了被争夺的目标。沈定一同盟者的报告详细记载了这场青白(取国民党党旗上青天白日之意)与赤红之间展开的党派之争。一些党部如沈定一老家的萧山县,清党工作相对开展得较为顺利,但许多党部在达到"纯"青白色之前经历了一番不小的较量,例如绍兴县就有许多人反对西山会议,但县党部遵照沈肃文的指示很早就开始了清党工作。沈肃文曾亲赴绍兴指导党的重组工作,并指出要以三民主义作为党的行动纲领。作为这种支持的结果,到1926年春,"青白同志在数量上已占相当多数"。永嘉、兰溪、常化、泰顺、天台和宁海等县的情况也是如此。③ 可是其他党部——宁波、海宁、嘉兴、临海和海门,其中有些是宣中华建立的——依然需要积极争取,用报告中的语言来讲就是:"他们的色彩还不彰明。"④可见,每一场较量都有其自己的对象和发展动态。 *176*

除了在全省范围内招募个人加入党的要害部门外,沈派党人还鼓励组建党外组织,以参与扩大和领导清党工作。在清党上,沈派党人采取了两大战略,即继承孙中山衣钵并高举反帝旗帜。为此,他们成立了两个主要的附属组织:孙文主义学会,以力图纯洁党的思想,且引导非党群众加入国民党和研究孙中山为现代中国设计的前景;外交协会,专事拥护并主张中国人民反对帝国主义(当时主要针对苏联)的民族主义事业。另外还有一些组织也成了沈派党人的支持网络。统一国语协会致力于把北京方言标准化以作为国语,沈派党人认为这将有利于人们对他们的

---

① ②《清党实录》,第326页。
③ 同上书,第322页。
④ 同上书,第322—323页。

主义的理解,也有助于实现民族主义。义务教育期进会早在西山会议之前就在沈肃文的赞助下得以成立,该会在 1926 年初创办了新式学校。最后,省教育协会和国民会议促成会这两个支持沈定一的老牌组织也经常与他的派系合作。①

对于这场党派较量而言,省和地方政治及党派背景并不是惟一重要的背景,更为重要的背景也许是社会动荡和经济不稳定。这些背景困扰着这些历史行动者,迫使他们费力去解决日常生活问题,并就世俗事务作出决策。浙江的经济形势并不乐观,自从 1912 年以来,省政府就一直在为入不敷出而一筹莫展。② 当 1917 年全省卷入军阀政治的漩涡以后,财政状况更加恶化了。而经 1924 年的两次战争以后,经济更是陷入了无序和萧条状态。从 1924 年到 1926 年杭州经历了一场严重的通货膨胀,稻米价格上涨 1/4,而蔬菜价格竟上涨一半。③ 价格飞涨使得一些不法奸商囤积居奇,从而导致经济形势更加恶化。④ 在城市,工人饱尝低工资、长时间工作和恶劣的工作条件等带来的艰辛;在农村,失去土地的农民不断增加,从而使城市贫民数量也猛增不已。在这种情况下,省内一些主要城市出现骚动和罢工就不足为奇了。在这些罢工中,绍兴锡箔工人和杭州印刷与酱油工人的罢工就很引人注目。⑤

177 　　然而,最大的一次罢工则是 1926 年 3 月中旬杭州丝绸工人的罢工。⑥ 丝厂雇用两种工人:织工和帮工。罢工一开始是由来自四家工厂约 5000 帮工组织起来的,他们要求每生产一尺丝绸额外增加三分钱工资。尽管织工和帮工间是明确分工的,但两者的工作又是相互依赖的,因此当帮工开始罢工时,织工就不能工作。因而当厂主拒绝增加

① 《清党实录》,第 326—327 页。
② 同上书,第 209—210 页。
③ 同上书,第 211 页。
④ 《浙江百年大事记》,第 195 页。
⑤ 参见《浙江工人运动史》第 77—82 页中的描述。
⑥ 《清党实录》,第 211 页。

工资时,两者就联合起来向政府请愿要求解决,但没有结果。于是参加罢工的人越来越多,最终大约有一万多人参加,而且关于上海共产党参与了此次罢工的谣言也在城中开始广为流传。厂主们开始恐慌起来,政府也变得极为不安,于是厂主和经理们联名要求政府弹压[1],政府就出动警察以解决这场危机。在后来的街头冲突中,有十人致伤,数十人被捕。[2]

这场社会经济骚动自然强化了宣派党人的世界观:这是一个有关资本家、官僚和政客即统治阶级镇压作为社会最底层的劳动阶级的案例。而根据沈派的报告,沈派党人在沈定一之侄沈肃文的领导下尽力设法支持罢工工人,并积极寻求结束罢工的合理方案。罢工刚爆发时,沈肃文就亲往受影响的工厂,据说他还警告工厂经理们不要采取轻率的行动,同时他还与东阳县工界同乡会讨论帮工的处境问题。[3] 罢工被镇压后,沈派党人与一些重要的劳工组织建立了更为密切的联系,以表示对它们的支持。自1924年以来,沈定一就与东阳县工界同乡会及其部分领导人建立了联系。现在,他们又与机织工人联合会、印刷工人联合会、乐师协会展开对话,以期把他们团结到自己队伍中来。[4]

应该认识到,对于沈定一来说,这并非简单地是一种政治上的权宜之策。自"五四"以来,他所作的大部分诗作和讲演都是有关工人困苦不堪命运的。1923年2月在衙前听说军阀吴佩孚的军队屠杀铁路工人事件后,他写了一首题为《闻讯》的诗,充分表达了他对工人的深情:

> 猛后震眩;
> 凄然肠断。……
> 莽苍苍叫绝秋风,

178

①《清党实录》,第328页。
②《浙江百年大事记》,第195页。
③《清党实录》,第328页。
④同上书,第325—326页。

满眼火花狂闪。

杀人无计；

杀身无计；

更偷身无计……

哪有楼台弹指现，

重担儿挑上无休路。

西北风云，东南烟雨。

胸中容得几多事？

容不下也只可容容。①

伴随这一持续党派斗争的除了经济和社会动荡外，3月中旬发生的两件事更助长了革命火焰，并使国民党的发展方向问题再次提上议事日程。而对于沈定一及其党人来说，这些事件则是上海国民党"二大"（西山会议派）召开前夕的重要背景因素。第一件事是3月18日，47个学生在示威抵制日本向中国政府提出的无理要求时，惨遭北洋政府军警的屠杀。② 这是又一起军阀反动统治和帝国主义狼狈为奸的例子，这起屠杀惨案自然受到民众强烈的声讨。第二个事件则于3月20日发生在广州。军校校长蒋介石利用一艘共产党控制的军舰在破晓前神秘抵达黄埔岛的事件发难，揭开了对国民党中的共产党人发动突然袭击的序幕。③ 当3月29日上海会议召开时，这一事件的意义还不明朗。但对于沈定一及其他具有共同观点的党员来讲，表明除了西山会议派之外，党内其

① 《觉悟》，1923年3月8日。

② 参见 Jonathan Spence（史景迁）：*The Gate of Heavenly Peace*（《天安门》），第193—194页中的描写。

③ Jonathan Spence（史景迁）：*The Research for Modern China*（《现代中国的研究》），第344页。

他实力人物也把矛头对准了共产党。

上海会议

参加这次上海会议的浙江代表,包括沈定一及其他几个担任省党部领导职务的亲密同志外,就是他的侄子沈肃文,在杭州已成为一个越来越重要的人物,地位仅次于沈定一,且作为家族成员,他与沈定一有最为密切的私人关系,但他也因自己在各种政治组织和运动中的作用而赢得了声誉。来自杭州的代表还有党员王讷言,他在沈定一遇刺那天一直陪同着他;尽管从年龄上两者相差整整一代,但他显然也是沈定一的密友,孔雪雄来自沈定一的老家萧山县,是沈定一坚定的支持者和密友,也是萧山县党部领导人。另一代表石博侯是绍兴县省立第五中学校长,与沈定一有亲密的同乡关系。这五人都来自杭州和绍兴地区。(至于第6个代表魏峻与沈定一的关系及其籍贯则无从考证。)

对于沈定一来说,上海会议是他在全国政治舞台上的顶峰,但也是最后一次置身这一舞台了。在这次会议上,鉴于他作为雄辩演说家的无可置疑的声誉,西山会议派选择了他作关于1925年底召开的西山会议的长篇发言。报告结束后,他在会议上继续发表了大量言论,从中可以看出正处于人生重大转折关头的沈定一的思想状况。这时的他仍然充满激情和斗志,坚决反对苏联干预中国革命,并极为关注中国农村的社会经济问题。

在会议第一次分会期间,代表们讨论了大会对"三·一八"屠杀的立场,以统一党的官方立场,便于各地党部贯彻执行。鉴于会议的反苏基调,当时有相当多的代表主张谴责苏联。这一点不足为怪。毕竟,日本人是在苏联支持的军阀冯玉祥炸毁天津港,以保护自己免遭日本支持的军阀张作霖的袭击后,才向北洋政府提出要求从而激发学生示威游行的。但沈定一(和其他几个代表)则认为:"这起惨案确实因俄人煽动而起,但我们却不能通电谴责俄国。因为如果这样做,就会给共产党宣传留下口实。"因此会议最终一致决定谴责军阀,控诉他们对国家犯下的滔天罪行。①

本次大会尤为重要的一项内容是确定大会对蒋介石军事行动的倾向。沈定一在 3 月 31 日的发言和 4 月 1 日的辩论中阐述了他对国民党、共产党以及正在进行的清党工作和革命的态度。他认为,蒋介石的行动是针对共产党即将发动的对国民党的叛乱而采取的先发制人的镇压措施:"不过我们又要晓得此次事变的原因,实在复杂。……所以此次广州事变,我人认为决非偶然,非仅关系于广东一部,我人认为关系我党全部的。"②这样,沈定一实际上是为清党提供了根据,借此还可平息那种认为清党实际上是分裂国民党的批评:

> 本党做的清党运动,一般人皆认为是国民党分裂,其实大谬不然。因为国民党与共产党完全是不相同的,既以两不相同的政党,混在一处,当然不是良计,所以近来本党因做的清党运动而起的现象,是自然分离的现象,我人决不能认此为本党自身之破裂。因此我们:一,就要自己团结起来;二,要努力求得本党的自由……我们的党既不自由,要取得自由,必须要我们同志的努力奋斗。③

那么,怎样才能使党取得自由?且应该从哪里开始奋斗?对此,沈定一提出了一个十分大胆的建议:

> 广州是我们总理多年的奋斗而得来的,是我们同志的头颅热血而得来的。……现在我们同志难道不能去拼一拼不成?所以我主张我们的大会在这个时机应即马上移到广州去开。假使畏缩不前,摇尾求食于人,就是不革命。我们现在要全体代表一同到广州去,

①《清党实录》,第 146 页。
② 同上书,第 156 页。
③ 同上书,第 157 页。

就是死也死在广州好了。

许多人对此建议都怀疑其可行性,因为似乎有太多实际困难。于是有人提出折中的建议,等到五月或六月必要的准备工作做好后再重新安排会址,但沈定一对此也不同意:

> 本党所遭的困难,已几成为历史上的党,就是民国四五年那时有许多腐败的官僚,借国民党的名义,在地方上招摇,那时本党根本动摇。……本党根本亦现动摇之象,一是过去的,一是现在的,我们很明显的看出青天白日的旗帜,已被黑云遮蔽了。我们为要拨开黑云,重见天日,所以有这个宣言草案的提出。

至于很多人讨论的关于移到广州去开会的实际障碍,沈定一答道:

> 移粤开会一事自然会有人有顾虑,但我想大可不必。本党的创立不是民众之业绩吗?如果我们不移到广东,又怎能显示我们的革命性?《申报》上有一位同志报告说粤省有许多同志是欢迎我们的。如果他们不欢迎,他们就不是我们的同志。我们不能因为有不是我们的同志就拒绝移粤。我们要看到许多同志会不顾一切来欢迎我们。

> 至于大家认为不能移粤的理由,像没有轮船,我以为这些不是真正的问题。我原是共产党但退出加入了国民党。如果我们都本持一己之利益作决策,自会怕敢移粤,而若我们只是注意个人,革命又从何谈起呢?①

尽管沈定一热情鼓吹,但他还是未能说服与会代表相信立即移粤开会是一正确的行动。最后,大会决议派特派员赴粤调查迁址的可能性。沈定一和谢持被一致通过推举为特派员,但最后两人都没有成行,因为他们一厢情愿设想的上海会议能与广州党中央平起平坐的希望终归是不现

①《清党实录》,第157—159页。

实的。

在本次大会上,沈定一还就另外两个议题——代表们在与苏联和共产党的关系上应采取的立场,以及在农民和土地问题上的正确态度——也作了积极的发言。在第一个问题上,他认为在对苏立场上有必要采取强硬立场,提醒对方"以便使他们"改变对待我们的态度。① 但他并不赞成任何形式的永久性一刀两断。在对待共产党问题上,他的态度总的来说是有些许灵活性的:他对共产党从事的活动的评价依条件而定。他认为:"共产党在吾国固有不利,不合国情,但在英美日等国,却有提倡阶级斗争之必要,共产党所以要打倒帝国主义者与我们目的相同,所以他们要移置相宜之地做他们的工作就可。"②

在土地问题上,代表们一致同意最终的解决方式是土地国有化,但在究竟采取何种政策以达到这一目标上则出现了分歧。有人对移民满洲以解决关内土地压力的动议表示怀疑。对此,沈定一认为,假如不许诺给农民以更多的安全感,他们就不会加入革命,而移民实边正可以提高他们的生活水平与安全感,因而移民实边并不是破坏革命。他声称:"我们需要革命,一场彻底的国民革命,切实代表每一个工农大众的革命。"③

182 　　会议上的很多讨论是围绕有无必要促进地主"觉悟"、以避免阶级斗争这一问题而展开的。对此,沈定一认为:"如果我们真想阻止阶级斗争,难道我们就不应该在农民的发展给予指导?现在看来好像每一个地主都讨厌农民协会,因此我们就必须使地主认识到农民组织农会是必要的。我们绝不可说'打倒地主',我们只是倡导农会,希冀地主有所觉悟。"④这种政策将导致阶级融合和调和,并可以避免破坏性的阶级斗争

---

① 《清党实录》,第173页。
② 同上书,第180页。
③ 同上书,第181页。
④ 同上书,第182页。

暴力。而后者在许多与会代表看来将可能葬送民族主义事业,并招致帝国主义者乘虚而入的后果。

沈定一在讨论中的突出表现,以及作为大会主席团成员的角色,表明他已成为国民党这一分支的重要精英之一。代表们对沈定一及其贡献的尊重,明确体现在一个叫萧颐的人所作的赞成提名沈定一为赴粤特派员的发言中:"沈玄庐同志是一合适的人选,因为他了解本党历史。不管是农民、工人还是商人,他都十分尊重他们。虽然他先前是共产党员,后来才加入本党,但却对本党出力甚多。而且,值得指出的一点是,他对广东形势也是非常熟悉的。"[1]沈定一从这一群体中获得的尊重,进一步体现在四月中旬召开的"西山会议派"中央执行委员会会议上,他被选为三常委之一,且在三人中得票数最多——17 票,而其他两位孙中山的长期追随者和西山会议的组织者谢持和邹鲁则分别得到了 10 票和 8 票。[2]

3 天以后,即 4 月 16 日,沈定一却称病回家休养去了。[3] 尽管在民国时期"养病"常常是政治上解职、失意或流放的委婉说法,但从沈定一在会上受到的拥戴程度来看,这里不存在这方面的问题。而且事实上沈定一的职业生涯也曾经常因病而中断,有些很严重,有些不那么严重。这次疾病其名未详,但病得时间较长,可能也比较严重。当他痊愈时——1926 年深秋或 1927 年初——时机似乎已与他擦肩而过:北伐已经改变了政治图景,他在全国舞台上如昙花一现,仅 6 个月就销声匿迹了,而曾经因其贡献而展示的表面上的辉煌如今也消失得无影无踪。上海会议后,他以特派员的身份重返浙江省党部,并且只是在后台操作,而让其他几个参加上海会议的省代表在他的党派中扮演活跃的角色。[4]

183

---

① 《清党实录》,第 170 页。

② 同上书,第 352 页。

③ 同上书,第 359 页。

④ 同上书,第 362 页。

惨淡的夏天

1926 年夏,北伐军开始从广东挥师北上。对于浙江省国民党的两个分支来说,这一时期却饱尝了痛苦的滋味。相互清党中的过激行动,带来的惨淡气氛似乎因为自然力量的破坏性肆虐而愈益深重。这一年七月初,杭州及相邻一些县包括萧山遭受多天的暴风雨袭击,田地成为一片汪洋,并导致数千人流离失所。① 但到八月中旬,严重的干旱又使得人们不得不用抽水机把河水抽入杭州城内河道以解燃眉之急。②

5 月 10—13 日,沈派党人在杭州集会筹备清党后的浙江省国民党代表大会。最终来自各市、县党部的 26 名代表参加了这次会议,并选举出了一个执行委员会及其常务委员会,其组成人员不仅包括来自杭州—绍兴地区的沈定一的亲密盟友(王讷言和孔雪雄),也包括在清党中表现积极的内部地区代表。③ 会议在认定哪些县党部不折不扣地完成了清党工作,以及一个新建党部是否必须拥有一定数量的党员后方能被认可等问题上争执较大。④

但对沈派浙江省党部而言,令人沮丧的主要问题还是持续的资金匮乏。资金库存空虚使得人们不得不担心将来的活动能否开展,这一切竟成了日常关注的问题,而革命活动反倒退居次要位置了。这似乎已成了一个毫无结果的问题。年初清党开支继续攀升,尽管从中央党部获得了200 元资金资助,但到 2 月中旬农历新年到来时,省党部已积欠 300 元债务。幸而不知从何处又成功地得到一笔紧急贷款刚好还清这笔债务,从而总算在岁末结清了账务。但是 3 月底形势继续恶化,以致连惟一的一个秘书兼办事员都只好辞退了。5 月省代会召开之前,党的领导人估计

---

① 《民国日报》,1926 年 7 月 14 日。
② 《浙江百年大事记》,第 197—198 页。
③ 《清党实录》,第 320 页。
④ 同上书,第 315 页。

他们在后两个月中每月至少需要 150 元以支付房租、水电费、办公用品开支、邮资、其他杂项支出以及省代会筹备费用。这笔费用加上原来的紧急贷款就使债务上升到 600 元,而其他各项开支——举办孙中山纪念会及继续清党的费用——还将需要 50 元。

这种情况下除了党的领导人自掏腰包提供赞助外别无他法。5 月和 6 月,沈定一、沈肃文、沈尔乔每人每月捐出了 20 元,陈廉采每月捐出 10 元以作经费。[①] 这些钱加起来也不足预计需求的一半,更遑论偿还已累积起来的债务。由于实在没有其他资金渠道,省党部只好向西山会议派党中央寻求帮助。但至 6 月底,中央执行委员会来信告知也无法提供资助。[②] 这种财务状况使得省党部一筹莫展。

如果说沈派党人因为经费问题而几近陷于瘫痪,那么宣派党人则继续面临着军阀孙传芳的胁迫。5 月,当沈定一的国民党还在筹备全省代表大会时,宣中华这边已经开完了省代会,共计 100 多名代表列席了会议,其中沈定一的前盟友宣中华、查人伟、丁其美、潘凤涂、王贯三都在其列。但孙传芳对他们的每一步行动仍同三月会议后胁迫宣中华及其他一些人一样咬住不放。7 月,随着国民革命军北伐的开始,军事镇压变本加厉起来。8 月,孙传芳的军警关闭了宣派党人在头发巷的办公室,并当场逮捕了几个人。幸好由于韩宝华安插在政府中的卧底人员在此前向他们提供了充分的信息,使得他们藏匿了党的文件,才使这些文件幸免于难。[③] 沈派党部在回复上海国民党中央党部询问报上登载的有关浙江省党部遭关闭一事时,向上海党部报告说被关党部"定是借党部之名的

① 《清党实录》,第 327 页。
② 同上书,第 284 页。
③ 蒋天忆:《第一次国共合作时期国民党浙江省党部活动追记》,第 201—202 页。也可参见《浙江百年大事记》,第 198 页。有关资料在党部被停止活动的日期上有分歧,后者认为发生在 8 月 24 日,而《清党实录》则认为是在 8 月 1 日或 8 月 20 日。

共产派"①。国民党左派在沈定一这边的国民党人看来竟成了"共产派"——可见名再次创造了实。

尽管宣中华的头发巷办公室被关闭了,但据报道从4月到10月宣派党人在潘凤涂和王贯三的日常指导下,仍积极地向位于核心发展区域的县份扩展党部。② 沈定一这边的人的报告中,也说他们的对手在组织地方党部方面非常成功。一个显而易见的原因是:宣中华拥有沈定一所缺乏的资金。③ 据说沈定一知道了"共产派"正控制着每一级党部,不仅自居国民党正统地位且受到中央党部的认可,因此北伐的成功将使宣派党人得以控制省党部,这不能不使沈定一深感懊恼。1926年12月,为了迎接国民党军队的到来,且出于关键时刻革命团结的需要,两派人马又合并成一个党部。沈定一的传记作者提及此事时写道,当时"有暂时忍痛合作的必要",并认为这是一次"权宜作用"。宣派党人控制了新的"统一"的党部,当他们实行新党部的重新登记时,沈定一竟然未被允许登记为一名党员。总的来讲,就像他的生平纪念事略中提到的那样:"具有不得已的苦衷。"④

沈定一从这个他曾协同组建且领导的党部中的实权地位,跌落到竟连党员资格都未能被保留的地步,其反差之大令人惊讶。尽管他曾昙花一现地参与过属于全国舞台的西山会议的活动,但这次他却似乎既失去了省党部的基地,且连地方基础也都失去了。这一失败,部分无疑应当归属于沈定一的目空一切、决不改悔的右派立场、对权力的渴望及其待人接物的方式。但同样重要、或许可以说是更为重要的原因,则是革命

---

① 《清党实录》,第285页。蒋天忆也称尽管沈定一的办公室没有被关闭,但他的集团还是急急忙忙地摘下了牌子。参见《第一次国共合作时期国民党浙江省党部活动追记》,第202页。

② 潘意之:《大革命时期浙江的反对国民党右派斗争》,第5页。由于当时宣中华大部分时间是在上海,而另一重要领导人丁其美则在平湖家中,因而由潘和王负责党部工作。他们着手发展组织的县份包括嵊县、上虞、余姚、建德、临海、平阳、富阳和桐庐。

③ 蒋天忆:《第一次国共合作时期国民党浙江省党部活动追记》,第202页。

④ 《沈定一先生事略》,第12页。

本身的反复性和偶然性,以及源自个人、意识形态和政治上的仇恨的激烈的党派斗争,而这些仇恨又是由一系列有些是无意识的、而另一些则是有意识创造并维持的观念和谬见塑造成的。沈定一对革命领导权的梦想似乎从此成为一个惨淡的恶梦,他的对广州中央党部的挑战以及随后的病魔缠身使他失去了强加名称并就此解释现实的权力。

　　1925 年和 1926 年,沈定一的经历与他在 1922 年写的诗作《星与海》中的景象相当吻合。诗中闪耀的星星可被视做这一时期初沈定一所处的领导和精英地位的象征;云——使星星在海中的倒影消失甚至使星星本身似乎也变得更加黯淡——则象征着动摇沈定一的地位,并使其领导权遭到剥夺的变幻莫测的环境和政治气氛: 186

　　　天空的星云啊!

　　　你借别的星团成你一颗玲珑明慧的星,

　　　团成了你时,伊却远远地亮着看你!

　　　伊看见你在大海里沐浴,

　　　海也敞着胸襟沐浴你,

　　　海怎不妒忌你在天空中照着伊?

　　　云来了啊!

　　　他隔断了星和海,

　　　海黯了——难道星也黯了吗?

　　　风来了啊!

　　　它播得海水起了波澜,

　　　星底光也在海心里乱晃!

　　　风过云收啊!

　　　海也依旧笑眯眯地涵着一颗星,

　　　星还是亮晶晶地照见一颗星。

多谢风云，

他正会摆布着天空的奇景！①

随着 1927 年冬末北伐军渐近浙江，沈定一面临的问题是能否像诗中描述的一样风过云收，重新成为光彩夺目的领导人。

---

① 《觉悟》，1922 年 3 月 2 日。

第七章　危难之际：杭州，1927

前不见村，

后不见城；

偌大的天地间，除却几堆枯骨，

只容个无靠无依底死剩的人！

零零丁丁！

凄凄清清！

冷冷冰冰！

尖风吹热血，骨髓都凝！

是谁把我来安在这一程。

难道陷在这枯骨堆中了一生？

且不问他怎样崎岖，怎样险恶，

抖擞起精神，

发愤！猛进！

进行又进行。

高一程，低一程，

经过的无非是怨声、恨声、失望声、杀戮声。

血淋淋多少坎坷，把什么来填平？

进行又进行。

一线光明，从顶门透过脚心。

梦呀！醒呀！是假？是真？

哈哈！天明了，一片红光海样春。

一个青年的梦，1920 年

当 1927 年到来之际，沈定一和宣中华等人的对抗已经历了好几个年头了：而这些年正是使中国得以从封建军阀和帝国主义压迫下解放出来的转折点——大革命的年代。同时，这也是一个充满艰险的年代，因为没有人知道革命潮流的发展方向，也没有人知道谁将能驾驭潮流扶摇直上而谁将被历史潮流淘汰出局，甚至被那些至今尚未能感觉到的激流击得粉碎。

2 月 17 日，国民革命军攻克杭州；至 3 月初，进入浙江的国民革命军估计有 10 万之众。由于这些人多属外省人，因而成了导致社会动荡或者至少可以说是社会不稳定的潜在因素。① 他们来此的目的是发动革命，而革命必然伴随经济上的不稳定。而作为经济不稳定象征的价格飞涨和粮食短缺，使政治骚动愈演愈烈，杭州以及邻近城镇相继发生了米行被砸事件。② 与国民党左派结盟的主要政治派别总工会建议省政府专门开会讨论此事，并要求杭州总商会出面平抑米价，但都没有被采纳。③

已与沈定一势不两立的宣中华尽管才 28 岁，但已经成了省内最重要的政治人物之一。为了竭力把政治权力控制在国民党左派手中以维

---

① 《民国日报》，1927 年 3 月 7 日。
② 《时报》，1927 年 3 月 18—19 日。
③ 同上书，1927 年 3 月 19 日。

持共产党的权力,也由于害怕蒋介石实力的不断增强,宣中华尽力与蒋介石和北伐军修好。1926 年 11 月,他专程去南昌会见蒋介石,并商议筹建新的省政治框架。[①] 此外,他还安排共产党人在北伐军进浙的两条路线沿线开展宣传活动:王贯三被安排在温州和宁波进行宣传,但中途又奉召返杭拟订党的计划;潘凤涂则受命专程前往迎接由江西入浙的北伐军部队。[②]

　　2 月下旬,浙江省国民党党部在老议会大厦宣告成立,在选举产生的 8 个执行委员中,只有两名不是共产党员。而在 3 个临时政府组织中,形势对左派并不是很有利,但国民党左派及其共产党盟友仍占据了一些重要的职位。在进入国民党中央政治会议、政务委员会以及财政委员会的 17 个成员中,有两个是共产党人,5 个是国民党左派,5 个是前浙江政治领导人,另有 5 个是蒋介石阵营中的人。5 个国民党左派完全听命于共产党,而 5 个前浙江政治领导人中至少有 3 人——褚辅成、沈钧儒和韦炯或与共产党有联系,或一道共过事。到 3 月为止,蒋介石阵营中最得力的人物中的两位——张静江和陈其采还未到杭州,因此,在北伐胜利后的这一段时期,对左派势力及其在省党部和省政府中的潜在联盟来说,是令人振奋的日子。[③]

　　然而,宣中华尽管在 2 月下旬已被选入省党部执行委员会及其常务委员会,但正像他之前的沈定一一样,他也开始发现没有全国舞台上的强有力的支持,而光靠一个有力的省内基础实际上等于没有基础。而且,他还很沮丧地获悉,蒋介石已任命张静江占据了浙江省三个重要政府领导职位中的两个。张静江是势大财雄的浙江金融集团的核心人物、孙中山的支持者,且 1916 年以后又是蒋介石的主要赞助人。[④] 作为浙江

189

────────────────

① 赵、徐和李:《宣中华》,第 108—109 页。

② 潘念之:《大革命时期浙江的反对国民党右派斗争》,第 9 页。

③ 同上书,第 10—11 页。

④ Bergère(白吉尔):"The Shanghai Bankers' Association, 1915—1927"(《上海金融家协会,1915—1927 年》),第 26 页。

人,蒋介石与许多浙江精英保持着长期联系,而后者曾占据浙江省领导职位,同时也是他的阵营中的可靠盟友。他们大都参与过 1912 年前的反清斗争,许多人仍然把这次革命的本质看做是完成辛亥革命未竟的事业,即看做是政治行动而不是社会和经济变迁。这些人中的大部分已有近 20 年不在省内活动,而是活跃于全国舞台上。现在他们又回来了——几乎是作为掠夺者——来抢占革命胜利的果实,而丝毫未曾经历那些令宣中华、沈定一及他们的网络成员耗费心机的殊死争斗。

因此,宣中华只得承认右派甚至还可能包括沈定一及其同党可能走到革命潮流前列,来领导新的省党部和省政府,从而使他这几年的成就毁于一旦。3 月 10 日,他主持了一次省、县党部代表会议,以商议对付右翼的反弹。在致开幕词时他尖锐地指出:"我们面临的总的形势是存在许多尖锐的因素,且这些因素正影响到革命的前景。因此这是一个高度危险的时期,如果我们不下定决心继续斗争,我们的党就要遭到破坏,辛亥革命的惨剧又会重演。"①可以说,对于右派和左派来说,辛亥革命已成为一种记忆,同时也被视做 1927 年发生的一系列事件的底线:对右派来说,它是一个未竟的梦想;对左派来说,则是一个可怕的恶梦。在此次会议上,宣中华宣布了增强市、县党部的"斗争力量",并进一步加强党的活动的计划。

随着北伐的成功,在杭州邻近乡村,成立农民和妇女协会成了主要的革命活动。而在杭州,伴随愈益明显的党政机构中的权力斗争,工人组织也以近乎疯狂的速度组建起来。② 据《浙江民报》报道:"各种工会就象雨后春笋一样不断涌现,且竞相争奇斗艳。"③到 3 月中旬,杭州城里据说已有工会 90 多家,拥有会员约 15 万人之多。为了把这些新建工会控制在自己手中,左翼的总工会在 3 月 14 日召开了一次工会代表大会,共

_190_

---

① 赵、徐和李:《宣中华》,第 110 页。

② Chesneaux(彻斯纽克):"The Chinese Labor Movement, 1919—1927"(《中国工人运动》),第 364 页。

③ 转引自赵、徐和李:《宣中华》,第 108 页。

约 450 名代表出席了这次大会。①

　　自从 1926 年春杭州丝绸工人罢工以来,沈定一及其同伴们也主动和许多工人组织建立了联系。沈定一本人与东阳县工界同乡会很早就有来往。1924 年,以这一组织为核心成立了一个更大的工人组织——工人协会,参加者至少包括纺织和建筑工人。随后,这一组织还在省内许多县建立了分支机构。② 3 月中旬,这一组织又改组成工人联合会,从而形成一个至少包括 31 个工会的伞形组织。联合会得到形色色工会的众多工人(据称有 10 万多人)的支持,他们中有纺织工人、码头工人、木匠、铁匠、锡箔工人和建筑工人。组建这一工会组织的最初原因,是因为总工会毫无理由地拒绝接受某些工会(木匠、理发匠、鞋匠、漆匠)为其成员。③ 这一竞争组织的产生,还因为总工会在管理措施及其具体实施上引起了人们的不满。另外,秘密决策、较高会费、选举中对各工会的限制及劳资冲突中的过激策略等等,也是人们对总工会日益不满的部分原因。④ 与总工会相比,联合会在政治立场上较为保守。因此,对总工会而言,这一在春季刚刚成立的劳工组织既是与它争夺工人的竞争者,又是政治上的对手。⑤ 后来,人们把联合会说成是右翼势力建立的、旨在与总工会分庭抗礼的前卫组织,这显然忽略了联合会成立的背景,而只是根据 3 月底发生的历史事件判断历史的真相。⑥

　　尽管自 2 月下旬以来,临时政府委员会已开始办公,但临时政府的正式成立则迟至 3 月 25 日。起初,党部和政府从人事分配上是有利于左派的。但正如 10 年前的省政局危机一样,权力最终却落到了军方手

191

---

① 《时报》,1927 年 3 月 20 日。

② Schoppa(萧邦奇):*Chinese Elites and Political Change*(《中国精英和政治变迁》),第 182—183 页。

③ 《民国日报》,1927 年 4 月 4 日。

④ 同上书,1927 年 4 月 2 日。

⑤ 蒋天忆注意到劳工运动中两大派系的存在,还提到了共产党对总工会的高度重视。参见《北伐前后浙江国民党活动的点滴回忆》,第 74 页。

⑥ 赵、徐和李:《宣中华》,第 110 页。

里。尽管北伐军驻浙分部指挥官中来自蒋介石阵营的不是很多,但任命极力反左的黄埔系领导人章烈为浙江公安局局长,则对杭州局势产生了重大影响,公安局从此成为反共反左行动的大本营。随着军警控制的日益加强,到 3 月底 4 月初,省政府用褚辅成的话来讲已是"有责无权"[1]。

　　临近 3 月底时,上海已被攻克。此时在杭州,围绕两极化劳工组织局面的政治紧张局势也迅速升温。3 月 27 日,杭州制造火柴的厂家的工人起来举行罢工,要求提高工资;尽管火柴工人工会已加入了联合会,但这次罢工则得到了总工会的支持。[2] 那天,总工会提出了一揽子 39 个有关工作条件和政治方面的要求(例如"工厂工头不得擅自禁止工人参与爱国游行"[3])。3 月 28 日,宣中华作出了重大的政治抉择,他根据省党部决议致函省政府,要求杭州公安局解散联合会。[4] 这就是说,党要求军方解散军方自己的潜在右翼联盟。这一要求触发了一系列事件,并最终导致了宣中华的死亡。而沈定一则成了这些事件的得益者,尽管他根本未曾参与这些事,历史文献也没有明确表明当时他的行踪,但有证据表明他当时是在衙前家中。[5]

　　宣中华的要求引起的反应,在左、右两派的描述中有明显的分歧:

> 　　左派。三月三十日傍晚,据称得到政府当局支持的联合会成员游行到总工会驻地发起了进攻。在随后的十五分钟的袭击中,有五十余人受伤,数人重伤,最后由军警出面制止了这场暴力。[6]

这一对事件性质的总体描述参见上海《东方时报》:[7]

192

---

① 潘念之:《大革命时期浙江的反对国民党右派的斗争》,第 11 页。

②《民国日报》,1927 年 3 月 29 日。

③ 同上书,1927 年 3 月 31 日。

④ 赵、徐和李:《宣中华》,第 110 页。

⑤《浙江工人运动史》第 121 页中,称沈定一积极地参与了 4 月初萧山和绍兴的清党。

⑥ 赵、徐和李:《宣中华》,第 110 页。蒋天忆的《第一次国共合作时期国民党浙江省党部活动追记》第 207 页中,称工人联合会的游行者是冒充各种建筑工人的地痞流氓,但他也同时指出双方都向对方发动了攻击。

⑦《时报》,1927 年 4 月 3 日。

右派。三月三十日傍晚，为了抗议总工会提出的解散联合会的要求，联合会组织了一次和平而有序的游行示威。当他们行至总工会驻地附近时，总工会的纠察队员正手持各种武器在大街两旁及各交通要道口严阵以待；另有一些人甚至埋伏在屋顶上。突然，那些屋顶上的人率先向游行队伍投掷砖瓦，而纠察队员则在地面实施袭击，从而导致重伤三人，轻伤约五十人。

这种说法见于东方社的报道。一个独立的目击证人也表示，游行者没有拿武器，也没有作防卫的一切准备。[①]

第二天的杭州显得出奇的平静。大清早，总工会就在湖滨公共体育场举行示威，随后从公安局调来的部队则开始在全城巡逻。宣中华亲自赴上海向中共中央汇报越来越严峻的形势，而王贯三这位省国民党秘书长则被派往武汉，向国民党中央委员会汇报情况。[②]三月底，张静江已抵杭州，然而他并未去省政府办公地，而是下榻在湖滨欣欣旅馆，并在那里会见马叙伦等要人，但拒绝会见左派的访客。局势显得愈加紧张起来，街头抗议者开始把矛头直接对准了张静江（"打倒昏庸老迈的张静江"）和马叙伦（"打倒西山会议派"）。事实上，马叙伦没有参加西山会议，但自1926年春以来，他开始与这一派有所牵连。[③]街头抗议后的第二天，张静江、马叙伦和蔡元培就赶赴上海。据说在那里马叙伦就街头抗议及其口号向蒋介石作了直接汇报。[④]

数天后，宣中华回到了杭州。4月8日，国民革命军的两个旅被从江苏调到浙江。4月10日晚上，在一片风声鹤唳的气氛中，来自浙江省党部及杭州市党部的代表紧急集会商讨应变计划，他们还联络褚辅成和沈

---

①《民国日报》，1927年4月2日。

② 赵、徐和李：《宣中华》，第111页。

③ 潘念之：《大革命时期浙江的反对国民党右派的斗争》，第13页。参见马在《我在六十岁以前》第94页中关于自己职位的描述。

④ 潘念之：《大革命时期浙江的反对国民党右派的斗争》，第13页。

钧儒以确保互通声气。当夜,已从上海返回且很可能已获知蒋介石上海政变计划的省政府首脑张静江宣布了戒严令。

4 月 11 日,星期一。这天早上雾雨濛濛,终日不散。正当人们动身要去工作之时,军事打击开始了:这是对共产党及国民党左派实行清党的开端。① 正如 10 年代及 20 年代初军队征服了宪政文化一样,现在它又开始摧毁左派的革命文化。公安局调拨军警查封了省党部、总工会、学联、市党部和《民国日报》的办公地②,禁止通行的封条贴到了省政府办公室门上。③ 当"四·一一"(杭州清党)开始时,宣中华还在家中睡觉。正往省党部上班的潘凤涂看到军队封锁了大门,就赶紧停了人力车以免被发现,慌忙赶到附近的宣中华住地叫醒宣中华,并催促他赶快躲一躲。根据传记作者的说法,宣中华当时意识到呆在杭州的危险,并提出欲去上海汇报浙江省会发生的"白色恐怖"的状况。杭州地区尚未被捕的共产党人同意他的决定,并作出布置以保护他的安全。4 月 14 日,宣中华摘掉眼镜,拿掉两颗假门牙,穿上铁路工人制服并在杭州 3 个党内同志的护送下,在远离市区的艮山门站独自登上了去上海方向的货车。

货车在进城前先要在龙华东站停靠以便卸货。龙华是这一地区的主要军营所在地,这里还有一所监狱,是蒋介石专门用来关押共产党和左派人士的。由于害怕继续呆在火车里被人认出来,宣中华在车停后下了车,准备徒步走向上海。据说就在他已几乎到达国际租界时被一个国民党便衣逮捕。抓住共产党浙江省首脑和上海区委的重要人物,使得逮捕他的人们欣喜若狂。上海(淞沪)监狱司令杨虎亲自提审宣中华,但宣中华与之针锋相对,并拒绝向他们提供任何信息。在他的一师网络的同事为他写的传记中,宣中华的临终遗言只是一些正确的革命词汇,因而

194

---

① 蒋天忆指出,清党开始时国民党省党部正在平海路上的省教育协会举行纪念孙中山的集会,但没有其他资料可以佐证。参见《北伐前后浙江国民党活动的点滴回忆》,第 75 页。

② 蒋天忆:《第一次国共合作时期国民党浙江省党部活动追记》,第 208 页;赵、徐和李:《宣中华》,第 111—112 页。

③ 潘念之:《大革命时期浙江的反对国民党右派的斗争》,第 14 页。

我们不知道 4 月 17 日深夜他在被处决之前究竟说了些什么。在不到 1 个月的时间里,他就从省领导职位走向了死亡,年仅 29 岁。[1]

他的死敌沈定一实际上与他的死毫无关系,但是沈定一此后却一直被指责与此有关。这件事过去几乎 30 年之后,他的前信徒和儿媳杨之华仍写道:"宣中华就是他搞死的。"这显然颠倒了时序,与事实不符。[2] 20 世纪 80 年代的一位历史学家竟然声称宣中华之死(4 月),是沈定一于该年 6 月开始领导的清党的结果。[3] 由于这件事及其他"罪行",共产党从来不曾原谅他,即使那些曾是他的信徒的人在回忆中对他也总是充满刻骨的仇恨。

清 党

沈定一之所以遭受共产党人的痛恨,很大程度上是因为同年 6 月他被任命为浙江省国民党清党领导人。第一次清党发生在 4 月和 5 月,浙江省以及所属各县、市党部中有 32 名国民党左派人士和共产党员在这次浪潮中被捕。[4] "四·一一"那天向宣中华通风报信的潘凤涂遭到逮捕,接着褚辅成、沈钧儒和查人伟也被捕。[5] 公安局要抓的人的首批名单中包括沈定一过去的一师网络中的人;1921 年,正是沈定一满怀希望地把他们带到了衙前农村小学以及抗租运动中。[6] 这一网络中被捕的除了

---

[1] 赵、徐和李:《宣中华》,第 112—113 页;蒋天忆:《第一次国共合作时期国民党浙江省党部活动追记》,第 209 页。也可参见徐柏年:《浙江早期杰出的革命活动家——宣中华烈士传略》,第 28—47 页。

[2] 杨之华:《杨之华的回忆》,第 28 页。

[3] 陈功懋:《沈定一其人》,第 43 页。

[4] 蒋天忆:《第一次国共合作时期国民党浙江省党部活动追记》,第 208 页。

[5] 关于查人伟的被捕和释放,参见韩静宜:《查人伟被捕经过》,第 83—84 页。关于褚和沈钧儒获释一事,参见潘念之:《大革命时期浙江的反对国民党右派的斗争》,第 14 页。潘称马叙伦曾经提出处死褚和沈,因为他们靠近共产党且在省内拥有权力基础,加上他个人与此二人也颇有芥蒂。蒋介石听说后就将褚和沈送到南京,随后释放了他们。

[6] 《时报》,1927 年 4 月 17 日。

宣中华外,还有两位男性一师毕业生:徐白民和唐公宪,他们也在衙前小学任过教。徐白民 1932 年出狱后与共产党脱离了关系,唐公宪则到1937 年才出狱,且出狱后数月即去世。① 在不到 6 年之中,革命就夺去了衙前小学最初 4 位教师中的 3 位。这些浙江五四青年在年长于他们的人们的军事和政治力量前倒下了,而后者也曾在 1912 年被另一帮人窃取了到手的革命果实。现在他们终于又回来了,这一点从这一新政权建立之初举行的仪式中就可以看得出来:5 月 18 日,他们为陈其美遇难11 周年举行了隆重的仪式。陈是辛亥时期的革命家,同时还是蒋介石的恩师以及蒋的两个最亲密支持者的叔父。②

195　　从 4 月清党开始一直到 6 月,沈定一一直蛰居萧山,尽管他的许多私人网络中的成员——诗人刘大白、他的侄子沈肃文,另外还有石博侯——早在 5 月初就已被任命为省教育厅官员。③ 但沈定一直到 6 月20 日作为特派员,参加浙江省国民党改组委员会成立会议时才重返省舞台,与他同时参加这次会议的还有他的亲戚沈尔乔,而沈定一的年轻信徒、杭州人王讷言则当选为委员会秘书。④ 7 月初,沈定一又被任命为农民运动委员会主委。⑤ 显然他和他的群体抓住了新政权的有利时机,并可以用它来实现他们的政治目的了。

　　6 月 11 日,中央清党委员会公布了浙江省清党委员名单。在任命的11 个成员中,除沈定一之外都已在新政权中任职。⑥ 从各方面来看,沈定一的任命都是令人奇怪的:他深为右派反感,因为他早年曾是共产党员;也不为左派所容,因为他参加过西山会议派。事实上,正如 1925 年

---

① 《衙前农民运动》,1987 年版,第 113—114 页。
② 《民国日报》,1927 年 5 月 20 日。也可参见蒋天忆的记述:《第一次国共合作时期国民党浙江省党部活动追记》,第 207 页。
③ 《时报》,1927 年 5 月 5 日。
④ 《申报》,1927 年 6 月 22、24 日。
⑤ 《民国日报》,1927 年 7 月 3 日。
⑥ 同上书,1927 年 6 月 12 日。

11 月在北京那样,右派部分掌权者对他被任命为清党委员提出了抗议,不过这次是以电报形式而不是痛打一顿。"鉴于沈玄庐具有共产党'色彩'",电文中这样写道,因此应当撤回对他的任命,"以保障党和国家的安全"①。但中央党部没有理睬这封电报。这可能是因为沈定一曾与许多正被搜捕者共事,且对他们甚为了解,因而使他成了清党委员会的合适人选。而且,任何在 1925 年夏天之后听过他的见解的人都了解他反对共产党及其改造社会的观点。

6 月 23 日,浙江省党部清党委员会召开第一次会议。当时的各种资料都显示沈定一在领导继续清党的同僚中居于首位。这次会议由著名教育家蒋梦麟主持,他致开幕词,阐述了清党对革命的重要性,然后由沈定一作了主要演讲。尽管这不太可能是沈定一全部演讲词的记录,又尽管这些简略文字的意义多少有些含糊,但它仍有助于我们理解沈定一在这一艰难且充满风险的时期的思想。

> 本委员会奉中央使命清党,务将共、土豪劣绅、贪官污吏、投机分子,一律肃清。可是此次清党运动中,各地共产分子虽已赶跑,但是土豪劣绅以及贪官污吏,好像复辟一样,跑到党里来了,所以现在清党是要分三类……
>
> 至我们是重移民政策,而共产党极力反对我们,唯他们自己决诸移民二十万于东方边界,究竟怎样让我们历次的运动,莫不前面是军阀的枪,后面是共产党的木棍?……所以共产党是亟须肃清的。
>
> 至于土豪劣绅及腐化恶化两种,性质相同,现在亦亟待肃清。譬如共产党是新病,土豪劣绅是旧病。现在新病虽已治好,而旧病不得不防。所以我们清党好比是打防疫针。但是清党须得民众的拥护,然后可得到事半功倍的效力,至于如何能得到民众的拥护,须

196

---

① 《民国日报》,1927 年 6 月 14 日。

我们尽量的宣传。①

尽管沈定一提到清党有两个目的,但在他看来,共产党显然是首要的关注对象。军阀和帝国主义是国民革命的敌人,但在沈定一眼里,共产党与此两者性质是相同的。沈定一认为,如果反帝反封建军阀的革命要取得胜利,就必须清除共产党。他把土豪劣绅和贪官污吏看做是封建君主制的残余,这一点很像 1919 年他把军阀士兵形容为"皇帝的细胞"和"皇帝的缩影"。② 尽管他强调这些因素远没有共产党来得那样可怕,但从他领导清党的这段时间(从 6 月 1 日正式开始到 8 月 31 日)的实际情况来看,他认为,土豪劣绅已成了主要打击目标,因为许多共产党员已被逮捕或是如他所讲的已"逃跑"。而作为必须清洗的整体,土豪劣绅自是首选。一个人要么是共产党员,要么不是共产党员,但凭什么断言一个人是土豪劣绅呢?这只能通过社会中的其他人来认定。而在一个至少在沈定一看来是"名重于实"的文化中,这种显然还将得以持续的认定方式在革命清洗中就会变得很危险。当沈定一在此提及土豪劣绅之时,他绝没有想到,在不到一年的时间里,他也将被一些人甚至包括他正面对着的清党委员会中的人认定为其中之一员。

沈定一希望通过党的宣传以获得群众支持的想法似乎显得天真。然而在两天后的一次记者招待会上,面对来自上海和杭州的报纸记者时他却试图实现这个愿望。他在会上提出"彻底的清党思想和原则",同时号召新闻记者支持清党工作,并在报道中帮助纠正社会上普通人的错误观点。③

————————————

①《申报》,1927 年 6 月 25 日。在清党背景下,他对共产党关于殖民问题的立场的评论是令人费解的,因为这一政策议题几乎不可能是实施清党的本质原因。这一评论似乎更主要的是其个人见解,考虑到沈对殖民问题的强烈关注更看清这一点。但是沈定一提出这样一个既非清党的本质原因,又非当时形势下的中心任务的议题一事,却向我们提出了关于沈定一的判断力的问题。他的个人观点对其在公开场合的行动产生过多影响。

②《中华民国基础在哪里?》,《星期评论》,1919 年 10 月 26 日。

③《民国日报》,1927 年 6 月 26 日。

　　清党委员会定期发布公报以宣传推广它的行动。我们无从知道这些策略究竟在塑造人们的思想方面效果如何,但这种公开宣传的努力表明,清党委员会十分清楚这一次被视为白色恐怖的清洗所可能带来的政治风险。对于被认为是清党主要领导人的沈定一来说,他自然成了清洗对象们的眼中钉。但他似乎从不顾及自己的安全问题,他是怀着一种要拯救革命就必须清党的信念发动清洗的。早在 1919 年,他曾就革命中的不同意见撰文指出:"期以十年,自然而然会知道怎么样做法才好。到了大家都要怎么样才好的做法,如果再有人敢顽抗的,只要人人鼻子里哼一声气,敢信这些顽抗的一个个要自缚请罪咧!"①

　　清党委员会对其工作极为严肃而认真,不仅成立了一支侦探队伍,而且设立了一支秘密调查小分队;它与各县清党委员会保持着密切的联络,并直接领导他们的工作。② 委员会常常通宵达旦地工作,听取并讨论几百人的案子。③ 6 月下旬,委员会接到从各县党部报上来的几百个土豪劣绅的案子。工作量还包括随时镇压任何可能的共产党领导的暴动:随着七、八两月反日情绪的高涨,有消息说共产党有利用群众的爱国热情反对国民党的计划,委员会于是致电各县党部提高警惕,以阻止"动乱苗头"④。

　　此时沈定一不仅成了清党和改组委员会中的关键人物,而且也已完全恢复了他作为省领导人的地位。他是纪念鉴湖女侠秋瑾遇难 20 周年纪念大会上的重要人物,也是 7 月中旬声讨日军盘踞山东的群众集会上的著名人士之一。⑤ 据杭州著名律师兼法官阮性纯的儿子阮义成回忆:1927 年夏,沈定一在省党部和省政府中的权力达到了顶点:"在许多政府

198

①《牺牲与鱼肉》,《星期评论》,1919 年 9 月 7 日。
②《民国日报》,1927 年 7 月 19、30 日,8 月 10 日;《申报》,1927 年 7 月 16 日。
③《申报》,1927 年 7 月 16 日。
④《民国日报》,1927 年 8 月 10 日。
⑤《申报》,1927 年 6 月 26 日、7 月 12 日。

政策问题上只要他一句话就行了。浙江人私下称他沈'个夫'。"①在其个人生涯中,这是一次引人注目的东山再起,他似乎终于摆脱了因参与西山会议而背上的沉重包袱,这一包袱曾使他长久得不到国民党中派和某些左派人士的认可。本章开头的《一个青年的梦》的诗实际上正是反映了沈定一此时命运陡然的峰回路转,从一个孤独和绝望的局外人到重新成为一个果断而乐观进取的领导人。

　　然而,疾病继续折磨着他,他的疾病不知是否因为过度劳累所致,7月下旬的报纸只提到他回衙前养病去了。② 8月,他又回到衙前过了一段时间,据当时的一家上海报纸报道:"他总是竭尽全力做事,他的工作劲头是出名的。"③但8月31日他又"由于足病和严重的痢疾"而被迫回家,这次疾病一直持续到9月下旬,④他的身体也因此受到很大摧残。把他任清党委员时摄的一身戎装的(有点不伦不类的)照片与3年前在国民党全会上摄的照片比较一下,可以发现沈定一在这几年中苍老得很快。疾病似乎总是在他处于政治权力和机会的巅峰时侵袭他——正如1926年春他似乎正要从上海西山会议派召开的二中全会中脱颖而出、跻身全国舞台时一样。然而,即使在养病期间,他仍然颇为活跃。7月31日,他在萧山县党部报告厅就中国国民党与教育问题发表了演讲。⑤

　　在7月回家养病之前,沈定一向中央党部提交了一份详尽的报告。在这份材料中,他设计了一套特殊的制度,用以挽救那些应当受到清洗但不是无可救药者,这种制度被称做反省院。作为沈定一的发明,它很能反映他在这一革命阶段的思想。此种制度组织是这样的场所:

　　　　一切愿为革命活动而思想幼稚之分子:一,误于为自身解决生

---

① 阮义成:《沈玄庐》,第二部分,第18页。

②《申报》,1927年7月23日。

③ 同上书,1927年9月3日。

④《民国日报》,1927年9月19日。

⑤ 同上书,1927年7月29日,这是他的讲演的一个预告。

活问题而革命之小见；二，误于"革命者向左去"之错误，遂致忽视三
民主义之理论与方法，并抛弃三民主义之世界性，由是构成妨害中
国国民党之革命行动而不自觉，为此特设反省院，使上列种种分子，
得到反省之机会。此实根据本党仁爱之基念，而予以自新之坦途。[1]

这一组织机构在院长的领导下，集监狱、医院和学校于一身，而院长则很
像一个监狱长，每周定期向浙江省党部汇报工作。院内设有两套机构：
普通反省院和特别反省院。受清洗者进入哪一类反省院，取决于经清党
委员会调查研究而作出的判断。清党对象在被允许进入反省院前，必须
从一家发达的企业那里得到担保，以负担其一切费用。普通反省院里的
犯人至少需要改造三个月，而特别反省院则是没有时限的。每种反省院
都包括三类课程：监管，包括监督和管理个人；教导，包括学习中央和省
内的指示；从务，包括日常事务、会计和公共卫生。犯人之间相互隔离，
且根据院长的报告可在两种反省院间相互移送。对于被释放者，担保人
必须支付其在反省院内的开支。

这种机构究竟是像沈定一自己宣称的那样充满人道主义色彩（因为
它使受清洗者避免了长期的监狱生涯或被处决的可怕命运），还是一种
用心险恶的洗脑手段，可谓众说纷纭。其实，在儒家实践中，自我反省具
有悠久的传统，但是沈定一把这种反省机构设计成既是监狱又是医院、
学校，则是在儒家实践基础上增加了外在强制和心理压力的因素，而这
些因素往往令人胆战心惊，尽管实际上除了实施隔离外似乎没有运用其
他心理战术。反省院实行院长负责制，招聘教官，向省党部汇报以及清
洗对象的命运等都操纵在院长手中。

200

反省院其他两个令人感兴趣的地方是其学习课程和要求担保人承
担费用。第三种课程即所谓从务，似乎专门用于向犯人灌输做普通公民
的思想，并传授实践和职业技能。这种课程在传统学校中较为普遍，但

---

[1]《民国日报》，1927 年 7 月 24 日。

课程中包含的另一些特别内容则令人费解,如对公共卫生的强调,人们怀疑这可能是因为那年 7 月杭州流行霍乱的缘故。同样,会计课程则可能源自沈定一当时的关注点。[①] 要求经济担保人,似乎使进入反省院的人仅限于那些较为富裕者或社会政治精英人物,因为劳动阶层的人似乎是无法取得担保人的。尽管设立这种机制也许是为了不增加政府支出,但沈定一这一对精英的偏爱似乎是令人奇怪的,他曾一直致力于支持下层阶级的事业。

关于这种机构的运作功效,没有文献记录可循,但有一些间接事实可以表明其效果:湖南、湖北和山西等省相继仿效设立了这种机构。我们也不太清楚沈定一在反省院院长任上待了多长时间,但知道他卸任后,将这一职位移交给了他的同乡钱西樵,后者也是他的个人网络中的人。[②] 正如处于这一革命时期的几乎所有的政治事件一样,对于这种制度的观点和解释也是充满矛盾的。处于共产党立场的人,指责沈定一的这套制度,80 年代有一位历史学家这样写道:“(这一反动的特务制度)专对被押的共产党员和进步青年灌注反共思想。……流毒很大,推原祸始,沈定一应尸其咎。”[③] 而那些同情国民党的人则认为这种制度有益于浙江革命,70 年代的一位历史学家把它视做沈定一领导的清党不搞报复的证据:“(反省院设立的)成果就是浙江省在当时没有一例处决和暴动。假如共产党领导人宣中华没有逃跑,从而也没有被龙华士兵逮捕,他(在浙江)就不会被处死了。”[④]

由于清党委员会一下子接手这么多案子,委员会只好继续保留到 9月。说不清究竟有多少人受到了清洗,但这一数字显然有好几百。有一段时期,清党委员会要求省政府把军事犯送往别处,以便把整个杭州陆

---

①《申报》,1927 年 7 月 6 日。这是孔继荣案的有关情况,孔的会计也参与了此案。

②③ 陈功懋:《沈定一其人》,第 43 页。

④ 高乐天:《沈定一先生的一生》,第 10 页。这一关于宣的判断似乎混淆了时序:反省院是直到 1927 年末才得以建立起来的,宣中华很显然是在“四·一一”之后不久就被捕的,那时沈尚未领导清党工作,而浙江方面为此处决了不少人。

军监狱腾出来用于关押清党对象,但省政府没有答应。[①]　由于监狱空间太紧张,因此他们有时允许共产党嫌疑分子保释出狱。9 月初,当清党委员会撤销以后,仍有大量案子等待处理,这余下的案子就由 5 个法官组成的特别法庭继续审理。[②]　至少从一个重要方面来看,它比许多省来得温和。这年夏天,浙江省清党委员会没有处决一个人。这个记录与 4 月份 932 人被处决,以及 1927 年深秋到 1928 年初全省范围兴起的新一轮血腥的清党形成了鲜明的对照。[③]　沈定一确实应当为此得到些许肯定,但从那些被清洗的对象那里他显然不能得到这些东西。

　　9 月 3 日,杭州"市民"在杭州火车站举行"清洗政府"的集会,集会高呼"打倒……"的口号,把矛头对准了 6 个人:市长邵元冲、沈尔乔、沈定一以及保守的政府领导人马叙伦、蒋梦麟、姜绍谟。这 6 人都参与了清党,且都是清党委员会或改组委员会成员,或在两会中都兼职。因此,这次集会显然是针对清党及其影响的。集会的场所也是颇为耐人寻味的:20 年代杭州多数政治集会都是在西湖体育场,随后走向街头举行示威,而此次集会所选的场地则表明所谓的"市民集会"的领导者可能是铁路工人:共产党最为亲密的盟友,同时也是已经解体的总工会中最为活跃的一个组织,他们反对那些参与清党的人是不足为怪的。公安局出动了大批警力才驱散这次集会。[④]　这一事件发生时,沈定一正在衙前养病,没有记录表明他对这种自己也曾部分地帮助煽动的仇恨是否有所不安。

轰动一时的沈定一和孔继荣案

　　1921 年,还在发动抗租运动之时,沈定一写了一首题为《燕子飞》的诗,诗中满怀扫清一切障碍以获得自由的激情:

----

①《申报》,1927 年 7 月 31 日。
②同上书,1927 年 9 月 9 日。
③《浙江百年大事记》,第 203 页。
④《申报》,1927 年 9 月 4 日。

燕子天上飞，

生趣了无障。

202

空中无藩篱，

群来又群往。

独往独来人，

到处曲和枉。

打破框曲关，

自由得心赏。

此亦一嗜好，

并无价值偿。

准备好身手，

一扫大罗网。①

然而，1921 年到 1927 年间，沈定一所处的世界已经改变，而且他的身份亦随着社会情境的变动而改变了。由于政治的风云变幻、个人网络的烟消云散，由于害怕落伍于革命步伐和政治控制力的丧失，以及由于被他所曾经领导的政党拒之门外，因而从他身上已很难找回早年的开放和宽容。而更强有力的政治控制则成了他和其他一些人在清党中所积极寻求的东西，他在反省院中所贯彻遵循的也只是单一的思想路线。尽管在其家乡作为群众的保护人他仍显得宽和仁慈，但 1927 年发生的另一件事则显示他此时表现出的严苛的一面。

孔继荣是杭州一家化妆品商店的经理，当时已年届 70，颇有钱财。此人一心想做官以抬高自己的地位，由于他有相当的知名度，从而得以结识浙江省财政厅长陈其采。据说尽管陈其采以年龄为由试图劝阻他从政，但他主意已定，不愿更改自己的主张，于是陈其采就任命他为萧山县茧税局局长。这是一个季节性差使：该局每年春、夏季办公，而收回当

---

① 《觉悟》，1921 年 9 月 9 日。

年丝茧税后则关门。也许是为了监督这个年迈的人，陈其采又任命中国银行杭州分行经理金润泉协助孔继荣。但孔继荣去萧山赴任后，金润泉没有亲自去，而是介绍了一个叫徐尧廷的人为其助手。许多年以来，萧山茧税局贪污成风，徐尧廷上任后或在孔继荣的允许下，或以他的名义以减税为手段向商人们索要贿赂。[①] 事败受审时，孔继荣的证词表明他完全是个糊涂官，他竟然不知道作为税收来源的茧厂的经济状况："这些我都不知道，你最好去问会计。"他甚至也毫无道德感。尽管当时他已知道了贿赂的事，但在受审时他说："我认为这不能算贿赂。"[②]

但沈定一认定是贪污。正如 1921 年农民们向他指控某些米行老板一样，这次也有那些来自县茧厂的人向他告发索贿之事。还像 1921 年一样，沈定一立刻亲自出马调查此案。他调查了县中每个茧行，发现卖出的茧的担数与收的税款不合。他立刻察觉到广泛的贿赂的存在，并向政府作了通报，政府随即派了一个调查员下去。[③]但沈定一不愿对此案善罢甘休，决定亲自过问到底。法官阮性纯为此与沈定一有过争论，并因而认为沈定一随后的行动归因于他"喜欢抓权"。不管这个评价是否公正，沈定一此时的表现，可能与他在实施清党和反省计划时差不多。

简而言之，沈定一认为在新政权下，孔继荣应当因受贿而被判处死刑。人们从中可以看出，沈定一在变动的革命潮流中的经历，使他意识到道德的可持续定义性和相对性，他的上述态度显然表明他希望新政权确立新的标准。70 年代的一个国民党史学家，认为他的这种立场归因于他"嫉恶如仇"的个性。[④] 阮性纯首次传唤孔继荣作证时，要求沈定一把此案移交给法庭处理。沈定一则认为新政权尚未颁布刑法，因此法官量刑将有所宽大，这对一个革命政府来讲，不足以构成对罪犯的震慑。阮

---

① 阮义成：《先君恂伯公年谱》，第 51 页。
②③《时报》，1927 年 7 月 27 日。
④ 高乐天：《沈定一先生的一生》，第 10 页。

性纯则宣称,假如不按照法律就把人杀了,他只好辞职;他还警告说,仅凭指控就判人死刑本身就是一种犯罪。沈定一则仍顽固地主张孔继荣应被当即拘禁起来等候判决,不得保释出狱,于是冲突就在沈定一这个权势人物与司法部门之间展开。当阮性纯紧急致电武汉请求指示时,引起了对方相当的震惊。武汉方面最终发回一份 1926 年已在广州颁布但尚未正式实施的法令,这份法令规定受贿 1000 元以上即可判处死刑,孔继荣案中贿赂总额为 900 元。收到这一法令后,阮性纯组织了一个特别法庭以受理此案。

　　7 月 25 日,特别审判在省政府公署举行。由于此案是由沈定一主抓的,且由于他的干预,已使此案成了对国民党领导权的性质的检验,因此此案早已轰动一时。大约 200 多人出席了审判,其中包括党政要人马叙伦和蒋梦麟,沈定一因在衙前养病而未能出席。审判结果是毫无疑问的,因为受贿的书面证据都明摆着。另外,还有多人出庭作证,其中包括孔继荣的儿子,他声称他父亲在道德上是正直的。① 最后惟一悬而未决的事是量刑问题,这一问题一直拖到 9 月中旬才得以解决,孔继荣后来被判监禁 12 年,而其他参与者则被判 3—5 年。② 对一些人而言,沈定一在此案中表现出来的固执是不适当的。这些人认为,对于像孔继荣这样年纪的人,沈定一未免太刻薄寡恩了。最后孔继荣病死于狱中,在他死后,据说还有许多人指责沈定一判刑太重。实际上,正如宣中华的死一样,这种指控毫无根据,因为沈定一与最后的宣判毫无关系,尽管他最初的坚持和声明可能对随后法官的定刑产生某些影响。孔继荣死于 1928 年秋季,即沈定一遇刺身亡之后。③ 尽管沈定一最初的动机是为了社会正义以及对家乡的关怀,通过这一事件,沈定一给人们留下的印象只是目中无人、刻薄寡恩,甚至连一个可怜的老人都不肯放过,是个十足的死

① 《申报》,1927 年 7 月 27 日。

② 同上书,1927 年 9 月 14 日。

③ 高乐天:《沈定一先生的一生》,第 10 页。

守教条的顽固派。总之,没有正面的评价。

佃农和地主

到 9 月初,曾经使得沈定一及其网络获得相当的权力的浙江省清党委员会和改组委员会解散了。沈定一似乎不可能再次出现在省级舞台上去了,但全国舞台上变动不居的革命潮流给他提供了又一个机会。1927 年春,当北伐军攻占了长江下游时,国民党分成三派:武汉的左派、上海的不成形的右派(西山会议派残余)、南京的蒋介石及其支持者。除非这三派能达成妥协,或者其中一派能获得足够的安排和领导政府的权力时,国民党才能实现政治上的胜利。

9 月初,这种妥协随着中央特别委员会的建立而终于告成。这一委205员会的设置解决了两个相互竞争的中央执行委员会的存在而带来的困境。两个中央执行委员会中,其中之一是 1926 年初在广州例行党代表大会上选举出来的,另一个则成立于 1926 年春西山会议派控制的上海会议上。① 尽管中央特别委员会是各方妥协的产物,但在其组成人员名单中,西山会议派成员仍占了 40%(相比较之下,蒋介石的支持者占了25%,而汪精卫的支持者占的比例则更少)。② 有意思的是,1927 年秋天,西山派在全国舞台上的权力超过了以往任何时候,这是因为他们此时已取得了蒋介石的主要对手即桂系军阀的支持。正是这个西山会议派占明显优势的中央特别委员会任命沈定一(和蒋介石的保守的支持者——何应钦、蒋梦麟、蔡元培和蒋伯诚)为浙江省临时党部特派员。特别委员会同时任命沈定一的政治网络为浙江省党部临时委员会(他们是:王讷言、沈尔乔、孔雪雄、萧明新、姜绍谟、蒋剑农、王超凡、周欣为和

① Wilbur(韦慕庭):*The Nationalist Revolution in China*(《中国的国民革命》),第 157 页。
② Wang Ke-wen(王克文):"The Kuomintang in Transition"(《转型中的国民党》),第 151 页。

刘冠世)。① 这些人都是沈定一的个人支持者。就这样,一个沈定一无从
过问的全国舞台上的决策把他一下子抬高到省政府中最有权力的人物
之一。自 1926 年 4 月离开上海以来,沈定一与西山会议派再没有明显
的接触,因此他通过西山会议派的渠道得以重返省权力中心似乎很是令
人奇怪,尽管应当记住,他曾以最高票数当选为中央执行委员会之执行
常委之一。

　　前数年的绝望如今是被远远抛诸脑后了,沈定一满怀乐观积极的激
情投入了新的职位。10 月 9 日,他向省党部执行委员会发表了自信而有
力的演讲②,他告诉他的网络成员们:"(最理想的同志)就是肯放弃自己,
把民族国家社会的各种责任放到自己肩上来,党国最危险困难的事,都
自己努力去做。我们整个的党,是为民众耕耘的,每一个党员,都是为民
众谋利益的工具。"他解除了那些怀疑中央特别委员会合法性的人的职
务,且如同 1925 年一样大肆安插他本人及其网络成员依赖的成员。这
次讲话的要旨在于地方而不是全国或全省的党的组织和功能问题上,而
《一个青年的梦》中富有进取精神的诗句——"抖擞起精神,发愤! 猛进!
进行复进行"似乎又成了口号。

　　这一阶段主要的进展来自关于地租、佃农和地主关系的条例的颁
布。如同 1921 年一样,1927 年 9 月,沈定一再次扮演了农民的保护者角
色。他起草了《减租条例》,并在省党部代表和省政府委员联席会议上通
过后公开颁行并付诸实施。③ 如果沈定一自己没有领导权,如果中央委
员会没有人支持他,这样的条例是根本不可能被通过实施的。条例的核
心是二五减租,以最终达到缴租额不超过收获量的 40%的目的。条例还

---

① 《申报》,1927 年 10 月 12 日。桂系领导人李宗仁也提到,在决定成立特别委员会的会议上,
　　"使我惊讶的是,大多数西山派领导人给我的印象是谦谦君子"。参见 Li Tsung-jen(李宗仁)
　　和 Tong Te-kong(唐德刚):The Memoirs of Li Tsung-jen(《李宗仁回忆录》),第238页。
② 《民国日报》,1927 年 10 月 13 日。前改组委员会成员如洪陆东和陈希豪怀疑这一组织的合
　　法性。
③ 《沈定一先生事略》,第 13 页。

规定由地方农民协会负责实施这一政策。

从 1921 年支持农民协会搞减租运动时起,沈定一就是减租的竭力倡导者。北伐刚成功,由农、工、商、妇等组建的群众组织迅速在全国发展。在浙江,开风气之先的又是沈定一的家乡萧山县尤其是衙前镇。5月初,在当时已改做中山纪念堂的衙前东岳庙,各种协会都已相继得以正式组建起来。① 尽管没有直接资料表明,在这些协会的早期发展中沈定一起了什么作用,但他当时正在衙前;而且鉴于他对这些协会的支持,以及协会一开始就在衙前成立的事实,很可能他在这些协会的组建中起到了指导作用。而当减租条例在初秋颁布时,萧山县政府、党部以及农民协会就立即把它贯彻了下去。②

尽管有地租分成的规定,但条例中也有相当数量的弹性条款,这就导致了困惑,也引起地主和佃农间的争执。每年收租的指标不是根据单个农户,而是一个地区(县、乡镇或村)的预计作物产量而定。农民协会负责估计一个地区的平均产量,并以此作为缴租标准,假如该地没有这种协会,那么由党部来划分区界并主持选举出农民代表,并由他们得出一个估计数。然而,到 11 月初,一则省党部和省政府的联合声明(其中提到了新的缴租方法在实际运作中的很多细节)指出了执行条例中遇到的问题:"各地有遵行者,有缓办者,参差不一。其实行此议决案之地方,有因标准办法未定,业主与佃农以此常起冲突,浙江亦然。省党部与省政府虑不定统一办法。"③最后的这句话,显然表明了由沈定一的网络控制的省党部执行委员会与省政府中更为保守的人物如何应钦、蒋梦麟等之间的紧张关系。

实际上,根本的问题倒不在于计划的细节问题,而在于在国民党的领导下,政府第一次拿走地主的收入并把它交给种地的人。历代王朝甚

---

① 《申报》,1927 年 5 月 7 日。
② 《民国日报》,1927 年 10 月 2、15 日。
③ 同上书,1927 年 11 月 6 日。

至到此之前的民国政府都自然地要求佃户按照地主规定的数量交足地租,因为地主常常宣称他们所交税收(政府维持运转的基础)的多少取决于佃户所交地租的多少。因此,地主们对此极为恼火;而且,剥夺地主的财富的又是沈定一领导制定的政策。更为糟糕的是,1921 年,他们尚有政府武力作后盾粉碎抗租运动,现在,政府却站到了佃户的一边,而后者曾被他们称做"租鸡"、"租鹅"和"米脚"。①

10 月下旬,一个叫黄庆增的萧山人以"公民"的名义就四折还租致电杭州的省政府,他指出:"近以县党部布告田租四六分配,恐起纠纷,特联名呈电省政府,请予核议。"②另一些人则走得更远了,如深孚乡望的前清举人、时任临浦镇一中学校长的何炳超组织了业主协会,强行要求佃户按照地主规定的租率缴租,这一组织很快就被镇压了下去。③ 但萧山县党部在向省党部提交的报告中指出,"土豪劣绅"在许多地方都组织了这样的协会以阻挠革命进步。④ 地主们不仅不愿减租,而且还采取其他手段以阻挠减租条例的实施。减租条例规定了明确的三级程序以仲裁佃户和地主间的争执,并由党部委员和政府代表协同负责。但 12 月份反映上来的报告则表明许多地主在争执中,把他们的佃农直接交给法官或推上法庭,政府只好又发出告示要求法官不得插手这类案子。⑤

伴随着地方上佃户与地主间冲突甚或斗争的发展,全国形势也飞速地变化着,靠中央特别委员会维系的平衡终于破产了。汪精卫从来就不接受这一权力平衡,而蒋介石的拥护者反对的呼声也越来越高。11 月下旬,蒋介石的支持者陈果夫在南京举行集会以庆祝军事胜利,这一集会后来演变成抗议中央特别委员会的示威游行,最后竟发展成暴力冲突;在这一冲突中,有 3 人丧生,70 多人受伤。事后,蒋介石指责是西山会议

①《民国日报》,1927 年 11 月 6 日。
②同上书,1927 年 10 月 22 日。
③《申报》,1927 年 11 月 10 日。
④同上书,1927 年 11 月 7 日。
⑤《民国日报》,1927 年 12 月 8 日。

派控制的中央特别委员会一手制造了这起"屠杀",蒋如此仇视西山派是因为他们与桂系军阀"结盟"。① 在 2 月初召开的国民党二届四中全会的预备会议上,由于西山派成员没有参加广州国民党"二大"上产生的任何一个委员会,他们实际上已被冻结了权力。② 因此,沈定一及其网络在浙江继续掌权的日子也就屈指可数了。

在这样一个举国上下一片混乱的年代,共产党也加剧了在全省范围内的活动。③ 11 月份通常被看做第二次清党的运动开始,首先采取的步骤是要求各地防范共产党的活动并增强军警力量,这次清党一直持续到新年来临。④ 省党部和省政府间的关系也日益紧张起来。12 月 16 日,省党部和省政府召开联席会议,试图讨论解决佃农和地主的冲突以及共产党的新进攻。尽管这个深秋沈定一在几乎等于要放弃他的减租政策的事实面前无能为力,但他还是参加了 12 月 16 日的会议。很显然,他对事态发展和决策动向并不满意。

联席会议把矛头指向了被它认为是祸乱之源的农民协会,它声称:

> 各地农民协会现在完全在党部的领导之下,可是党部因为限于人才经济,不能时常直接的充分的予以指导,大部分的工作,还是靠着地方热心同志的努力。大概在县党部组织健全之区,农民协会自然办得很好,很会得革命;在县党部组织尚未健全之区,农民协会就办得不大好了。一般不明白国民革命的分子,尤其把农民协会看错了,他们不了解本党的农民政策,他们不懂农民协会是实行地方自治的基础,所以土豪劣绅把农民协会看作洪水猛兽,地棍流氓把农民协会当作他们取土豪劣绅的地位而代之的工具,而且这般分子,也极容易被共产党所利用。

209

① Wang Ke-wen(王克文):"The Kuomintang in Transition"(《转型中的国民党》),第 160 页。
② 同上书,第 161 页。
③《申报》,1927 年 11 月 9、15 日。
④ 同上书,1928 年 1 月 12 日。

我们要整顿农民协会,我们必须要驱除地棍流氓,要惩办土豪
劣绅,要多得指导的机关。现在第一步,就要调查全省农民协
会……限十七年一月末日各县党部把各村区调查完毕,收齐毕交于
省党部。①

这一解释只字未提地主。按照这种观点,农村社会似乎完全只是由
佃户、土豪劣绅、无赖游民和共产党组成的。显然,省和中央政府中保守
的政治势力已厌倦了农村中进行的与地主对抗并导致阶级斗争的社会
实验。次年元旦,省党部和省政府发布的公告中称:"浙江最近政纲,实
行解放农民,减租百分之二十五。乃佃农得尺思丈,引起极大纠纷。"②10
天后,两位省党部领导人蒋梦麟和蒋伯诚要求政府停止一切群众组织包
括农民协会的活动,这一建议得到了省政府的采纳。③ 因而,从其与已发
动起来的群众的关系而言,国民党的革命早在蒋介石最终挺进北京之前
就已告失败。

没有记录表明沈定一在 12 月 16 日的会议上是否讲了话。但根据
他好斗好辩的本性,很难想象他在会上竟不发言。第二天,他高声宣布
他要辞去党内所有职务,声称他宁愿只做一个普通党员而不愿再成为党
的官员。④ 他显然清楚全国舞台上发生的变迁,也清楚随着蒋介石在党
内权力的稳固,他和他的派系将只能从中央和省的权力舞台上消失。他
自己虽有能力但从不为人所完全信任,因此不可能留任。1 月底,由沈定
一的网络组成的省党部执行委员会也从此成为历史,西山事件的遗产成
了沈定一最终无法摆脱的烙印。而沈尔乔的住宅,即 1927 年秋天沈定
一及其他国民党省党部成员经常聚会的地方,则从此也以"西山浙江堡

---

① 《民国日报》,1927 年 12 月 20 日。
② 《申报》,1928 年 1 月 1 日。
③ 同上书,1928 年 1 月 11 日。
④ 同上书,1927 年 12 月 18 日。

垒"而著称于世,从这里足可看出这一烙印对省内政治的深远影响。^① 可见,对中国人而言,名终归重于实(着重号为作者所加——译者注)。

　　然而,从初秋开始,有迹象表明沈定一在考虑新的可能性。他一面在杭州负责全省工作,比如作为一个盛大的"双十节"集会的主要发言人参加其他政治示威活动,作为筹备委员会主席负责省党务学校筹建工作,与何应钦协商有关反省院事宜;一面把目光开始转向衢前以及地方区域,对他来讲,那里总是蕴藏着巨大的革命潜力。^② 他清楚人们期望的革命潮流的方向,但这一流向与他自己的观点不相吻合。在他看来,农村和群众组织所具有的突出重要性使它们居于革命的中心地位。在 12月中旬的一个寒冷的冬日,他离开了杭州,从此再也没有重返省级舞台出任要职。这一断层是清晰且富于戏剧性的。也许危难之际已经过去,也许贯穿他革命岁月的孤独与绝望、激情与行动的交替轮回将随着他返回家乡而彻底终结。

210

----

① 阮义成:《沈玄庐》,第二部分,第 17 页。
②《民国日报》,1927 年 10 月 13、30 日,12 月 1 日;《申报》,1927 年 10 月 30 日,11 月 11、28 日。

第八章　群众代言人:衙前,1928

霜气横天,

芙蓉委地,

梧桐一叶贴青苔。

举眼看秋风,

吹满人间憔悴。

这干黄枯涸的世界,

只有菊花敢斗着杀气开。

你是这时节生的,

我也是这时节生的,

携手人间看菊来。

菊,1920 年

1921 年,在发动抗租运动前不久,沈定一曾写了一则题为《顾老头子底秘史》的短故事。① 顾老头子搬到鹅溪村——一个贫穷的百十来户的村子时年纪已很大了。但来之后即在村里树起了乐善好施的名声，谁家缺钱他就提供帮助，尽管他赖以施舍的财源始终是个谜。一次，顾老头子家里来了一个客人，是他以前认得的和尚。下面的情节是这样：

顾老头子说："兄弟，这四年来你干了哪些？"

和尚说："四哥，我们想做一桩豆大的积极的事总干不来，无非东一鳞西一爪印些破坏的形迹，这些形迹，不但不能使社会上有恐怖的觉悟，反而连累着许多小东西吃零碎苦痛，助长他们高堂大厦的威风。"

顾说："你变了主义么？"

和尚说："不，主义倒没有变，我总觉得这种手段太微弱了，不发生多大的影响。"

顾说："我们另找二个方面来出头……所谓别一方面，并不是另外找人，便是我们淘里，换方面出头做事。例如你是一个和尚，人人都认识你是和尚，叫你也叫和尚。你既在一个小小寺里做了方丈，如果你愿做一桩两桩积极的事，譬如修桥铺路造凉亭，你就不妨出去募化。……难道不能够出面去做么？……要做的尽多，我既说到修桥铺路，我们就从修桥铺路做起；鹅溪到镇上的路，就是该铺修的，我已经约计过，大约只要九千多块钱。你如果独自募化不来，我也可以同着挠三把的。"

和尚说："那么，我明后天就到镇上和你这村里摆一个募化架子。"

顾说："好！"

不过半年，鹅溪村到镇上的路，修得很平整了。大家传说："是一个苦修和尚募化成功的。"

212

---

① 《觉悟》，1921 年 6 月 23 日。

　　修路之先，镇上有两家大当铺着了贼偷，足足失去一万块钱。

　　大家都纷纷议论过："这笔钱早该拿来修路岂不好?"

　　从这个故事透视 1921 年沈定一的观点和 1928 年前 8 个月的宏伟实验，则顾老头子与和尚的故事可以告诉我们许多关于沈定一本人及其对现实政治中革命策略和挫折的反应。出于对前几年并不成功的革命事业的深深沮丧，沈定一把那些微不足道的成就视做"零碎苦痛"。然而，正像那个和尚一样，所有国民党革命者所能做的似乎只是继续那些他们已做得很好的工作——统一、分裂、清党、重新登记的循环往复。而且，每经历一次循环，国民党都变得更为排他，从而中央对地方的控制和渗透也随之加强。但由于政治仇隙、嫉恨和暴力，中央就像沈定一描述的那样最终会"毫无权力"①。因此，继续沿老路走下去是无法实现既定革命目标的。沈定一坚信他必须开辟一条新的道路，这条道路就是通过地方建设渐次实现国家重建和广泛的社会平等的目标。

213

指导思想

　　至少自 10 月 9 日对省党部执行委员会致词时开始，沈定一就公开谈论他的地方战略。当时他就指出，我们必须走到群众中去，并亲自训练他们，与他们一道亲密工作并发掘他们的能量，以便从社会底层开始建设一个新国家。② 据上海《民国日报》报道："省党部特派员沈定一以党务工作应从下级党部做起，故区分部之组织亟应严密，以固基本，闻拟派员分赴各区分部，详细调查组织方法，以资整顿。"③1927 年 12 月辞去省党部一切职务后，他说："今后当以党员资格，深入民众为三民主义植坚

---

① 孔雪雄：《东乡自治始末》，第 331 页。

② 《申报》，1927 年 10 月 13 日。

③ 《民国日报》，1927 年 10 月 23 日。一个有关他参与地方事务的例子是，11 月 13 日他在萧山县两个区党部领导人会议上，作了关于以三民主义统一教育思想的演讲。参见《民国日报》，1927 年 11 月 19 日。

深不拔之基,为本党领袖立民众之信,良以民众尚未能到真能活动时期,训练之工作,实不容缓。期以十年,必有可观。"①

　　从1927年10月1日到1928年2月10日,沈定一为萧山县第二区和第六区党部建立了党务培训讲习班,并亲自执教。培训共分三期,由他的妻子王华芬任校长。② 遵照孙中山的革命纲领,实现北伐统一国家之后,紧接着就应当在国民党的监护下实行训政,以训练人民实行自治的能力。沈定一和王华芬的讲习班培训了约200名热血青年,以便由他们领导沈定一的地方自治实验。③ 1927年11月的报纸报道,当时他正着手计划衙前自治体系,他打算扩建那些1921年革命风暴中遗留下来的设施——农村小学、公共运动场、阅书报社;他打算把自治区域扩大到包括南至省道、北至坎山大堤的区域;他还打算在衙前建立一个汽车分站以便利交通。④

　　他的计划的核心则是发动当地的农民。在他手订的《训政时期农会条例》中,第一条就是"凡各村成年农民都应参加农民协会"⑤。沈定一认为经历多年血腥军阀混战而实现重新统一后的国家,在实行重建时首先应当赋予民众以权力。⑥ 不同既往的是,民众的权力而今必须建立在组织的基础上:而占人口80%—85%的农民的联合将产生至为巨大的整合力。"农业是国家根基。要切实解决农民生活,就必须积极实现农业增产。不管是国民政治还是其他方面,若我们不把农民看作主力,那么,不仅政治制度将失去根基,经济也会没有后劲,甚至全体国民也会因此失去立足点。"⑦

214

────────────────

① 孔雪雄:《东乡自治始末》,第332页。
②《民国日报》,1928年2月26日。
③ 孔雪雄:《东乡自治始末》,第332页。
④《民国日报》,1927年11月22日。
⑤ 孔雪雄:《东乡自治始末》,第396页。
⑥ 同上书,第397页。
⑦ 同上书,第395页。

2月6日,沈定一在衙前乡村自治筹备会议上,极为明确地阐述了他的实验的理论基础。① 他指出,中国人民的自治意识似乎早已被4000年的独裁统治挤压得粉碎,"皇帝是被推翻了。但统治的巨石也被碾成无数的碎片,这就是那些军阀和土豪劣绅。"沈定一不承认晚清的地方自治运动,他认为这些自治运动实体"无非是石头上的青苔,绝对谈不上是群众自治的萌芽"。政治在他看来从来就不曾是农、工、商(他们似乎只关注他们眼前的经济利益)以及学(只按本宣科的研究科目)和妇女(他们中的许多人"充了苦人中间的终身奴役")的关注对象。他不无嘲讽地用他自己的诗句概括了他开头的观点:"什么政治,实际还是不入青年的梦!"

但是现在,这种对政治的习惯性的反感在他看来已受到"革命春雷"的挑战。革命是一种不可抗拒的力量,"不容许民众再蛰伏于'理而不知,黜陟不闻'的地位。"但是他也谈到革命者自身的问题,这些问题甚至比考虑革命"敌人"的问题来得更为重要:由于职业差异而相应导致的农民、工人和商人的目标和手段的不一致;受过教育的精英与大众间的阶级差别;男性地位上升而女性地位下降所造成的性差别的扩大;革命者为了个人出人头地而沾染的相互猜忌、相互压制的"恶习"等等。为了打破这些界限,也有必要发动一场革命。由此可见,这时的沈定一更像那个写《燕子飞》时的沈定一,即五四时期的沈定一。返回衙前,似乎使他终于摆脱了孙中山去世以后政治空气中弥漫的狭隘而排他的氛围。

需要什么样的革命呢? 沈定一似乎从原来一向反对暴力,以及自1925年7月衙前会议以来一再主张的仁爱立场上略有后退。他说:"革命不是一哄之市,是要用社会的力量促进社会的进步。消极的破坏,其

① 孔雪雄:《东乡自治始末》,第333—335页。有关30年代也许是最著名的乡村建设计划的情况,参见 Charles Hayford(查尔斯·哈福德):*To the People*:*James Yen and Village China*(《为了人民:晏阳初和乡村中国》);有关这一时期其他乡村建设努力的概览,参见 Guy Alitto(艾恺):*The Last Confucian*(《最后的儒家》),第10章。

范围只限于非破坏不可的一点,不是破坏社会自身。目前,社会自身的建设,好像正在开始团结的星云,这是一颗新的自治明星。"作为一颗明星,它终将发出光芒。而 1922 年他在一首诗中提到的黑星,只是因为其生存环境遮盖了星星本身的光芒而已。对于沈定一来说,地方自治也犹如星星之光,终将燎原全国,如他所说,它是"中国民族自救的基本的政治工作"。

在演讲结尾,他断言过去的一切陈规陋习,即"旧思想的桎梏",终将在新的群众组织和自治团体的冲击下荡然无存,社会和政治的变革终将带动思想和文化的变革。从这一点,以及从其对群众动员的强调、主张以农村为中心、赞同通过暴力改造社会、批判地主—资本家阶级等诸方面来看,他的观点似乎更接近于"五四"左翼而不似西山会议派右翼。正如沈定一所相信的社会和政治事件可以塑造政治思想和文化,这一点同样可以用在沈定一自己身上:20 年代革命的社会和政治形势的变迁一再地改变着他对革命目标的看法。

发起和阐释实验

在思考有关环境对人类事务之影响的所有诗文中,沈定一显然没有观察到他所从事的实验所面临的并非有利的环境条件。南京和杭州方面把地主和佃农之间的斗争视做共产主义回潮,而这年 11 月到次年 2 月的省内报纸上,则充斥着有关佃农抵制和暴力反抗地主的报道。在日益走向暴力和极端的社会氛围中,佃农争端成了社会不安定的象征,而这些争端有些是农会挑起的。在左派看来,这种争执显然表明地主的专横丝毫不亚于土豪劣绅;对右派而言,这些却表明在任何佃农抗议中存在着内在的不稳定根源。因而省内许多城市都加强了保安力量,有时还实行戒严,并在全省一下子逮捕了几百人,有些人逮捕后被送到杭州公开处决。红色威胁遍布全省,工人罢工也逐渐蔓延开来。正如我们已经提到的,针对这种形势,中央党部驻省特派员(沈定一在辞职前曾是他们中的一员)于 1 月初要求省党部废止群众组织的活动。因此,这年冬天全省上下都充满了恐惧、猜忌和偏执的政治空气。

　　然而正是这个时候,沈定一开始了他的农村自治实验。他宣称将于 1 月 24 日李成虎牺牲 6 周年的日子,举行纪念这位 1921 年抗租运动领袖的仪式。① 就我们所知,在此之前,他还未曾祭奠过李成虎。但在当时的社会情境下,举行仪式纪念一个被政府当局和地方精英视为违法乱纪和扰乱治安的人、省内第一个农民协会的首领,这种行为在当权者看来本身就是一种公然的挑衅,与现行的社会政治道路相背离。而且,在沈定一颇富戏剧性地宣告这一信息时,萧山县党部正召开全县农会代表会议,以便把好斗的农会控制在党部的直接掌握之下。② 很难想象沈定一为什么在他的计划开始之初就选择担当社会政治反对派的角色,不管他当时想的是什么,这一举动倒是与沈定一对权力机关和掌权者一贯的傲视和无所畏惧相一致。

　　如果说沈定一的纪念仪式明确地显示了他与当权者对立的立场,那么,对当地农民来说这也是一个有力的象征。据说沈定一辞职不久回故里时,农友们为他举行了一个隆重的欢迎会。③ 在他们的记忆中,1921 年那个振奋人心的秋季,沈定一曾是他们的保护人和支持者。实质上,沈定一将再次担当起地方领袖和新实验的指导者的角色,以和他的农民拥护者发生联系,而农民的反应也是积极的。据 1935 年祭扫李成虎和沈定一墓的上海记者林味豹的记载,李成虎的儿子认为 1921 年的运动与沈定一 1928 年的计划有直接的关系:农民协会成立于 1921 年,但只是到了 1927 年和 1928 年才显得极为活跃,当时,许多自治建议都得到

---

① 《申报》,1928 年 1 月 14 日。
② 同上书,1928 年 1 月 12 日。
③ 《时报》,1927 年 12 月 30 日。

采用。①

在造反的佃农危及国内和平之际,沈定一还明目张胆地对一位叛逆的佃农表示敬意,他由此受到的政治挑战乃在于建立作为一个党国的忠实反对派的合法地位。他就此做了很多工作:在自治协会重要会议上演讲、与中央和省党部领导人联络、安排整个计划的议程等。从一开始,沈定一就试图在孙中山的思想也即国民党的宗旨中寻求他的自治实验的根据,他不可能不清楚在其他人眼里他曾是上次衙前农民运动的发起者,也曾是共产党内一个并非不重要的人物。在群众组织已被省党部明令禁止三个月后,他仍继续从1月初发起群众自治团体,这只可能增加那些偏执而又愤世嫉俗的省党部领导人的猜忌。

因此,他在二月的衙前村自治协会上发表讲话时总结道:

> 于是中国国民党总理孙中山先生的训政计划和地方自治开始实行法,才由国民党党员努力之中放出曙光来,民众间从古潜伏的政治思想种子,才渐渐地发舒……要长出萌芽来了。

> 试办衙前村自治,是遵照中山先生的遗教产生。

这样,沈定一就以国民党创始人遗教的拥护者的身份建立起了其意识形态的合法性。孙中山的权威遗教:三民主义及其实施大纲成了沈定一开创一条不同于南京和杭州现掌权者所推行的路线的替代战略的合法性基础。

6月8日,在东乡协会成立时,他又为他的行动提供了一些理论依据:

> 吾人欲了解乡村自治组织制度,必先理解村自治法。实行地方自治一事,总理曾言:"方二三十里之农村地区可设立一自治组织。"建立自治组织意在使本党大众化,或者更确切而言,是为了改变群

218

---

① 林味豹:《衙前印象记》,第74页。

众的观念。我们要把每一个群众组织统一在我们的旗帜下……人
须得共同生活,人多力量大,出产能力就强。自治的目的就是要团
结各阶级,消灭阶级斗争,以在政治上、经济上建立人与人的亲密合
作关系。这样他们就可以共同解决内部事务,至或树立社会章程。①

他向其拥护者讲的这番话与杭州省党部的口径是一致的。沈定一
还在一些致中央和省党部的专门信件中把他的策略纳入党的规章之下:

(我从事的工作无非是为了)广行总理手订地方自治实行法,以
深全党同志之实行工作。总章确定区分部为基本组织,本党又常勖
同志努力下层工作,如曰基本、曰下层、曰组织、曰工作,宜如何设计
如何进行,方不落虚谈? ……地方自治实行法,规模宏大,计划谨
严,深合国情,善起民病,能容多量饱学深思之士,树国家万年不拔
之基。入此轨中,鄙夫可宽,懦夫可立,可以破吝者之悭,可以平矜
者之慢,训练党员,建树国族,莫善于此。此基本要图,不容缓也。②

沈定一在其成年生涯中的自重和自信在这封信中得到了充分体现。

219　　在大量讲话和信件中,沈定一尽力避免被人指控为正滑向共产党的
阶级斗争立场。他主张革命必须把如一盘散沙的群众组织起来,以向共
同的方向努力。他认为,革命应当力求促进社会进步,并应当尽力,减轻
其破坏程度。③ 实质上,通过一再强调他的意识形态和实验的正当性来
自于党的最高权威,他正在走一条不同于南京方面(它不相信地方的创
造性)和共产党斗争哲学的中间路线。在这些讲话和信件中,他尽力用
国民党及其理念为自己的活动作辩护,但始终未说过忠诚于中央和省党
部现政权的话。用后来的词汇来描述这一点,就叫做打着国民党的旗号
反对国民党。

---

① 孔雪雄:《东乡自治始末》,第339—340页。
② 同上书,第398页。
③ 同上书,第334—335页。

在另一封写给省政府的信件中，沈定一竭力证明他的自治条例与新政权关于地方和地方政府机构的政策，是可以相互协调的。① 一个传记作者称沈定一邀请了 11 个党政领导人担任自治协会委员，其中包括戴季陶和朱家骅，但他们显然没有作出回应。② 很明显，沈定一希望得到杭州也许甚是南京方面的支持，至少也是希望能得到官方对这一实践的认可，但直到最后并未获得杭州或南京方面的批准。2 月，沈定一写道："在县党部核准之后举行。"③而据孔雪雄记载："等到革命热情从高涨渐趋平静以后，（群众组织也感到）党的决议已成一纸空文（不可能提供支持）。满怀希望寻求的支持终于没有得到兑现，于是他们只好转头采取自我支持一途。"④

实验概况

沈定一实施的另一种策略是改革自治组织，以适应当地的实际需要，这一策略获得了地方的支持。而且，由于它有助于解决地方事务，而部分这类事务本来是需要省里提供支持的，因此这一策略也使自治组织获得了省当局某种程度上的认可。沈定一认为，建设自治组织的先决条件是赋民以权，但是，为区别于以往的群众组织，民众的权力必须建立在有效的组织基础上。到 1928 年春，沈定一用做自治体系基础的萧山县群众组织，已经历了将近 1 年的发展而日趋成熟。这年夏天，全县估计有农会会员 3 万人：衙前农会最大，有会员 2830 人；最小的农会也有八九百人。商民协会则分布于 11 个地方，共有会员约 2000 人。另外还有建筑业工会（在一个地方，会员 350 人）、交通工会（在一个地方，会员 150多人）、一个非熟练工人的工会（在一个地方，人数不详）和一个妇女协会

220

---

① 孔雪雄：《东乡自治始末》，第 399 页。
② 陈功懋：《沈定一其人》，第 43 页。
③ 孔雪雄：《东乡自治始末》，第 334 页。
④ 同上书，第 332 页。

(在 8 个地方,大约有 500 名妇女)。[1]

这些协会的重要性在于它们构成了自治组织的母体,自治协会委员就来自这些群众组织,其中以来自农民协会的代表数量为最多。规章规定,所有程序事务和制度规章方面的问题,都必须提交群众组织理事会决策。尤为重要的是,自治协会开支由各群众组织分担,而又以农会承担的费用为最多。[2] 以衙前村自治协会为例:衙前和辛林周(一个邻近小村)农会各出资 35%,建筑工会出资 8%,商会出资 12%,妇女协会和农村小学各出资 5%。[3] 因为财权是自治实体对其附属组织实施指导和监督的一项重要权力之一,因此很显然自治实体的真正管理机构并不是党而是群众组织。

最初的实验范围只限于衙前村自治区,占地大约 16 平方英里,人口1 万多,这是一个以农业为主的单一经济区域。报纸报道有关自治的消息迅速传播了开来,附近地区的村民纷纷要求加入自治的行列,以期从沈定一发起的运动中获得潜在的利益。6 月初,沈定一召开了由各区党部领导人参加的联席会议,讨论成立一个更大的自治团体——东乡协会。这里他再次强调党员必须到群众中去并服务于群众。东乡协会实际要到 1929 年 1 月才成立,它包括整个冲积平原区即所谓的南沙地区,面积大致占全县的 1/3。协会由 15 个村级自治区组成,且如同 1921 年抗租运动时一样,衙前又成了协会的中心所在地。

协会在最盛时,共有 250 多人(大部分可能是党员)在衙前村自治区和东乡协会从事各种自治的工作。沈定一亲自安排日常事务,这些工作主要是派工作队深入基层,与村民交流开会。晚上,工作队成员常常组织参加小型的集体培训班,沈定一也常常亲自出席。当时的报纸描述了

---

[1] 这些数字可能是夸张的,它们来自孔的描述(第 332—333 页),而孔又是沈定一最坚定的支持者之一。
[2] 孔雪雄:《东乡自治始末》,第 338、347—348 页。农民协会拥有的会员数最多,因而承担的会费也最多。
[3] 同上书,第 347 页。

工作人员为自己正参与新中国的奠基工作而激动不已的景象,据说他们都是被沈定一的热情和精神感召到工作中来的。①

那年夏天,一个外来访问者描绘了衙前自治的景象:"走来走去都看见若干自治机关和民众团体的牌子,其中一所比较大的房子门口悬着一个牌子,是农村宿舍。"在一次公开的开幕式上,沈定一把他的家贡献给协会,并改名为"农村宿舍"。它容纳了农村小学、萧山县教育协会东乡分会、虎春阁书报室和国民党萧山县一、二区党部。② "走进这所房子,就可以遇到几十个青年在那里,做文章的做文章,画表册的画表册,三个五个坐在大树底下讨论党义的也有,十个八个围在一张圆桌周围计划工作的也有。他们很忙,但是每个人脸上都带着无邪的愉快。他们做的也是政治生活,却没有一个谈到——甚至于想到策划或机谋。你问他们什么,他们就一五一十地尽其所知所做通盘告诉你。"

沈定一似乎再一次回到 1920 年和 1921 年那两年的辉煌岁月中。那时他刚从上海回来,并与在他的学校执教的一师学生建立了亲密的关系。现在他最亲密的追随者是那些来自他的国民党网络中的人,这些人从前一年 10 月到这年 1 月曾是省党部执行委员——孔雪雄、蒋剑农、王讷言、萧明新和周欣为。自 1925 年以来,沈定一就是他们的导师,而现在他们又不计报酬地为他工作。③ 除了这些人,沈定一现在又有了新的追随者。他们大部分是地方党部成员,从沈定一的培训学校毕业后开始领导自治运动。他们大都年轻得可以做他的儿子,一般都不到 44 岁的沈定一一半的年纪。但是他们所明显流露出来的兴奋和激情,肯定使这一时期成了沈定一一生中最愉快的时光之一。看到过这一时期的沈定一的人,都知道他已找到合适的环境。"沈定一先生和其他的青年们一样住在这宿舍里面,过他们这种有趣味的创造生活。在这宿舍里常可以

222

---

① 上面的描述来自孔,第 337—338 页。

②《沈定一先生事略》,第 13 页。

③ 陈功懋:《沈定一其人》,第 43—44 页。

遇到多少短裤赤脚的农民,叼着长烟管和平而天真地和他们讨论那里的沙田将要被水淹没应如何救济;那里的新蚕种试验成功,应如何推广这一类的事。"在 1921 年的抗租运动早期,沈定一以服饰和方言等外在特征作为与农民建立联系的纽带,而在 1928 年,他日复一日地与农民亲密地工作在一起。根据彼特夫妇令人信服的人类学分析,此时沈定一的战略也已深入到地方观念的核心。彼特夫妇从其在广东的考察中得出,在中国农村"工作是表达社会联系的象征中介",且"工作还从最根本的意义上确认了这种联系的存在"。①

> 他会滔滔不绝地和你谈他们施行自治的经验和计划,他永远是元气淋漓滔滔不倦。他和一个人谈话所用的精力和声音也像是对了几十个人那样诚挚、那样响亮,他能叫你相信那些话是从心里说出来的事实报告,不是宣传。

> 他能叫你听两三点钟而忘了厌倦,你听他剖析一件小事的利弊——譬如怎样挖掘一条小沟可以把山泉引到某一方小小的旱田去灌溉,譬如要怎样才能使得托儿园的保姆能教导儿童喜欢清洁等等。你也许会嫌他过于琐碎,但你不能不佩服他的精细;你见他激昂壮烈的谈打倒土豪劣绅,你见他兴致勃勃的谈到如何把地方自治由那弹丸之地的一个乡村扩充到全省全国,你真可以误认他是一个初出茅庐的青年。

实现自治计划的最初两个重要步骤是户口普查和土地调查。户口普查于 2 月开始进行,50 多个普查员用 10 天时间查清了衙前村自治区 16 平方英里面积上的人口数(2490 户,10355 口人)。但 7 月当把户口普查工作推广到整个东乡时,这一工作就显得有点草草了事了。孔雪雄这位沈定一网络中的成员和自治实验的历史记录人,就承认这一获得的人

---

① Sulamith Heins Potter and Jack M. Potter(苏拉密斯·波特和杰克·波特):*China's Peasants: The Anthropology of Revolution*(《中国农民:革命的人类学》),第 195 页。

口信息根本不适合建设工作的需要。① 同样,更为费力耗时的土地调查工作也仅完成了衙前村自治区的一部分,这一工作包括绘制乡村的详细地图,并调查记录每块地的地主和佃户。这样的地图和登记本来可以有助于解决评估租税的困难,但正如孔雪雄所指出的,很可惜当后来自治实验停止后,国民党省党部甚至连已汇总的资料都弃之不用。②

那么,东乡自治协会的日程安排又如何呢?这里没有必要详尽分析协会的全部工作,但是概略地提一下则有助于我们理解沈定一包罗万象的计划,大体理解他对问题的看法。除了建立各种各样的社会机构(医院、孤儿院、教育协会)和办公机构(水利局、调查局、卫生局、森林局和公墓场)之外,还设立了许多解决社会、环境、经济、教育和政治问题的新机构,这些新机构中,短期的如筑路、病虫害控制、济贫等机构。③ 沈定一死后仍保留下来的有4项:水利工程、教育、蚕丝业改革、信用和零售合作社的设立。

早期成立的水利局对东乡来说具有首要的意义。东乡土地的前景直接取决于能否有效阻止钱塘江对沙地的侵蚀。在东乡,已有不少于8.3万英亩的良田被江水吞没。1928年6月,东乡群众组织代表会同自治协会、省建设厅代表和钱塘江工程局计划修建海堤保护土地,以解决这个影响环境和人民生活的问题。④ 他们决定发行50万元3年期东乡江流控制工程债券以筹集资金,群众组织代表似乎也同意抽税以解决这个重大问题。塘外的土地每亩征税4角,塘内土地每亩征税2角,所征税款将用于偿还债券的利息。省政府也提供了1/3的筑堤费用。沈定一尽管也可能参加了这一联席会议,但却没能看到任何结果,这一工程开始于1928年12月,最后建成了47道堤坝,据称成效显著。然而,江流

224

---

① 孔雪雄:《东乡自治始末》,第387—388页。
② 同上书,第389—390页。
③ 同上书,第392、394页。
④ 同上书,第393页。

仍肆虐东乡,直到现在依然如此。

　　两项主要的改革举措是关于教育和蚕丝业的。沈定一于 1920 年建立了衙前农村小学,这是他在地方的创举,但整个南沙地区却在建立教育体制上进展缓慢。当时,自治协会从县教育局接管了控制权,从而使地方获得更大的自主权,激发了地方办学的积极性。但是,任务是艰巨的,1928 年第一学期时,整个乡只有 32 所小学,其中有 1930 名男生和234 名女生——而整个地区估计有学龄儿童 3 万人。协会为此订立了一个并不现实的目标,即建立 300 所学校,每所学校容纳 100 名学生,以普及教育。① 但在有限的地方资源条件下,这一计划根本不可能实现,连给15 个村级自治区每村新建两所学校这样一个保守的目标也未能实现。

　　自治协会力图控制每一所学校,以便管理学校教学。这里不容实验精神和"五四"自由思想,反对党或民族主义的教学观念是被禁止的。② 协会也试图在每一个学校建立教师带领下的儿童会,通过向儿童灌输"将来革命领导人"和最终"三民主义的实现者"的意识,协会试图让每一个儿童会树立自治精神,并增强自治意识。为此,它要求学校组织学生进行音乐、美术、园艺、劳技、锻炼、游泳和卫生等活动。③

　　另一项影响久远的自治创举是改革蚕丝业。许多年来,东乡就一直是产丝区。本世纪初叶,几乎每年的茧丝产值可达 300 万元左右。但到20 年代,农民操作上的墨守成规导致了产量直线下滑。自治协会重振产业的第一步就是提高蚕卵的质量,以提高蚕茧的质量。据称沈定一早在1927 年就开始倡导优质蚕卵。④ 他非常清楚 1926 年杭州已试制出第一代杂交蚕卵:杂交品种的喂养期短于老式蚕卵,它们睡眠和苏醒的时间更为一致,而其所产的丝无论从质和量上都优于老式蚕卵。⑤ 传统上东

————————

①② 孔雪雄:《东乡自治始末》,第 390 页。

③ 同上书,第 373—374 页。

④ 陈功懋:《沈定一其人》,第 46 页。

⑤ *Chinese Economic Bulletin*(《中国经济公报》),1927 年 2 月 5 日,第 72 页。

乡一直从其东南原属绍兴府的嵊县购买蚕卵,尽管嵊县茧行数量居浙江之冠,其蚕卵质量却不是最好的。但从农民所关心的价格上来看,嵊县所产蚕卵在全省却是最便宜的,沈定一只得说服农民要想获得最好的收益,必须舍得花较高的价钱买更好的蚕卵。[①] 1928 年春,显然是在沈定一的倡导下,自治协会决心在东乡农民中推广 4000 张优质蚕卵(1929年,这一数量上升到 4.5 万张)。为使高成本获得高回报,协会还发起成立了一个茧丝销售合作社,以便利蚕茧销售。1928 年春,东乡农民收获茧丝 3.7 万多斤,且这种优质蚕茧的售价要比嵊县蚕卵所产的茧高1/3。[②]尽管这一改革还采取了其他举措以提高生产力,但到 1933 年东乡蚕丝业还是因经济萧条而遭到破坏。

协会的第三项主要创举是成立各种合作社。第一个合作社是 1928年 7 月沈定一亲自创办的衢前信用合作社,主要经营借贷和储蓄业务。衢前村自治委员会 5 月的一份详细报告指出了建立这样合作社的必要性。根据该区人均稻谷产出及人均消费量,这一报告显示该区每年仅为维护生计就短缺 2500 石谷。[③] 这种形势迫使农民在青黄不接时必须借贷度日。衢前信用合作社最初吸引了 300 多人参加,第一年贷出 1000元,第二年则贷出 6000 元,到 1930 年会员已达到 540 人。其他乡也随之成立了信用合作社。自治协会最初的计划是号召每个村级自治区都建立一个这样的合作社,并在整个东乡建立一个中心合作社或银行以辅助经济建设。另外,也成立了几个商业合作社,如生丝合作社等。而在衢前,还成立了一个蔬菜销售合作社和一个草帽工人合作社。从大部分成功的合作社都分布在衢前或其附近村庄的事实来看,显然沈定一对合作社的坚定支持起到了作用。但是,到 30 年代中期,这些合作社都消

226

---

① *Chinese Economic Journal*(《中国经济杂志》),1927 年 12 月 26 日,第 571 页;*Chinese Economic Bulletin*(《中国经济公报》),1927 年 2 月 5 日,第 72 页。

② 孔雪雄:《东乡自治始末》,第 391 页。

③ 同上书,第 361—362 页。

失了。①

问题、政治和观念

　　作为一项并不被中央和省党部采纳，甚至也不为其所核准的特别计划的倡导者，沈定一已获得了似乎可信的合法性，并着手开始建设事业以培养群众基础并造福地方。然而，几个问题却困扰着他的实验，其中最大的问题是物质资源的缺乏。由于得不到省党部和省政府的批准，他从省里得不到资助。尽管根据自治条例，自治会接受相应国民党区分部的"指导和监督"，但县党部及其区分部也不提供任何财政支持。② 而他自己家庭的财产也已消耗殆尽，因此也不能像以前一样继续提供财力支持。

　　自治费用其实并不很大，地方政府也还临时支持修建堤坝和改良蚕丝这样的事业，因为大部分工作人员是训练当地人充任的，他们住在沈定一家里，一般不领薪水，惟一的主要开支是伙食。为解决这一费用，仅衙前农民协会一处(不包括其他地方)就收米 300—400 石之多，作为村自治协会工作人员一年的口粮绰绰有余。自治会原计划调查完土地之后征收地价税，这项税收收入超出应纳的部分将作为自治经费。然而，由于沈定一之死导致实验中止，因此没有足够的时间继续土地调查工作，而仅做了衙前村自治区的一部分。③

　　尽管财政压力并不是那么严重，资金短缺和恐慌却不断地困扰着沈定一及其自治运动，正像 1925 年和 1926 年争夺省党部控制权时他们曾经经历的那样。沈定一在 6 月 8 日东乡区党部领导人会议上的演讲，大部分集中在财经状况上：

———————————

① 孔雪雄：《东乡自治始末》，第 392 页。
② 同上书，第 332 页。
③ 同上书，第 338 页。

现在无论那个都觉得没有钱不能行事,每个人都想自己有钱自己好。从出钱底人看,捐税统统免去,要出的钱一文不出才好;从拿进的一方面看,要用要有,勿够要多。因为都想自己有钱自己好,弄到官贪吏污,以至军阀卖国。举个笑话来讲:大人问小孩,饭从那里来的? 一个小孩子说,从娘的嘴巴里来的;一个说,从饭碗里来的;一个说,从饭桶里来的。嘴巴里的饭从饭碗里来,饭碗里的饭从饭桶里来的。现在官厅的工作人员,只要钱多;要钱多,向政府去拿,政府变成了饭桶。

再举个事实来讲,近几天自治会测量处的一班测量员,因为工作苦,要求加薪。向自治会要钱,也把自治会看做饭桶。自治会答复他们,须问"东家"的。测量的固然是乡下人,出钱的也是乡下人,能够出,才好加。①

没有记录表明是否加了薪,但沈定 的立场是明确的:如果人们想要自治及其带来的好处,他们就必须出钱。他说:"我们要解决民生问题,是与民权连的,自治费要人民负担,应该要使他们生产增加。"② 这一税收政策对于沈定一正获得的支持会产生何种作用已无法判断,因为提出这个建议不到 3 个月,沈定一就遇刺身亡了。

然而,物质资源的匮乏不是沈定一的主要问题,从一开始中央和省党部就显然不想让沈定一的实验顺利进行。从 1927 年 9 月的重组开始,沈定一及其妻子王华芬就在萧山县党部担任重要职务。③ 但萧山县党部甚至在沈定一还未宣布自己的计划之前,就已开始采取措施控制那些特别难以驾驭的农民协会的活动。④ 这些措施与省党部剥夺群众组织权力的行为如出一辙,从而削弱了沈定一的计划赖以成功的基础。就在沈定一于 2 月 6 日成立衙前自治协会之前不到一周,南京方面派来的省

①②孔雪雄:《东乡自治始末》,第 340 页。
③《申报》,1927 年 9 月 15 日。
④ 同上书,1928 年 1 月 12 日。

228 党部改组委员会解散了由沈定一的支持者控制的省党部执行委员会。①
4月中旬,沈定一的支持者被清洗出省党部,取而代之的是日益得势的
CC系人马。②

从那时开始,沈定一的基础就随着新的中央和省党部对物质资源的
控制和对政治权力的垄断,而犹如东乡沿江沙地一样遭到了削弱和侵
蚀。5月下旬,新的省党部任命了两个它的支持者作为萧山县党部领导
人。③ 6月,当沈定一的计划开始遇上资金困难压力时,县党部在各个乡
建立起自己的农会,显然是藉此对抗已存在的农民协会。④ 而更为致命
的打击则是在7月初,整个县党部落入了CC系的控制。这个月中旬,县
党部进行党员重新登记,以排斥不合格或不合乎他们要求的成员。⑤ 当
沈定一眼见他在萧山县党部——曾是他的计划的惟一的批准者——的
基础遭到打击和削弱,且他的资源正在消失殆尽时,他的农村建设计划
似乎处于某种危机中。

在所有的政治地位顷刻间烟消云散之际,沈定一在地方上却仍然享
有巨大的声望。他不仅活跃在衙前,还担任了县里几个常设理事会理事
之职,他是萧山县建设委员会会长,在这个位置上,他提出了萧山建设的
主要纲领,但这些从未被付诸实施过。⑥ 他是倡导开发位于县城南部和
西部的水库湘湖部分荒地的监督委员会成员,还是在湖区建立一所学校
的主要倡导者⑦,并兼任县财经委员会委员职务。⑧ 另外,他还参加多种
与东乡协会无关的其他公众会议。⑨ 8月9日,他在县城参加了一次关

---

① 《申报》,1928年2月1日。
② 同上书,1928年4月17、19日。
③ 同上书,1928年5月22日。
④ 同上书,1928年7月3日。
⑤ 同上书,1928年7月15日;也可参见《萧山县志·大事记》,第29页。
⑥ 孔雪雄:《东乡自治始末》,第378页。
⑦ 王占元和陈定春:《湘湖师范建校五十年回忆》,第64页。
⑧ 《申报》,1928年4月13日。
⑨ 同上书,1928年8月13日。

于县财政管理程序和细节方面的会议。[1] 第二天，他又与王华芬、孔雪雄一道去临埔镇参加县南部 1/3 地区的教育协会成立会议。孔雪雄主持了会议，并作了重要讲话。[2]

与此同时，在南京(8 月 8—14 日)，国民党二中全会正在召开其第五次会议。这年 2 月初的第四次会议结束了沈定一及其网络的权力和地位，并实现了 CC 系对权力的控制。自那以后，北伐军已占领北京；7 月初，军事领导人在北京西山孙中山灵前祭告统一大业的完成。五次全会的任务，正是商讨党在完成军事统一之后的建国计划。会上争议最多的议题是究竟为强化中央集权还是保留部分地方权力，尽管激烈的争论据说"几乎终止会议"，但最后赞成中央集权者还是占了上风。[3] 这一决议显然不利于沈定一的实验。对中央党部而言，这一会议标志着训政时期的开始；而对于沈定一来说，6 个月前这一时期就以相当不同的规模和完全不同的方法开始了。

革命政治文化中的社会背景、身份和观念

在 1921 年的抗租运动和 1928 年的群众组织自治计划中，沈定一都尽力发动南沙(东乡)的农民。然而，在这两场运动中，他都没有准确估量对手的实力，也没有理解对手对其行动的反应的实质。他对合法性的理想主义诉求第一次是自然权利，第二次是孙中山的思想，而这都不可能影响或动摇其对手的政治权力。沈定一这种面对军阀和党内领导人时所表现出来的、作为知识分子活动家的天真似乎极为明显。

几乎从各个方面来说，沈定一在抗租运动时的地位都似乎令人难以置信地强于他在农村建设时期。在抗租运动中，他还拥有一个非政府的

[1][2]《申报》，1928 年 8 月 11 日。

[3] Wilbur(韦慕庭)：*The Nationalist Revolution in China*, *1923—1928*(《中国的国民革命，1923—1928 年》)，第 185—186 页。

省领导职务和崇高声望,而在建设时期,他惟一的政治支持只是县党部。在前者,他还可提供大量私人财力支持,到后者连这一切也都已消耗殆尽。很显然,从任何客观资源和手段的标准上看,沈定一1921年通过发动抗租风潮,对他所反对的既存秩序所构成的威胁都大于1928年时(倡导农村建设计划)。然而,1928年对方的反应却更为强烈:控制作为沈定一的政治基础的县党部;削弱农民协会和其他群众组织——沈定一的社会基础。

230　　　如何解释这里的差别?造成两个时期不同际遇的部分原因可归结于沈定一在第一个事件中始终保持在幕后活动,但更关键的原因则是政治背景的差别。在第一个事件中,政治背景是更有助于成功的:较少两极化政治氛围和鼓励大胆实践与怀疑的五四精神,提供了一个易于施展的宽松空间;但在后者,伴随以武力实现国家政治上的重新统一而进行的持续政治清洗,制造了一种人人自危的紧张气氛,从而使得人们猜忌、仇视任何挑战,并竭力扼杀异己分子出现的可能性,作为政治反对派的地位也因而更具风险性。

　　不论何时,政治行动之观念的意义都可能比行动本身来得更重要。而在一个对挑战权威的行动日渐敏感的背景下,某种身份一旦形成,便会迅速僵化成无法更改的现实。[1] 在这样的形势下,一个人的身份“即个人世界藉以程序化地组织起来的象征图景,也处于持久的张力之下”[2]。假如党的领导人本身“就戴着有色眼镜看人”[3],那么他们眼中沈定一的所作所为与他实际所从事的一切就没有太大关系,无论事实上还是逻辑

---

[1] 观念成为现实不仅对个人是这样,对较大的社会群体也是如此。Emily Honig(韩企澜)注意到对居住在上海的苏北人来讲,“归根结底苏北人是否真是(投靠日本人的)汉奸并不重要,与此相比更为重要的是认为他们是汉奸已成为一种普遍观念,并因而导致对他们的歧视”。参见“Migrant Culture in Shanghai: In Search of a Subei Identity”(《上海的移民文化:苏北身份研究》),第247页。

[2] Strauss(斯特劳斯): *Mirrors and Masks*(《镜子和面具》),第25页。

[3] Murray Edelman(穆莱·艾德曼): *Constructing the Political Spectacle*(《建构政治景观》),第78页。

上都是如此。沈定一的演讲传递出一种强有力的确信：即他所从事的工作全是党的工作，他显然不相信他的农村重建计划竟还会被视做这样一种威胁。孔雪雄也反复强调指出沈定一是真正的党的忠实拥护者。的确，从逻辑上讲，沈定一和党的领导人之间的争议不应当导致如此不可逾越的鸿沟，孔雪雄间接提到了导致双方事实上冲突的可能的导火索。党显然认为沈定一的实验，实际上不能从孙中山的三民主义那里找到意识形态上的根据：沈定一宣称他的行动是贯彻孙中山的遗教，显然是对党的领导人自许的孙中山思想继承者的地位的挑战。[①] 他们攻击他是"命令主义"，这一名词后来颇为常见。他们还批评他依赖不值得信任的群众组织：1928 年夏，党已确信必须纠正这种对群众组织的信任。[②]

　　但是看来严重的、也许是致命的错误在于，沈定一把农村建设计划与早期的抗租运动联系了起来。纪念李成虎的仪式，是沈定一的计划给党的领袖们留下的第一印象。随着这一实验渐为人知，越来越多的人前来乡里参观考察，且许多人给予了正面的评价。6 月下旬，一批从绍兴返回杭州的政府官员中途在东乡停留，以参观自治村和农民协会的总部，并考察蚕丝改良方面的成就。[③] 有的参观者更把这一地方自治实验比做"盆景式的地方自治实验"，以极言其成效。[④] 8 月中旬一家报纸在报道中，把沈定一称做"群众代言人"。[⑤]

　　但是，孔雪雄指出，随着参观的人越来越多，对沈定一的动机的猜忌也越来越多。[⑥] 参观者显然都是带着先入之见来看待沈定一及其工作的，而通过参观，这种先入之见是受到挑战还是得以加强，则要取决于参

231

---

① 参见 Potter and Potter(波特和波特)：*China's Peasants*(《中国农民》)，第 281—295 页有关政治伦理的评述。尽管他们的评论是专门针对共产党的，但也适合于国民党的某些特征。

② 孔雪雄：《东乡自治始末》，第 399—400 页。

③ 《申报》，1928 年 7 月 2 日。

④ 陈功懋：《沈定一其人》，第 44 页。

⑤ 《民国日报》，1928 年 8 月 19 日。

⑥ 孔雪雄：《东乡自治始末》，第 341 页。

观者的角度。在一个四面皆敌且党的领袖们发动的"革命"尚未成功的存亡之秋,沈定一关于农村建设的替代战略只能使政治形态更加扑朔迷离,且因其与党的路线相背离也威胁到党的领导。考虑到统一国家是民族主义革命事业的最高目标,因此党的领袖们对东乡自治作出的反应也许并不会令人惊讶。①

孔雪雄认为人们既不能理解沈定一的目标,也不能体察他的热情。在东乡自治实验展开期间,关于沈定一正在积蓄势力图谋不轨的传闻也日渐流行起来。有人对乡里消防队的木棍架摄影,在外界宣传说是沈定一拥有的一支两万人的军队所用的枪架;工人们在衢前附近的凤凰山上筑石建纪念碑,则被谣传为在建筑炮台。② 这些谣言为沈定一创造了一个新的身份:"命令主义者";甚至还被冠上 20 年代臭名昭著的"土豪劣绅"的恶名,说他企图占山为王。而沈定一的个性也不易使外面的人对这些谣传不屑一顾。近乎傲慢的自信和近乎武断的自以为是,使沈定一失去了从党的领袖们那里获得更多同情的可能。

总之,沈定一身份的含义比其现实的威胁似乎更为重要。已耗尽资源的沈定一,无论从哪方面来说都不再可能对党构成现实的挑战:他的自治实验至多表明他的反对派立场,然而党的领袖们则宁愿把沈定一的行动视做某种阴谋,以便削弱一个他们认为不可信赖或控制的反对者。③那些手中掌握关键的权力资源的当政者,似乎并不试图去理解或容忍任何被他们视为不忠的人。至少在这一时期,任何与领袖们的目标相悖的行动,是不可能被视做忠诚的反对者而加以容忍的,而沈定一则正是以这种方式贯穿自身行动和自治方案始终的。因此,他的努力从一开始就注定了失败的命运。在国民党取得胜利后日益甚嚣尘上的反革命政治

---

① 参见 Fitzgerald(费茨杰罗德):"The Misconceived Revolution"(《被误解的革命》),第 337—339 页。

② 孔雪雄:《东乡自治始末》,第 341 页。

③ 参见 Edelman(艾德曼)有影响的讨论。参阅 *Constructing the Political Spectacle*(《建构政治景观》),第 4 章:"The Construction and Uses of Political Enemies"(《政敌的树立和运用》)。

氛围中——即在一个服从权威(以拥护国家和革命之名)成了政治评判的标准、谣言及其惊人的不可预测的威力成了重要的政治手段的政治环境中——有意或无意的误解总是一再出现。在沈定一的个案中,就像这个动荡岁月中的许多其他人一样,这种偏执的观念组合是毁灭性的,最终也是致命的。

第九章　遇刺之谜

千锤万凿出深山，

烈火焚烧若等闲。

粉骨碎身浑不怕，

要留青白在人间。

于忠肃（谦）（明朝）

沈定一题

死，死，死，

踢翻恐怖城，

踏平众怨府，

血路——活路。

死，1922

随着子弹的呼啸声，沈定一应声倒在汽车站台上的血泊之中。暴雨依然哗哗地下着，一些枪声大作时四散逃命的人也渐渐回到车站，这些人几乎都与沈定一极为熟识，他们茫然地站在尸体周围。正在自治协会办公的沈定一网络中的同志蒋剑农和周欣为听到枪声和骚动声急忙赶来,并帮着把尸体搬到区党部和自治协会办公室。他们还派了一辆专车去杭州报告这一变故,王讷言闻讯派了两个医生赶赴衙前。

正在农村宿舍的王华芬和沈定一的大儿子沈剑龙也被叫了过来。　*234*
当时才十岁的沈定一的二儿子沈剑云在许多年后回忆当时听到噩耗时提到,那一刻他也正在家中。警察在沈定一的尸体被移走之前也赶到了汽车站。尸体旁边的地上有一张名片,是一个叫吕宝章的嵊县人的,这是在犯罪现场获得的惟一线索。警察立即向附近市镇坎山和柯桥警署报告,坎山镇和县城的警察并不知道凶手已经逃脱,立即赶赴衙前以期堵截凶手。

沈定一的尸体随后被送到他自己家中,由于身上多处受伤,他的衣服上全是斑斑血迹。在接到求援电报后,萧山医院立即派出最好的医师随同县长前往衙前。晚上 10 时他们才抵达衙前,医生查验了尸体,随后家中便开始准备棺木。8 月 29 日下午 6 时,又为尸体换了衣服。"远近曾与沈先生共过事的同志",亲友以及家人无不沉浸于一片悲愤之中。沈定一的死讯被以电报形式陆续告知中央和省政府以及亲朋好友,并通知遗体将于 9 月 1 日(星期六)下午 1 时入殓。①

在随后的四个月中,至少有八个人因涉嫌谋杀而在绍兴和嵊县被捕,但最终都因证据不足而被释放。事隔一年后,一个姓邢的青年工人从哈尔滨造船厂来到杭州,原籍嵊县的邢某向沈定一治丧委员会提供一个秘密的证据,他报告了在船厂与一个姓钱的也是嵊县籍的粗工的一次谈话。钱某曾说:"上一年有人向我联系暗杀一个对象,言定事成后酬金三万元。后来人是被我杀了,酬金只收到一万元。第二天我到上海,见到报纸上登载这一凶杀新闻和死者照相,报上说死者是一个好人,因此,我内心感到十分难过。又因报上悬赏缉凶,我走投无路,所以远奔

---

① 这一描述是基于《沈定一先生事略》中《沈定一先生被刺经过》,以及 1928 年 8 月 30 日到 9 月 12 日之间的《民国日报》和《申报》作出的。

东北。"

得到报告后,治丧委员会立即致函哈尔滨当局,要求把嫌疑人引渡到杭州。然而,正当浙江方面的调查开始时,至此已供认不讳的凶手暴死狱中。在最初的供词中,他只是提到有一个萧绍一带的地主赞助了这一谋杀,但没有牵涉其他人。[1] 最后,无人因这起凶杀案而遭到宣判。

谋杀:证据及关键问题

目击者对罪犯的描述并不充分,而只是提供了凶手相当一般的特征:两个人都30岁左右年纪,其中一个很瘦,秃顶,边上有一圈短发。旁观者还回忆说,凶手操嵊县(及其邻县)新昌一带的口音;这一点加上谋杀现场发现的名片上的地址,使得警察得以确定调查的最初区域。

随着调查的深入,警方和新闻舆论都倾向于认为凶手是经过良好训练的神枪手。他们在20英尺之外进行射击,却能发发命中要害,而其他人包括就站在沈定一旁边的宋维祺,则丝毫不受伤害。这表明他们显然是职业杀手,且这起凶杀案也非与沈定一有仇隙者亲自所为。此外,这起谋杀显系经过周密策划的。实际上,一个凶手就是以消灭一个手无寸铁的目标,但这里却安排了两个人且共持三把枪,并从江边站一路跟踪目标。有意跟踪了这么多路以寻找下手机会,且下手如此之重,足以表明他们必欲致沈定一于死地。再有,他们能极轻易地得以逃脱,显然也是精心策划的结果,如果他们准备得稍欠周全且就在较为繁忙的江边站就对沈定一采取行动,要成功地摆脱追捕者就会困难得多。所以,1993年,沈定一的孙子沈忠良把这起事件称之为"一场精心策划的谋杀"。

在推敲这起谋杀案背后各种的猜测时,有必要就8月28日发生的事情提出一组重要的问题。等候在江边的两个杀手是如何知道沈定一

---

[1] 陈功懋:《沈定一其人》,第45页。

往返莫干山归来的时间的？那天傍晚，当开往衢前的汽车准备出发时，他们是仅仅漫无目的地守候在那里还是没准儿掐点赶到？难道那天他们已被告知沈定一到达的可能时间？如果考虑到有关资料表明沈定一本来并不一定于星期二回衢前，那么后一种可能性就是可信的了。周柏年曾一再要沈定一在疗养院再多待一段时间，但他没有答应，因而更可能的情况是已有人通知杀手有关沈定一的日程，而不像只是杀手的单独行动。那么，这个信使又可能在哪里呢？这似乎又有三种可能：捎信者可能是正在莫干山上的某一个人；这个人可能就在疗养院或者是在沈定一和王讷言回杭州所乘汽轮的始发站；这个信使也许是在杭州北部的拱宸桥的某个人，他在那里看到沈定一和王讷言下了汽船；这个信使是当天正守候在江干镇凤山门钱塘江轮渡站的某个人，这个地方尽管离沈定一到钱江东岸只有很短的一段路程，但政府那几天在这里临时宣布了异乎寻常的戒严，往东过江的行人须通过岗警搜查后方能通行，沈定一也接受了检查。

问题不止此。这两个杀手与沈定一的关系似乎也颇耐人寻味。假如嵊县人钱某的证言是可信的话，那么杀手并不认识沈定一。但另一些材料却表明这两个人与沈定一相互熟识，有报道表明在上车前杀手曾与沈定一聊天。1993 年，沈定一的儿子甚至指出他曾被告知其父还曾在江边汽车站买食物给他们吃，目击者也报告说这两个人在车上还试图挤坐到沈定一旁边。当然，假如他认识他们的话，那么关键的问题在于他与他们之间又是何种熟识程度？

试图剖析沈定一遇刺之谜的困难之一，就在于存在太多的可能解释。在其人生最后 12 年的革命旅程中，他在全国、省和地方树立了许多敌人。上海《申报》在报道有关沈定一死亡的消息时指出："玄庐其人言人所不敢言，行人所不敢行。"[1]然而，研究那些由当时的论者所作出的解

---

[1]《申报》，1928 年 9 月 3 日。

释仍是必要的,尽管出现某种新的解释,即真凶可能是从来不曾想到的某个人的可能性始终存在着。但是,这种研究将帮助我们尽可能地理解谁是应对沈定一遇刺负责的可能人选,从而也有助于我们更为深入地透视 20 世纪 20 年代的中国政治和社会。

谜底 1:因个人复仇导致的谋杀

嫌疑人:衙前东岳庙庙祝。[1]

237

动机:因沈定一占领庙宇、驱逐庙祝而伺机复仇。

证据:间接的。庙祝扬言杀死沈定一,且在沈定一死后夺回了庙产。

可信度:东岳庙是衙前地区众多庙宇中最大的一座,其建筑和所属房产占地十数亩,差不多就在沈家正南面,与沈家隔着大运河相望。1921 年,当沈定一成立农民协会并开展抗租运动时,曾提出占领庙宇并把它用做农会会址和公共集会的场所。当时的沈定一之所以不假思索就作出这一决定,是因为满脑子的五四思想使他认为迷信既浪费财物又于世无补。庙宇被占后,庙祝被驱逐出门(转移到衙前地区另一庙宇中),庙内泥塑偶像尽被毁弃,其他庙中器物则被转移、登录并保存起来,作为精致的艺术品以供展览。

1921 年那个喧嚣的秋天,农会就是以东岳庙为会址,并接纳摇船来衙前寻求指导的成百上千来访农民的。东岳庙既是抗租运动中心,也是这场运动遭到军事镇压的场所。早先就以精神不正常闻名的庙祝仍不断非难沈定一,并当面扬言他迟早要来报仇,还咒其速死。在整个 20 年代,庙祝曾数度发表这样的言论。从 1921 年底直到 1928 年初,庙宇经常被用做公共集会的场所,从沈家到庙宇的距离很近,大大便利了工作的开展。1925 年后,庙宇被改名为中山堂,而且也是在这里,先是衙前自

---

① 有关这一可能性的讨论,参见《申报》,1928 年 9 月 3 日;孔雪雄:《东乡自治始末》,第 387 页;陈功懋:《沈定一其人》,第 46 页。

治协会接着是东乡协会相继成立。其他地方的庙宇也被用做自治协会办公室,但它们在作为协会办公室的同时仍保留佛教庙宇的功能,而且在很多情况下协会在进驻之前还先主动帮助翻修庙宇。

1927 年,有传闻说庙祝已募集到两千元钱以悬"赏"雇人杀死沈定一。而沈定一遇刺身亡后,庙祝立即搬到以前的庙宇中,再也不肯离开。警察在 9 月初逮捕了庙祝,禁止他住在中山堂,但没有指控他参与谋杀。尽管庙祝可能确想置沈定一于死地,且不仅反复扬言复仇而且也许确已筹到一笔雇用杀手的资金,但这起谋杀显系职业杀手所为的特性,却似乎有助于证明庙祝并未参与这一事件;因为两千元对于雇用两个具有协同作案专长的杀手来说是一笔相对较小的数目。因此,尽管庙祝对沈定一的行为可能愤怒之至,他却应当被从嫌疑人名单中去掉,庙祝在过去将近 7 年的时间中都不曾把他的威吓付诸实施,为什么却要赶在这个时候采取行动? 至于他搬回庙宇的行动则纯粹是出于机会主义。

谜底 2:为防止经济损失而导致的谋杀

嫌疑人:嵊县蚕种商人。①

动机:除掉沈定一,因为他在东乡协会停止购买嵊县蚕种的决策中所起作用最大,而这一决策最终使嵊县商人遭受了巨额的经济损失。尽管 1928 年东乡只购买了 4000 张优质蚕种,但商人们害怕这一决策最终会断送他们与这一地区的蚕茧生产者长期建立起来的利益关系。

证据:犯罪现场发现的名片是一个叫吕宝章的嵊县人的,且根据目击者的描述,凶手操嵊县新昌方言。初夏时节还有一个嵊县商人专程到萧山恫吓沈定一,以阻止他倡导蚕种改良。

可信度:当初,调查者曾设想名片是其中的一个杀手的。这种推理

---

① 参见《申报》,1928 年 9 月 3 日;陈功懋:《沈定一其人》,第 46 页。

假设这个人在车上把名片递给沈定一,而枪击开始之前当沈定一翻寻车票时名片掉到了地上。这种解释似乎令人奇怪:一个杀手为什么会把自己的名片送给谋杀目标呢?因而嵊县人吕宝章是否真是凶手之一不能据此而断定。实际上,也没有记录表明这个人曾被找到过。而嵊县口音初看似乎表明凶手来自嵊县,但事实并非如此简单。因为许多在衙前附近的新沙地上垦荒的移民都来自相对贫穷的嵊县和新昌,他们都操那种方言。因此尽管有间接证据表明此案与嵊县有较强关联,但事实未必如此。

嵊县蚕种商人倒确有相当强的动机除掉沈定一。省内蚕种供应商之间的竞争极为激烈,成交额也极为可观,仅 1927 年全年的成交额估计就有几百万元之巨。嵊县、新昌和余杭等地的蚕种供应商为抢占市场,以便把自己的蚕种全部销售出去而展开了激烈的竞争。嵊县、新昌两县一般年均生产约 30 万张蚕种,约向 800 人提供就业机会。① 对他们来说,尽管 1928 年夏在东乡的销售下降了 4000 张并不算什么,但到 1929 年下降了 4.5 万张则显然造成了巨大的损失。嵊县所拥有的茧行乃全省之冠(59 家),因此与其他县比较,其经济也就相对更依赖蚕种业,其商人的利益和全县的经济状况也就更取决于能否继续占领那些以前一直购买他们蚕种的地区的市场。②

嵊县蚕种的销售期大致从 4 月底开始,而到 5 月下旬才结束。但据说沈定一早在 1927 年就提到当地农民渴望购买杂交改良蚕种,而随着农民协会和衙前村自治协会的建立,协调组织农民利益及其长远目标,

---

① "Silkworm Raising in Chekiang Province"(《浙江省蚕茧增产》),*Chinese Economic Bulletin*(《中国经济公报》),1927 年 2 月 5 日,第 72 页。也可参见"Agricultural Notes"(《农业简报》),*Chinese Economic Bulletin*(《中国经济公报》),1927 年 2 月 19 日,第 103 页;"Cocoon Crops of Chekiang"(《浙江茧丝产量》),*Chinese Economic Bulletin*(《中国经济公报》),1930 年 5 月 24 日,第 261—263 页。

② "Cocoon Trade in Chekiang"(《浙江茧丝贸易》),*Chinese Economic Journal*(《中国经济杂志》),1926 年 12 月,第 563—572 页。

并在决定购买新蚕纸的数量上采取联合行动已变得更为可能。这种社区决策和联合行动的可能性，正是沈定一力图建立群众组织的根本所在。

初夏时节，春蚕季节刚过，一个气势汹汹的嵊县商人就赶到衙前威胁沈定一不要贸然行事，而其他蚕种商则竭力诋毁协会的决策及其未来的规划。他们煽动乡民们对经济损失的担忧：为什么要在得不到更多收益的情况下在每张蚕种上花更多的钱？据说他们的煽动在东乡引发了多起骚动。我们不清楚究竟有几起这样的事件（如果有的话）是由当时已定居东乡但仍与其家乡蚕种生产商有较强联系的嵊县人煽动的，但部分骚动可能与此有关。

总之，蚕丝业中确实有人对沈定一切齿痛恨，这些人欲置沈定一于死地是可以理解的，因为沈定一的决策确实威胁了他们的经济利益。作为现代科学变迁之结果的杂交蚕种的产生，对嵊县既有蚕种提出的挑战丝毫不亚于革命对政治社会体制提出的挑战。在其成年生涯的大部分经历中，沈定一曾无所畏惧地一再向那些权势人物发起挑战，难道这次向嵊县商人发起的挑战最终竟会以他自取灭亡而告终？他们在当地可能拥有可靠的代理人，这些人可能就是住在东乡的嵊县移民，而后者可能了解沈定一；他们也应当出得起大笔赏钱以雇用杀手，他们也可能在交通线上、渡口和汽船码头安排眼线以向杀手提供沈定一的行踪线索。假如杀手真来自嵊县，蚕种商就不能被排除在嫌疑人之外。

但这些证据并不令人信服。尽管据说嵊县人的性格凶猛坚忍，且有好斗传统①，但这种可能的解释却包含太多的假定，这些假定又建立在诸多不着边际的可能性上。他们"可能拥有这个"、"或许做了那个"，但"这个"和"那个"的可能性又有多大呢？为什么非得花数千元钱谋杀沈定一，而又毫无理由证明他是惟一的蚕种改良决策者？他的同事们显然支

_240

---

① 钱方来：《辛亥风云中的嵊县知事》，第 99 页。

持这一决策,即使沈定一死了,这一决策仍可能(而且确实)会被继续下去。因此,尽管蚕种商仍将被保留在嫌疑人名单上,但他们雇用杀手行刺的可能性似乎微乎其微。

谜底 3:为报复以及担忧前途而实施的谋杀

嫌疑人:萧山地主。[①]

动机:对沈定一1921年的抗租运动及其所领导的二五减租运动实施报复,同时也担心东乡协会和群众组织的发展对其前途不利。

证据:间接的。嵊县人钱某在狱中暴死前不久,供称他是受雇于萧绍地区地主汪元洪而制造这起谋杀案的。县城长河镇上的船夫雷阿金也报告说,他曾作为信使在雷姓、傅姓和周姓三个长河附近的地主与金姓、方姓和汪姓三个东乡地主之间通风报信。最后这个汪姓地主可能就是汪元洪。

可信度:许多萧山地主憎恨沈定一是人所共知的事实。用一个俗语来表达,在他们眼里,他就是"眼中钉"[②]。当地主们的反沈阴谋大致成形时,长河镇上的地主也正竭力对付共产党鼓动的抗租风潮。由于当时萧山县共产党人数居全省之首,因此社会治安正面临失去控制的威胁。[③]在那些过去一再遭受沈定一的行动挑战,而今又面临社会动荡的地主们看来,沈定一有关佃农问题的计划和提议只可能激起更大的麻烦:用省党部和政府一月公告中的语言来说正是"佃户们正得寸进尺"。

当时谣言盛传(总是谣言)沈定一正计划提出重分土地的方案,而且传闻说他实际上已起草了实施细则。[④] 这种议论实际上与沈定一曾经倡

---

① 陈功懋:《沈定一其人》,第45—46页。
② 同上书,第46页。
③ Schoppa(萧邦奇):"Contours of Revolution in a Chinese County, 1900—1950"(《一个中国县的革命概况,1900—1950年》),第783页。
④ 曹聚仁:《我与我的世界》,第179页;高乐天:《沈定一先生的一生》,第11页。

导的并非完全不相吻合。例如 1928 年 6 月 8 日在衙前的演讲中,他曾指出:"要到社会建设完成的时候,私有产的制度才可以打破,就达到民生目的。"①但没有任何资料表明他曾经起草了这样一个计划。正如 20 世纪 20 年代一再展示的那样,谣言以及人们宁信其有的东西,远比现实状况来得更为重要也更引人注意。

不管如何,基于地主们对沈定一的态度,以及他们对这个农村改革的坚决倡导者将来的行动和已觉察到的激进主义给他们带来的不良征兆的恐惧,他们应当是可信的嫌疑人。他们有财力悬赏雇用杀手,而且一个至少由 6 人组成的同盟(根据船夫的报告)也无疑拥有足够的关系网,以了解沈定一的计划并确定时机的选择和杀手的逃跑路线。

我们也得到了汪元洪这个住在邻近衙前的大义村上的大地主商人的名字。不应忘记,1921 年秋当沈定一在一个当地庙宇号召建立农民协会时,正是这个汪元洪高声攻击沈定一是呆子、神经不正常,同时警告农民继续听沈定一的话不会有好下场。自那以后,沈和汪的关系几乎可以肯定是不会太好了。曾在萧山县党部工作的陈功懋 1982 年撰文指出,神秘的钱某在狱中呆了一年后,因为说出汪元洪是幕后主使者而暴毙狱中。但在被问及这个指控时,沈定一的遗孀王华芬说:"地主汪元洪和玄庐为世交,平时感情并不坏。"②她的措词显然表明她并不赞同汪元洪就是无辜的。"平时"一词令人费解,但这也显然表明沈的遗孀至少不愿公开声明地主汪元洪与此案有涉。

但实际上,汪元洪在 1928 年秋就因涉嫌谋杀而被捕,比陈功懋所说的他是因钱某指控才被牵涉本案要早一年多,因此这两种材料有不一致之处——而陈提到的事实似乎不够精确,至少是年代有误。③ 邢某(最初向当局举报钱某的人)和钱某最初出现于 1929 年 2 月的报纸上,随后他

① 孔雪雄:《东乡自治始末》,第 340 页。
② 陈功懋:《沈定一其人》,第 45 页。
③《申报》,1928 年 12 月 3 日。

们又作为暗杀阴谋的 5 人同盟——加汪元洪是 6 人——的成员出现在报纸上。[①] 汪元洪在萧山财界精英中"关系"众多。1928 年 12 月初,来自萧山、绍兴两县各镇的商会机构的信函雪片似地飞入杭州省政府,请求立即释放汪元洪,政府的答复是汪元洪仍有嫌疑,因此对他的审查仍将继续。[②] 但最终他还是被放了出来,如同其他所有嫌疑人一样。

那么,我们从这些材料中能了解到什么呢?由沈定一的省党部执行委员会和东乡自治协会网络组建的沈定一治丧委员会,根据船夫雷阿金的报告展开了调查,但一无所获。[③] 然而不管如何,汪元洪仍是一个可疑的人物:这次谋杀是他一手策划的?有可能。但倘若这个假设成立的话,关于时机选择的重要问题就会凸显出来。为什么要赶在沈定一从莫干山回来的这一特定时刻?似乎没有很好的理由能够说明为什么汪元洪要选择这一时刻,并采取这种方式(凶手在实施袭击前要坐一段很长时间的汽车)。他就住在衙前一两里的地方,因而他可以选择任何其他时间对沈定一采取行动——例如在沈定一作出使他更难忍受的行动或讲演之时前后。

因此更可能的情况是汪元洪作为中间人,并心甘情愿地为某一更高权威雇用了杀手。如果我们认为陈功懋描述的大意是可信的话,那么钱某直到在供出汪元洪前一直未被置于死地,只是在招供之后才神秘地死去。尽管汪元洪和其他地主可能参与了谋杀,我们还是先考察最后两个嫌疑人再试下判断。

谜底 4:作为政治报复的谋杀

嫌疑人:共产党或共产党个别党员。[④]

---

① 《申报》,1929 年 2 月 20 日。
② 《申报》,1928 年 12 月 3 日。
③ 陈功懋:《沈定一其人》,第 46 页。
④ 那些指控共产党参与了这起谋杀者都是国民党的坚定支持者。参见高乐天:《沈定一先生的一生》,第 11 页;《民国日报》,1928 年 8 月 30 日。

动机：对沈定一1925年衙前会议上"背叛"共产党的行为以及后来参与西山会议派活动实施报复；对据认为他在宣中华之死中所起作用实施报复；尤为重要的是，对其领导1927年省内清党工作、制造白色恐怖气氛实施报复。

证据：无。

可信度：尽管共产党及其个别党员似乎是除掉沈定一的动机最为强烈的人选之一（沈定一遇刺后他们无疑弹冠相庆），但没有记录可以把他们与这起谋杀联在一起。上海的国民党机关报《民国日报》推测这起凶杀案是政治嫉恨的结果，因为东乡农民听从沈定一而非共产党。

事实上，在前16个月的三次清党中经历了两次流血事件，且每次都付出高昂代价的浙江省共产党已基本上陷于瘫痪状态。1928年，萧山县共产党发动的长河暴动遭到了军事镇压，其组织也遭到严重破坏，直到1929年县共产党才得以重建其基层组织。① 而且此时的沈定一显然对共产党已构不成长期威胁，人人都看得出来前清党首脑现在自己也已受到清洗，且也已几乎没有可能——至少在可预见的将来——重掌省党部或省政府大权。因而尽管此人令人憎恶，但已无足轻重。从共产党的观点看，这个人似乎已被时代无情淘汰。

如果认定这起暗杀是共产党或其个别党员为报复积怨所为，那么有许多问题无法得到解释。考虑到共产党当时的处境，为什么其领导人竟会无视更为紧迫的党的生存问题而花费金钱和人力去杀死沈定一？ 在这种情况下认为他们还会干这样的事是否合乎逻辑？ 如果是他们干的，为什么要选在1928年8月下旬，并在开往衙前的普通公共汽车上？ 为什么不在任何一个沈定一频繁的出席的公共集会上？ 为什么不选在离沈定一参与清党结束后离开省政府时更近一些的时间？ 如果我们假定

① Schoppa（萧邦奇）："Contours of Revolution in a Chinese County"（《一个中国县的革命概况》），第784页。

是共产党人亲自所为,那么他们是否在往莫干山的路上沿途都有联络人员,以便向杀手传递有关沈定一行踪的情报?为什么他们要雇用职业杀手(假定在这一点上警察的判断是正确的)?假如这一行动是一起政治报复,为什么共产党或其成员又不想让社会以及革命政治界知道是他们采取的行动?

总之,关于共产党暗杀沈定一的假设既缺乏事实根据,也似乎找不到社会背景和逻辑上的依据。

谜底 5:为阻止政治成功和潜在叛乱而实施的谋杀

嫌疑人:国民党或国民党党员。[1]

动机:结束一个令人头痛且又捉摸不透的卡理斯玛式领袖人物的政治生涯,因为其在东乡自治协会和群众组织上获得的成功,与党的路线背道而驰;阻止其再作为西山会议派发言人出现在全国舞台上;摧毁其建立政治基础的努力,以阻止他可能以此为跳板在省内东山再起。

证据:间接的,但令人信服的。

可信度:国民党中央或省党部命令暗杀沈定一的可能性很大。在本案五大主要嫌疑人中,只有地主和国民党两者具有某种动机——担心他将来可能采取的行动———有可能就除掉沈定一。这里的主要问题在于究竟是哪一级国民党:中央还是省党部更可能是主使者?

²⁴⁵ 中央和省党部显然都不信任沈定一。1927 年 11 月下旬,中央党部派巡视员对萧山县党部作了调查;1928 年,浙江省政府也派工作组调查

---

[1] 陈功懋:《沈定一其人》,第 44 页;徐行之:《党成立时期浙江的工农运动》,第 43 页。另外,阮义成(国民党忠实党员)在其所著《沈玄庐》第 18 页中也暗示了国民党的参与,他写道:"自我来台以后,黄季陆先生(他曾和沈玄庐同属西山会议派),他也是沈玄庐生前友好,多次同我打探此事真相,我向他讲我确实不知道。黄疑心浙江省党部里有人参与了此事,我说没有证据不敢轻易下结论。"

了萧山农民协会。① 1928 年 5 月下旬,省党部任命了两个"特派员"常驻
萧山县党部。② 沈定一在自治计划开幕式上举行纪念李成虎的仪式,而
当群众组织在全省范围内已被取缔后,他依然故我地大肆宣扬群众组织
的力量和作用;值中央开始以中央集权相号召之际,他偏搞自治实验;而
在 6 月 8 日的讲演中,他竟提出"打破私有产的制度"——所有这些都似
乎显得极为激进,而"激进"在当时几乎是作为共产主义的同义语而遭到
敌视的。因此,这年夏天党准备采取措施以清除沈定一在萧山县党部中
的影响。而对沈定一来说,是执行孙中山的教导而开展的建设和训政事
业,也就因而根本不可能得到党的支持、承认和批准。不幸的是,随后兴
起的谣言又盛传他制定了重分土地的方案,添置了山顶炮台和大量枪
支,并训练了一支由两万农民组成的自卫队,而炮台和自卫队的谣言足
以使沈定一够得上"土豪劣绅"的称号,因而自然就成了国民党政权的
敌人。

　　据说沈定一在遇刺前几天曾收到两封信:一封来自张静江,时任省
党部主席,不久又被任命为省政府主席,其人是蒋介石的亲密盟友;另一
封则来自前省民政厅长斯烈。这两封信都规劝他行动不要过于激进,不
要直言不讳或走极端,还通知他外面风声紧,要谨慎行事以免遭不测。
那么沈定一对此有何反应呢?他根本不理会这些警告。③ 因此,对这个
越来越被视为激进分子或"土豪劣绅"的人采取行动的理由已很充分。
接下去需要做的无非就是实施暗杀,从而一劳永逸地拔掉这个现行政权
的眼中钉。

　　沈定一的莫干山之行也许是揭示这一起暗杀事件背后的特殊动机
的关键。关于这次莫干山之旅的记载,有许多令人费解之处。首要的问
题是沈定一为何要去莫干山?据沈定一治丧委员会写的传略上记载,8

---

① 《申报》,1927 年 11 月 26 日、1928 年 1 月 28 日。
② 《申报》,1928 年 5 月 22 日。
③ 陈功懋:《沈定一其人》,第 45 页。

月 25 日,也就是启程前一天,他从报纸上了解到他已 3 年未曾谋面的戴季陶正在疗养院,于是他就决定亲自走一趟,以便与戴季陶商讨扩大自治的途径。但问题在于,1 月当戴季陶在更为便利的杭州向大约 300 人作讲演时,沈定一未去找他却偏偏要在此时去找他。① 其他材料,包括孔雪雄 1934 年出版的有关东乡自治协会的历史和沈定一的儿子剑云 1993年的陈述,却表明沈定一并非自己要去莫干山而是应邀前往的②,考虑到孔雪雄是沈定一的密友,而剑云则可能承续了家族中口耳相传的秘史,因此他们的说法是值得重视的。

沈定一是自己决定前往还是受人邀请,这二者究竟有何不同呢? 假如他是自己决定去的,那么他的这次造访并没有正式目的。但治丧委员会之所以这样写,可能是想使沈定一的莫干山之行摆脱任何可疑的政治色彩。治丧委员会的传略写于对沈定一遇刺的调查仍在继续之时,它暗示任何关于这次旅行的不符合国民党政治目的的解释都是不正确的。另一方面,假如他是应党的重要领导人之邀去莫干山,则他的造访就具有正式的政治意义:是否继几天之前张、斯信函之后所采取的后续步骤? 党是否想通过沈定一的老友戴季陶之口以强化其警告? 另外,针对沈定一的激进行动,戴季陶对沈定一向他所倾吐的一切,即纪念事略中所记录的沈的“最后的革命观念”——“革命本起于人心底不满足的。因为对于现状不满足,所以要革命;革命以后,人心还是不满足,所以慢慢地还要再起革命。因此,人心常常不满足,才有人群底进化;如果人心满足了,人群便没有进化了。”③——又有何反应? 这番话显然难以平息人们对其激进主义立场的疑虑。

另一有关莫干山之谜的问题是,从可以信赖的材料,人们只能看到四个沈定一在疗养院进行会晤的人:戴季陶、张继、朱家骅和周柏年。然

①《申报》,1928 年 1 月 7 日。
② 孔雪雄:《东乡自治始末》,第 341 页;以及与沈剑云的访谈,1993 年 6 月 9 日。
③《沈定一先生事略》,第 14 页。

而没有一个有关沈定一的传记资料提到另一位从 8 月 23—30 日一直与其妻子住在疗养院的领导人:国民党中央执行委员会委员兼广东省长李济深。① 此人与桂系有密切关系,且从 1927 年秋天起又与西山会议派有亲密往来。② 李济深与其他 4 人并非不在一起:当他离开疗养院时,还是与戴季陶一起走的。③ 尽管沈定一和李济深可能并未作深入交谈,但张继和朱家骅与沈定一显然也并没有太多交流,然而他们两人却都出现在材料中。

247

为什么李济深被遗漏了呢? 似乎有关沈定一的材料希望给人以这样一种印象,即李济深的存在与沈定一去莫干山没有关系,而不提李的存在是达到这一目的的最简便办法。但是,如果沈定一的疗养院之行完全是"清白"的,那又为什么不提李? 这样做不可避免地令人怀疑沈定一的传记作者希望尽力掩盖某些事实,以避免人们对沈定一此行的意图产生种种猜测。前面曾经提到在中央特别委员会存续期间,西山会议派曾与桂系结成联盟,而 1928 年夏天关于桂系再度掀起反蒋高潮的传闻又开始出现。李济深是与张继一同去莫干山的,而张继也曾是西山会议派领导人,其时是中央政治委员会北京分会主席。是否李或张邀请沈定一去莫干山商讨取代蒋介石的可能性? 是否沈定一也已开始考虑重返更高层次的政治舞台? 或者他仅仅是自己想去莫干山,而李和张正在那里疗养也只不过是一个巧合?

不管事实如何,两个萧山人——一个是 20 年代的国民党员,另一个在当时是共产党人——都指出沈定一的莫干山之行是导致他遇刺的关键因素。曾供职于国民党萧山县党部的陈功懋在 1981 年写道,沈定一的行踪可能通过戴季陶被蒋介石获悉,从而激起了蒋介石对西山会议派

① 《申报》,1928 年 9 月 2 日。
② Wang Ke-wen(王克文):"The Kuomintang in Transition"(《转型中的国民党》),第 148—161、179、200 和 211 页。
③ 《申报》,1928 年 9 月 2 日。

的猜忌。蒋和沈 1923 年的莫斯科之行,是他们一生中共处时间最长的一次,但他们的关系从来就不睦。沈定一又是一个精力旺盛、野心勃勃的人,蒋介石并不喜欢他,也从不认其为自己的嫡系,而予以疏远和排斥。在这种背景下,沈定一与李、张间可能的密谋,加上他可能已从他的亲信张静江那里获悉有关沈定一在东乡的活动,这一切已足以促使蒋介石下决心暗杀沈定一。[①]

徐梅坤,这位 1921 年曾与沈定一一起组织过抗租运动的共产党工会组织家的解释基本与此相同,只是在细节上更为详细一些,但也包含一些事实错误。徐梅坤的材料最初写于 1957 年,并在 1980 年作了修订。他提到的当时在莫干山的人与事实有出入,他以李石曾代替了李济深,又以张静江代替了张继。他写道:"在莫干山秘密会议上,他们准备推翻蒋介石,抬张静江出来当国民党政府主席。蒋介石认为李、张被沈利用,故通知何应钦,设法暗杀沈。何应钦命令浙江省军事厅厅长蒋伯诚,派刺客暗杀了沈。这些情况,我是听这个刺客说的。那时,我正关在牢里。"[②]徐梅坤的回忆所包含的事实错误,足以令人对此种观点产生怀疑,因此我的结论不以此为依据。但对照 1993 年夏天我对沈定一的儿子所作的调查的结果,这一观点不仅有趣也颇发人深思:在回答我提出的谁是幕后主使者的问题时,沈剑云及其家乡人犹疑了片刻,最后说出了何应钦和戴季陶的名字。

显然,如果我们把国民党中央和省党部视做嫌疑人,8 月 28 日下午发生的一切就显得更容易理解。莫干山的人(大概是戴季陶)把有关沈定一的日程安排通知了杭州省政府里的人,同时在渡口站上布置了临时戒严措施,这一点是很不同寻常的。据猜测,共产党的威胁来自有人从外向省会渗透,而不是试图离开省会。但假如戒严措施是警方执行某官

---

① 陈功懋:《沈定一其人》,第 44—45 页。
② 徐行之:《党成立时期浙江的工农运动》,第 43 页。

方当局的命令的话,这一点就是可以理解的了。理由是:当待命省会的杀手过江之后,参与这起密谋的政府官员仍担心沈定一身上持有武器,[1]于是就密令警方在江边设岗搜缴行人武器,以确保当杀手实施袭击时沈定一身上没有武器。另外,假如是国民党当局制造了这一起谋杀,则凶手的轻易逃脱也就容易解释了。其根据是,当暗杀发生时,衙前警署里只有一个警察,其他人都执行"公务"去了。[2] 如果这点成立,则逃往满洲的凶手钱某引渡来浙,在招供后不久即在狱中神秘死去一事也就昭然若揭:因为假如党和政府方面参与了此案,那么他们就有动机也有手段让钱某永远闭上嘴巴。而汪元洪这位可能是暗杀阴谋的中间人的逮捕之所以是必要的,是因为他已被指控为暗杀的幕后嫌疑人。因此在官方与汪元洪的相互串通下,汪就被象征性地关了一段时间,随后又把他放了出来,这样个中阴谋就神不知鬼不觉了。

国民党中央和省领导人对暗杀事件总体上的冷淡反应,也强化了他们可能难脱干系的推测,至少表明他们很不喜欢沈定一。尽管省政府提供了治丧费用,但只派了两名党政代表(而且还是并不很重要的人物:蒋梦麟和程振钧)去衙前吊祭。[3] 而戴季陶这位在沈定一发展党部过程中的关键人物和所谓的朋友,尽管 8 月 30 日也在杭州,却没有去衙前致哀。然而,他的名字却与蒋介石一道出现在一个有名无实的纪念委员会的名单上。[4] 沈定一的同事和家人的记录中还颇为愠怒地提到,在蒋介石所送挽联上也只是模棱两可地说了句沈定一之遇刺是"为宵小戕害"[5]。省党部主席张静江令人在沈定一遇刺之地立碑以志纪念,却没有碑铭,甚至也没有回顾沈定一生平成就的颂词,只有几个苍白的大字:

249

---

① 陈功懋:《沈定一其人》,第 45 页。

②《民国日报》,1928 年 8 月 31 日。

③《申报》,1928 年 9 月 2 日。

④《民国日报》,1928 年 8 月 31 日。

⑤ 陈功懋:《沈定一其人》,第 45 页。

"沈定一先生被害处"。① 有意思的是,来自党的方面的惟一可以称得上是热情褒扬的反应来自李济深。在一次采访中,当被问及其对沈定一遇难有什么看法时,李答道:"沈先生系我党之先进,毁家革命,功在党国。即如最近在萧山办理自治,尤属难能可贵。盖革命工作,重在实际,予闻噩耗后,不胜痛悼。"②

沈定一治丧委员会呈请中央委员会为沈定一举行国葬;考虑到本案的严重性,他们还要求组织一个特别法庭,蒋介石很快否决了这两个要求。针对后一要求,他指出这是一个普通谋杀案,可移普通法院侦缉办理,无须另组法庭。③ 省政府则最初同意保留东乡自治协会,以作为对沈定一的永久性纪念的请求,但是到 1929 年中期,政府又改弦易辙,到年底整个自治计划也被解散了。从此以后,党及其代言人再也没提沈定一,似乎他从未曾存在过。1929 年,以省主席张静江为首的省政府举办西湖博览会,并筹建革命纪念馆。沈定一纪念委员会建议追认沈定一为烈士,但立即遭到了陈果夫和陈立夫控制下的省党部的拒绝。④ 1935 年,由中央政治研究院出版的关于浙江省二五减租运动的详尽的官方研究中,甚至都没有提及沈定一。⑤

因此,沈定一 6 个月的(从 1925 年 11 月到 1926 年 5 月)参与西山会议派的记录,似乎不仅断送了他在全国和省级舞台上的职业生涯,而且这挥之不去的西山派形象也可能正是他遇刺的重要原因之一。另外,随后有关 20 年代革命的叙述,对这样一位曾在全国、省级和地方舞台上扮演重要角色的人物的有意忽略,似乎也与此有关。1993 年 6 月,沈定一的二儿子写道:"他们给他戴上了国民党极右反革命分子的帽子,但从不对具体情况作科学分析。任何硬币都有两面,但他们从来不曾客观地面

---

① 陈功懋:《沈定一其人》,第 44 页。
②《申报》,1928 年 9 月 2 日。
③《民国日报》,1928 年 9 月 3 日;陈功懋:《沈定一其人》,第 45 页。
④ 陈功懋:《沈定一其人》,第 46 页。
⑤ 洪瑞建:《浙江之二五减租》。

对和解决这一问题。"①当然,沈定一的儿子在解释其父的历史时,显然会带有某种倾向性,但他的话确实道出了时代的本质。

最后,我们也不应忘记沈定一过去的共产党记录:他在 1921 年抗租运动中的组织和促进作用,他对群众动员的强调,以及他的自治计划给地主和国民党领导人留下的印象。他们对沈定一的强烈敌意源于对他的目标的不信任;如果地主参与了谋杀的话,那么实际情况很可能是省党部安排了这次谋杀。即使地主们没有参与谋杀,沈定一之死仍与其在别人眼中的激进主义形象有关。对于沈定一而言,下面的话显然是正确的:"(他的)生(和死)的戏剧性本质(源自)他的各种身份间的无休止的磨擦。(他)试图担当其他人并没有赐予他的身份,(而)其他人则试图赐予他以他不曾担当过的身份。"②令人扼腕而又颇具讽刺意味的是,沈定一的遇刺似乎是因为他被同一个党在同一个时间里既视为太激进,又视为太反动。因此,沈定一无法在 1928 年得到定评。然而,65 年以后的 1993 年的 6 月,我在凤凰山上仍然听到一个共产党官员对我说:"我们不知道他是好人还是坏人。"在今日中国,沈定一仍然无法得到确定的评价。

---

① 致作者个人的私人信件,1993 年 6 月 30 日。
② Weigert, Teitge and Teitge(魏格特、台杰和台杰):*Society and Identity*(《社会和身份》),第 31 页。

第十章 沈定一和中国20年代革命:一个事后分析

像任何革命一样,20年代中国革命也是一个鉴别和确认目标的过程。对于这场革命的倡导者、反对者、附和者甚至旁观者来说,革命引起的政治和社会震荡,意味着必须建立或重塑社会政治认同和关系,且这一工作必须在一个多样化的空间环境下,以其特有的过程和动力来完成。对于革命者来说,塑造革命认同和他们自己的身份是一个统一的过程。在革命的早期阶段,许多怀着不同政治和知识信念的人们,面对已被鉴定和确认的共同敌人会聚成广泛的反帝反军阀的包容性动力源("党内合作"政策就是一个明显的例子)。五四时期所崇尚的宽容、开放和实验意识正是这整个时期的时代精神。① 而对于至少部分地建立在政治、社会和意识形态承诺基础上的个体的身份而言,这一包容性的革命阶段也容忍相当的流动性、多样性和实验性,而不必为身份转换与变化付出太多的政治代价。②

---

① 辛亥革命从来没有超越这个定义敌人的阶段。革命者视排满为中心任务,但推翻满洲统治后不到5个月他们就失去了权力,因而革命者根本没有时间去明确阐明他们的最终目标,并去贯彻这些目标。尽管孙中山的同盟会确实提出了一些目标,但如何实现这些目标的策略并不是很清楚。

② Michael J. Watts(迈克尔·沃茨)提出,总的来讲身份是"变动不居且稍纵即逝的"。参见"Space for Everything(A Commentary)"(《为一切的空间(一个评论)》),第124页。

然而，正如沈定一之谜所揭示的，个体身份的形成不仅取决于主体的选择，还是历史和社会赐予的结果，一个人极少能摆脱身份选择和赐予的影响。

20 年代中期，当革命运动开始显示出可能即将成功的迹象时，革命过程却变得日益富于排他性而不再是包容性。到 1925 年，由于革命者终于有了自己的军事力量，由于孙中山的猝然去世，由于五卅运动的爆发，他们必须着手让目标越过共同的敌人而确立更为坚定的目标。界定党的现行目标（党的路线），并通过继之的党员再登记以确认路线的拥护者，标志着革命者之间分野的开始。只是从那以后，当曾经唤起革命的"五四"价值和动力在朝向政治和意识形态统一性的趋势中式微，政治化和两极化的程度日益加深并演成大难。在这样一种政治化的社会背景下，个体身份在他人眼中开始定型化，并被适应和陈规化为指定的社会政治范畴，从而使改换身份与解释变得不大可能。

沈定一所指出的中国人名重于实所强调的正是政治文化的这一方面，沈定一之死及自那以后人们对他的反应为之提供了一个很好的例子。也许与许多民国早期的中国精英相比，沈定一经常频繁而自如地往来驰骋于众多的活动领域之间，从主持报纸到组建党部、领导抗租运动、主持省议会、清党、实行自治计划——在许多情况下都是斗志昂扬地向权威挑战。作为地主，他却领导了抗租运动，并鼓励动员工农群众；作为年轻的知县，他却鞭笞了巡抚的父亲；作为省议员，他却怒斥省督军；作为另立山头的西山会议的领导人之一，他却呼吁不怕牺牲，赶赴广州争夺权位；作为国民党保守派代表人物，尽管已被剥夺权力，他却仍在伺机寻求东山再起；作为自治实践的创办者，他的实践却因其新思路和新观念而使掌权者胆战心惊。

"我们不知道他是好人还是坏人"，当地官员在凤凰山上如是说。为什么？看一看他下面的头衔：地主、知县、省议员、西山派领导人、国民党保守派代表人物、地方精英领袖，这些头衔正如"文化大革命"时农民炸

开他的坟墓时所说的,都够得上"黑五类分子";再来看看他做的事:领导
抗租运动,并鼓励动员工农群众,鞭笞巡抚的父亲,怒斥省督军,呼吁不
怕牺牲赶赴广州争夺权位,伺机寻求东山再起,以新思路、新观念使掌权
者胆战心惊,从这些事迹来看,其色彩是红色的。假如以一个人的事迹
来衡量其功过,那么,根据当代中国革命文化价值观,沈定一无疑将像其
他人一样(特别是与毛泽东本人一样)被认为是一个有错误的"好"人(就
沈定一而言,1927 年清党将被视为错误之一)。

正如在沈定一身上我们已经看到的,一般地讲,现代中国人对个体
的政治评价,倾向于与个体身份有关的名词而不是动词。这一点也许可
以从传统中找到根据。毕竟,儒家正名之说正是以名为标准,循名责实
以使名实相符。但在日益政治化的 20 世纪国民党和共产党两极世界,
社会范畴如阶级地位(土豪、劣绅)和政治范畴如党或派几乎成了具有决
定意义的万能名词。动词如革命本身,代表过程和变迁,名词则通过使
过程附属于某一特定的运动、事件或个人定义,并限定了这一过程。在
全方位的社会联系和互动领域展开的不可预期的革命洪流中,即使沈定
一自己的观点和思路已经改变,他的社会和政治身份却仍可能正处于延
续的变迁过程之中。但当处于革命变迁的巨大复杂性之中时,人们是通
过赋予他人的身份以一名词,然后坚持这一看法来保持思维的前后一贯
性的。对于个体来说,这种"循名责实"的方法是认识世界最为简捷之
法,但由此导致的一种显然可能的情况是,人们将几乎不可能改变这种
一开始形成的成见,任何与以后的名词相关的行为将被解释为一种例
外,理解成偏离于人们的预期的行动,甚或被指控为阴险的操纵和机会
主义。只要革命是一持续的变迁过程,且沈定一的身份(也像所有革命
参与者一样)随着社会变迁而不断改变,那么,坚持某一种身份概念就很
可能将扭曲现实,尤其是那些被冠之以组织与机构(国民党、共产党、西
山派、一师网络)和阶级(地主)之名的身份赐予。假如我们试图避免重
蹈这种错误,并更为精确地理解中国革命的动力及其主要角色的贡献,

那么，就必须着力分析他们的个体和社会身份，以及这些身份随社会和政治条件之变动而变迁和演化的轨迹。同时，我们也必须理解他们的旁观者的假设、目标和背景条件的变迁。

在分析社会身份和 20 年代革命的过程中，本项研究集中于讨论社会关系和网络、场所、过程等问题。在一个关系构成了整个社会现实，且 *254* 社会关系是达到个人目的之手段的文化环境中，个人网络历来是一重要的社会和政治结构，在 20 年代革命中发挥了许多至关重要的作用。它可以轻而易举地转化成政治资源，因而总是受到精心的培植和利用，以作为成功的重要基础。20 世纪 10 年代保定、浙江两军校网络的人，总能从他们各自的网络中寻求到实质上和道义上的支持。沈定一的一师网络先是到衙前对农民进行教育和宣传，而当 1924 年国民党重建开始时，又是他们给予了沈定一以帮助和支持。1917 年沈定一的省议员网络参加了政治商榷会，给予沈定一和其他议员以必要的支持，1921 年秋，又是这一网络参与并发起了沈定一并不成功的议会提案。沈定一的临时执行委员会网络则于 1928 年随他返回衙前，在自治实验中充当不领薪水的工作人员。

网络作为一种资源能否成功地发挥作用，取决于其持久性和强度，而后者反过来又建立在大量因素基础之上。家族、私交和同乡关系几乎总是能够极大地加强网络中的联系，而建立在这种具有浓郁地方文化色彩基础上的网络，通常比那些更高层次的网络来得更强、更持久。这些因素也使得这种网络成为一种更为一般的资源，能适应多种需要且作出反应。① 省域网络是由地方网络之间的网络联盟所构成，这种联盟从地方基础中汲取力量，但与村、区或县中的网络联盟相比较，则显得较弱也

---

① J. Clyde Mitchell(克利德·米歇尔)在"The Concept and Use of Social Networks"(《社会网络的概念和使用》)，第 24 页中指出，建立在传统地方关系基础上的网络"具有多重性，且其关系圈有趋向封闭的倾向"。他引用 J. A. Barnes(巴尼斯)的词认为这样的网络具有"致密网眼"。

更易瓦解。在省一级,同学关系、校友联系和共事关系显得尤为重要,尽管这些联系方式在强度上要逊于地方网络的联系方式。全国网络在持久性和强度上通常显得最为逊色,尽管也常常是由朋友关系如同乡、校友、共事关系等联结而成,但全国级联盟网络更多情况下是为了实现某个特定的政治目的才形成的,像西山联盟这样的临时政治网络可能维持较长时间,但其强度往往不高。革命斗争的存在可能是一个很强的联系纽带,宣中华的一师网络和杭州工人组织家之间就属此种关系,但它也可能侵蚀网络,沈定一及其一师网络即属此类。那些由共同的辛亥革命 255 斗争的记忆发展而来的网络,甚至更弱也更为短暂,因为网络成员的记忆随其经历、个性和个人观念的不同而千差万别。

网络通过确认和阐述个体成员而为其提供身份,社会身份很大程度上正是通过网络交往得以形成的。① 加入沈定一的一师网络,或他的临时执行委员会/东乡网络,意味着与那些在此网络中共享一种身份的人建立联系,尤其是与作为网络枢纽的沈定一建立联系。同时,加入本身也给其他人提供了判定新加入者身份的指标,这些人总是以某种眼光看待网络,并据此判定其成员。我们已经看到,局外人眼中的网络可能与其实际本质毫不相关,沈定一不可能消除他人心目中(如果他确实也想做的话)他是西山网络成员的看法,尽管沈定一加入这一网络的目的与外界所认为的相差甚远。这一点在革命时期尤为准确,因为革命时期个人地位和信仰都处于变迁之中。网络在确定身份的同时,也赋予身份以合法或非法的地位。成为一个强势网络的成员,或使自己从属于一个以某个权势人物为枢纽的网络能带来社会地位和声望。10 年代末的褚辅成、20 年代初的沈定一、20 年代中叶的宣中华各自所组成的网络,都使

---

① 参见 George Revill(乔治·里维尔)的观点,"Reading Rosehill: Community, Identity, and Inner-City Derby"(《解读罗斯西尔:社区、身份和内陆城市竞争》),第 119—120 页。尽管 Revill 讨论的是社会团体,他的描述也同样适合于网络:它们"在塑造人们反思自身、建立主体性,以及形成个体身份等方面扮演着部分作用"。

其成员得以接近当时重要的政治领导人，并获得所有相应的利益；另一方面，沈定一与西山网络的交往，以及随后的加入最终使他失去了政治合法性，并毁坏了他的政治影响力。

空间和场所同样也是革命行动和社会身份的重要背景和组成部分。对 20 年代革命的政府组织中的空间区域——全国、省和地方——之间的关系的分析，表明其与辛亥革命时期存在明显区别。这种区别在于地方在政治上的意义和地位的差别。辛亥革命在浙江是分两阶段完成的：关键性的省政治事件发生在杭州，杭州前进了，整个浙江就前进了。偶尔在县城和市镇也可能发生一系列武装暴动，但这些暴动往往是自发的，并不受杭州的节制。① 因此，革命的双层结构是显而易见的。而 20 年代革命中，关键性事件则起于地方。地方党部的组建、清洗和参与革命活动，都是在杭州方面的指导下进行的，地方成为左、右两派争取党内支持的厮杀场。当北伐军分两路迂回包抄进入浙江时，也离不开地方的欢迎和支持，杭州的局势也因而在很大程度上取决于地方上的斗争。要在地方获得成功，关键是密切党的干部与地方党员之间的联系，并建立拥护者网络，这种联系和网络模式更大程度上是水平式的而不是层级式的。与 15 年前相比，上层区域与地方——至少是核心地带——的整合度与相互依赖度已明显加强。

因此，与辛亥时期远为独立且几乎总是自行其是的地方比较，这时的地方更像是省和全国运动的一个组成部分。此时，省和国家的权力已向下渗透入地方。这种地方与省和国家之间相互联系的加强，是革命组织的建立、意识形态的渗透和现代交通和通讯手段进步的结果。这种相互联系意味着新的政治现实。1916 年，浙江人还在谈论保护地方免受国家威胁，而到 1928 年，地方（东乡）却已对国家和省构成了象征性威胁。

256

---

① 参见 Schoppa(萧邦奇)：*Chinese Elites and Political Change*(《中国精英和政治变迁》)，第 145—157 页。

20 年代假如有人试图博取政治权力,仅靠在最相关的区域获得权力的合法性基础已显得不够。如果说在 10 年代,沈定一还可以凭藉有力的省域基础,在省内获得成功,那么此时这一凭藉已难以奏效。社会背景的变迁,使得省和地方在国家权力方程式中居于更为重要的地位。另一方面,尽管有中央党部的有力支持,但没有广泛的省内基础也使得宣中华主导不了浙江政局。

特定空间对个体身份显得尤其重要,从这个意义上讲,地方出身在确定个体身份上的首要性,正表明了同乡关系的关键作用。[1] 1917 年,省内危机中的抗议者正是以同乡关系即共同的浙江人身份为基础抵制北洋军阀的。同乡关系是地方、省域和全国网络中最重要的资源之一,沈定一正是利用这一点才把其家乡——南沙、东乡和衙前——作为展开工作的核心场所的。[2] 然而尽管家乡在身份获得中至关重要,但实际身份最终却还是与特定的空间定位有关。[3] 在上海、杭州和衙前这三个沈定一活动的主要区域,他的身份也相应地有所区别。在上海,他是革命思想家、记者、共产党、西山会议发言人;在杭州,他是省领导人、党部创建人、工会盟友、国民党清党领导人;在衙前,他则是农民和学生的导师、反地主的地主、进步的改革家。各不相同的政治背景,以及沈定一在这些活动场所中各不相同的言论,促使他身份中不同的有时甚至是冲突的方面更为明显。尽管沈定一在每个场所展示的可能是同样的身份,但是,整个身份序列的结构和含义是随着区域背景的差别而变化的。

沈定一之谜启示我们,具有象征含义的特定空间位置有助于解释革

---

[1] 该词出自 William Rowe(罗·威廉)的 *Hankou: Commerce and Society in a Chinese City, 1796—1889*（《汉口:一个中国城市的商业和社会,1796—1889 年》）,第 213 页。

[2] 参阅 Mary Rankin(兰金)关于地方和公众身份的评论,见 *Some Observations on a Chinese Public Sphere*(《对一个中国公共领域的一些观察》),第 165 页。

[3] 关于这一思想的阐述,参见 Michael Keith and Steve Pile(迈克·凯思和斯蒂文·帕尔): "Conclusion: Towards New Radical Geographies"(《结论:通向一种新的激进地理学》),第 225 页。

命的动力、过程和行动者对革命的理解,从而使其富于政治含义。本项
研究只是围绕几个明显具有政治意义的场所展开讨论,主要目的在于表
明在革命研究中应当对空间予以更多的关注。需要着重指出的是,正如
对个体身份的阐释一样,特定空间或场所的含义也与观察者有关。沈定
一在上海法租界街道上对市民生活的观察(尤其在法国公园附近,那里
有钱的中国人和外国人驱车在女工身旁呼啸而过,闪亮的车灯使乞丐和
妓女惊慌失措),形成并增强了他对由阶级差别、帝国主义和中国人的不
觉醒带来的问题的强烈感受,这在他的许多诗文中都有大量体现。不同
阶级、性别、党派或倾向的人,显然可能会以截然不同的方式看待这个空
间。同样,从"五四"以来,西湖体育场对进步的政治派别来说,是举行重
要的大型政治活动和集会的理想场所:这一场所是政治民族主义和政治
变迁、现代体育活动观念面向西湖的新开阔空间的象征。对其他人而
言,这同样的空间,却可能象征纵情欢娱(对游客)、危险的激进主义(对
保守派)或对公共秩序的威胁(对市公安局)。游行队伍正是从这里出
发,然后毫无例外地遵循相同的路线,经过督军府(新市场地区的标志性
建筑),穿过新旧商人们开设的林立的店铺,直到位于城东边界的火车
站——又一个仪式化的政治空间。

　　然而,在沈定一的生涯中,最能体现场所在政治上的支配意义的,是
衙前所发生的戏剧性事件:1921 年,在他的豪宅以及距此不到几百英尺
的东岳庙,沈定一发动了抗租运动,农民们争先恐后拥向沈定一及其老
家参加运动,并了解运动计划,从中不难看出场所所体现的政治力量。
1925 年 6 月,还是在其衙前豪宅,沈定一主持召开了那次关键的省党部
会议,向羽翼渐丰的省内左翼反对派公开摊牌。尽管他最终也未能将对
空间的控制——这一点深为反对派所不满——转化成明显的政治控制,
但他始终以铁腕方式控制了空间。1928 年,他又将这一豪宅腾出来作为
农村宿舍之用,让他的工作人员在这里开展活动,而他自己则担当起了
有力的导师角色,尽管名义上他也只是一名工作人员。从这三则发生于

258

衙前的故事,我们可以看出沈定一对空间的政治含义的敏锐直觉,这种直觉在上海西山会议派集会期间也有体现。在这次会议上,沈定一呼吁把会场立即移往广州,以在空间上与左派短兵相接,即形成所谓"正面"攻势。

革命和社会身份也随时间的变迁而有明显的差别。从个体意义上说,1928年沈定一作为拥有资源和关系的重要政治领导人的身份,与其在1921年和1925年时比较要逊色得多。然而这一点也与观察者有关,杭州省政府眼中的沈定一,与自治协会工作人员眼中的沈定一相距甚远,后者把他的每一句话奉为圭臬。从革命本身来看,政治精英对军人认同的转变,要算是最为激烈的转变。辛亥革命期间,军人作为合法的行动者进入了社会领域,但袁世凯及其后继者的所作所为,粉碎了政治宪政主义精英对军人的幻想,沈定一和其他宪政精英指责军人损耗社会元气,军人由此成了必须搬掉的绊脚石。但是孙中山试图与军阀建立关系的努力,却显示各党派若要实现他们的目标,就必须建立自己的军队。尽管1917年沈定一还与其他人一道,极力阻止外来军队进入浙江,但到1927年宣中华和省国民党则对外军入省竭诚欢迎。据记载,此际沈定一自己对军人也作了积极评价,在短短十年内,政治宪政文化及其对程序和法律的强调即被顺应革命而兴起的尚武风尚吸纳和摧毁。

259 这个从沈定一的生死之谜中探寻个体选择和行动的研究,提供了一个既有峥嵘的一面又不乏平庸的一面、既富重大事件又不乏日常琐事的革命图景。革命过程不仅仅包括解决中国问题的伟大的思想火花,对革命军事路线的采纳以及革命道路上的主要转折点,它也包括日常面临的寻求资金以解决党和个人基本生活需要这样的令人筋疲力尽的问题,包括似乎没完没了的会议和党员登记,包括在网络中和网络间建立联系、巩固友谊等琐碎普通的工作,包括组建党部、办公场地和协会并确保它们正常运转——所有这些又都摆脱不了私怨和急躁,以及不合时宜的疾病、顽固的错误观念、天真的决策和轻易的许诺。除了不多的极富戏剧性的事件——北洋军阀进入浙江、抗租运动、孙中山去世、五卅运动、衙前会议、西山会议、北伐——革命过程的渐进本质则是其更为重要的一面。在这一过程中，后一事件依循前一事件而发生，至于应往哪个方向走，或事态正往哪个方向发展，则似乎毫无准备。

　　这一过程在着力形塑个人身份的同时，也塑造了革命本身。① 以沈定一的一师网络的形成为例，沈定一在任省议会议长期间就对教育界动态很关注，尤其很热心一师的事态，这一点一师师生显然极为了解。沈定一任《星期评论》编辑时，他们就向他写信请教，之后就有了书信往来。他们把他看做是一个声誉日隆的进步学者，为此专程去上海拜访他，以探讨各种问题。他们阅读他的诗文，而且鉴于其进步的立场，他们无疑也听说了上海共产主义小组会议。他们还知道他是杭州社会主义青年团的创立者之一。至于沈定一，自然也了解他们在 1919 年和 1920 年杭州学联中出色的领导工作。因此，他们的关系必然具有某种相互钦慕的成分。当他以保护者身份邀请他们去衙前农村小学执教时，沈定一的一师网络应运而生，而与宣中华的特别友谊也同时产生。这一结果是缓慢发展的产物，革命正是这样发展而来的。

　　再来看看网络的解体。沈定一和宣中华从苏联归国后，又都作为浙江代表参加了国民党"一大"，随后又共同发起了一系列国民党领导下的成功的集会。但在组织党部的问题上遇到了一系列挫折：资金不足，指导思想不一致，以及有时众人对沈定一或网络中的其他人的一些做法的不理解。一师成员也参加其他一些网络，尤其像那些参与组织杭州工人运动的网络，而这些网络中的成员（如徐梅坤）对沈定一有所保留，认为他是一个机会主义政客。有关沈定一如此这般的谣言时有耳闻，而有关

① 参阅 James Clifford(杰姆·克利夫德)的评论，见"On Ethnographic Allegory"(《关于人种学的寓意》)；也可参见 Akhil Gupta and James Ferguson(阿克西·卡普塔和杰姆斯·弗古森)："Beyond 'Culture'：Space, Identity and the Politics of Difference"(《超越"文化"：空间、身份和分歧的政治》)，第 9 页中的引文。

宣中华说三道四的传闻也不时传入沈定一之耳,最初的一点误会终于发展到对双方关系的侵害。正如一位研究网络的学者所说:"支撑网络的关系总是处于不断的变迁之中。"①这种缓慢积聚的侵蚀日积月累,终于迫使双方在具有决定意义的衙前会议上彻底摊牌——尽管当时与会人员不可能知道那次会议所具有的决定意义。

显然,在事态尚处于发展过程之中时,没有人会知道最终的结果。这正是20年代以来沈定一的同时代人写的关于他的传记所没有注意的问题之一。每一传记史家都试图赐予沈定一以某种身份,正像前面已经提到的:"历史叙述……同时也是一种寻求一致的叙述,它总是试图为结构化的现实寻找过去的意义。"②李达、茅盾、高乐天、陈功懋和徐梅坤都是站在50年代、70年代和80年代的优势地位,并从一个"结构化现实"回溯历史的意义的角度来看待沈定一和整个20年代的。他们知道沈定一永不可能知道的一切:20年代事态发展的最终结果。最近有一位记者说得好:"对历史学家来说,也许最难做到的是能否意识到,在一个特定的历史时刻,哪些事发生于将来而不为当时的人们所知悉。"③而既然这些传记史家在20年代同样也不可能知道共产党领导下的农村革命的经过的话,他们又怎能论定沈定一这位第一次抗租运动领袖,倡导农民加入群众组织的发轫者和发起首批以群众为基础的农村自治运动之一的创立者?

分析那些促使20年代中国革命发生的长期作用力和作用方式是必要的。但是,这场革命的发生从根本上说,还是领导这一时代的男人和女人们对他们所面临的现实危机作出反应的结果,这些现实的危机始而向他们提出是否采取行动的问题,如果决定行动,则紧接着又向他们提

---

① J. A. Barnes(巴尼斯):*Social Networks*(《社会网络》),第19页。

② Jonathan Friedman(乔纳森·弗里德曼):"Myth, History and Political Identity"(《神话、历史和政治身份》),第194页。

③ Timothy Garton Ash(伽顿·阿什):*Revolution in Hungary and Poland*(《匈牙利和波兰的革命》)。

出如何行动的问题。正像沈定一生死之谜一样，革命本来也可能沿不同
的方向前进，从而革命道路也肯定将大异其趣。在抉择走何种革命道路 *261*
中起至关重要作用的，并不是人们对军阀主义和帝国主义、无政府主义
和马克思主义、国家主义和地方主义如何作出反应，也就是说，并不是对
作为 20 年代必须作出的抉择的社会背景等"大"问题如何作出反应；实
际上，在许多情况下，显得尤为关键的倒是他们对一些偶然事件的反应：
孙中山逝世、沈定一卧病、戴季陶在西山被殴、周姓地主之子遭农民痛打
等。且在每一个案例中起关键作用的，也几乎都是他们对相邻事件而不
是长期趋势或背景条件的反应："五卅"恐慌导致沈定一召开衙前会议；
衙前会议和西山会议引来各方的反应；1927 年 3 月下旬风云变幻之中宣
中华要求政府解散新成立的工人联合会；接到邀请或从报上读到戴季陶
在莫干山而导致的沈定一的莫干山之行。

　　"假如不是这样，则将如何"的历史悖论，不仅表明近因在革命过程
中的重要性，同时也表明革命过程本身的多种可能性，因为革命是建立
在个体选择和行动基础之上的。从可能导致沈定一遇刺的线索来看，假
如 1928 年 8 月沈定一不去莫干山又将如何呢？对他来讲，这只是他的
革命生涯中必须作出的无数选择中的一个而已。但是，这个选择却意味
着死亡，意味着沈定一最终退出革命历史舞台。然而，正是这些由无数
革命的参与者作出的个体生存抉择，勾勒了革命最终的方向，并塑造了
革命。

参考书目

沈定一著作

　　这一书目的第一部分中，我只列出那些在正文中被引用的作品。在第二部分，我把那些对理解沈定一以及 20 年代革命有特殊重要意义的沈定一的其他作品也列了出来，它们选自卷帙浩繁的包含散文、诗歌和讲演记录稿的一大批文献，所有这些都曾增进了我对沈定一的理解。沈定一的大部分作品散见于《星期评论》(1919—1920 年)，《民国日报》及其增刊《觉悟》(1919—1924 年)。至于从 1925 年一直到其死去为止这段时间内沈定一的诗文则已亡佚。

引用的作品

《北窗风雨》,《觉悟》,1921 年 6 月 26 日。

《答无名》,《觉悟》,1920 年 2 月 12 日。

《读大白的〈对镜〉》,《觉悟》,1920 年 9 月 20 日。

《妇女解放》,《觉悟》,1920 年 9 月 15 日。

《哥哥不知道》，《星期评论》，1920 年 2 月 15 日。

《工读互助团》，《星期评论》，1920 年 2 月 8 日。

《工人乐》，《星期评论》，1920 年 1 月 11 日。

《顾老头子的秘史》，《觉悟》，1921 年 6 月 23 日。

《瓜与日货》，《星期评论》，1919 年 9 月 14 日。

《海边游泳》，《星期评论》，1919 年 10 月 10 日。

《回波》，《星期评论》，1920 年 6 月 6 日。

《介绍工读互助团》，《星期评论》，1919 年 12 月 21 日。

《竞争与互助》，《星期评论》，1919 年 7 月 13 日。

《菊》，《觉悟》，1920 年 11 月 3 日。

《留别留俄同志们的一封信》，《觉悟》，1924 年 1 月 1 日。

《名义重，事实重?》，《星期评论》，1919 年 8 月 24 日。

《你嫌龌龊?》，《觉悟》，1920 年 3 月 25 日。

《农民自决》，收入《衙前农民运动》，北京，1987 年版。

《朋友? 劫?》，《星期评论》，1919 年 10 月 10 日。

《请看民主国的新法律》，《星期评论》，1919 年 7 月 27 日。

《人生问题》，《觉悟》，1921 年 1 月 5 日。

《上海罢工的将来》，《星期评论》，1919 年 6 月 15 日。

《谁你的朋友?》，收入《衙前农民运动》，北京，1987 年版。

《谁是帅? 谁是敌?》，《星期评论》，1919 年 9 月 28 日。

《生和死》，《觉悟》，1920 年 10 月 14 日。

《水车》，《觉悟》，1921 年 8 月 8 日。

《死》，《觉悟》，1922 年 1 月 1 日。

《随便谈》，《星期评论》，1919 年 6 月 8、15 日;1919 年 7 月 13、20 日;
1919 年 8 月 10、17 日。

《绥阳船广州泊岸》，《觉悟》，1921 年 2 月 2 日。

《他就是你，你就是我》，《星期评论》，1919 年 11 月 23 日。

《坍江片影》,《觉悟》,1923 年 5 月 6 日。

《偷食以后的"猫"》,《觉悟》,1921 年 11 月 8 日。

《为什么?》,《星期评论》,1919 年 8 月 31 日。

《闻讯》,《觉悟》,1923 年 3 月 8 日。

《我做"人"的父亲》,《星期评论》,1919 年 12 月 7 日。

《星与海》,《觉悟》,1922 年 3 月 2 日。

《牺牲与鱼肉》,《星期评论》,1919 年 9 月 7 日。

《血》,《星期评论》,1919 年 9 月 21 日。

《学校自治的生活》,《星期评论》,1919 年 11 月 2 日。

《燕子飞》,《觉悟》,1921 年 9 月 9 日。

《衙前农民协会解散后》,收入《衙前农民运动》,萧山,1985 年版。

《夜游上海有所见》,《星期评论》,1919 年 11 月 23 日。

《一念》,《星期评论》,1919 年 6 月 15 日。

《一夜》,《觉悟》,1920 年 9 月 6 日。

《一个青年的梦》,《觉悟》,1920 年 4 月 1 日。

《愚》,《民国日报》,1922 年 1 月 13 日。

《怎么样好?》,《星期评论》,1920 年 2 月 22 日。

《中华民国基础在哪里?》,《星期评论》,1919 年 10 月 26 日。

《醉》,《觉悟》,1922 年 5 月 22 日。

未在注释中引用的重要作品

《阿二的儿子》,《觉悟》,1920 年 8 月 30 日。

《哀湘江》,《星期评论》,1919 年 8 月 3 日。

《哀执信》,《觉悟》,1920 年 10 月 15 日。

《笔与枪》,《星期评论》,1919 年 8 月 24 日。

《玻璃窗》,《星期评论》,1920 年 1 月 1 日。

《种田人》,《星期评论》,1919 年 7 月 20 日。

《出了》,《觉悟》,1922 年 2 月 28 日。

《除却青年无希望》,《星期评论》,1919 年 6 月 29 日。

《帝国主义的奇货来金了》,《民国日报》,1924 年 10 月 25 日。

《对于教职员罢工的感想》,《星期评论》,1920 年 1 月 11 日。

《富翁哭》,《星期评论》,1920 年 1 月 11 日。

《告友军》,《民国日报》,1924 年 11 月 4 日。

《革命与人生》,《觉悟》,1925 年 5 月 8 日。

《光》,《星期评论》,1919 年 9 月 7 日。

《和平梦——醒了吧!》,《民国日报》,1924 年 10 月 16 日。

《护花》,《觉悟》,1921 年 10 月 28 日。

《沪杭夜车中》,《觉悟》,1921 年 10 月 10 日。

《婚嫁问题》,《星期评论》,1919 年 12 月 7 日。

《火花》,《觉悟》,1922 年 1 月 1 日。

《活门神》,《星期评论》,1919 年 10 月 26 日。

《将来的问题》,《星期评论》,1919 年 10 月 10 日。

《教育与经济》,1921 年 10 月 9 日在浙江第一师范学校的致词,后收入《玄庐文存》。

《教育的社会化》,《觉悟》,1922 年 5 月 7 日。

《考试与毕业》,《星期评论》,1920 年 2 月 22 日。

《两个小学生谈话》,《觉悟》,1920 年 12 月 20 日。

《美国公使瑞恩时的话与中华民国的宪法》,《星期评论》,1919 年 9 月 21 日。

《农家》,《星期评论》,1920 年 1 月 18 日。

《农家夜饭前后》,《觉悟》,1921 年 7 月 3 日。

《女子解放从哪里做起?》,收入《玄庐文存》。

《怕死吗?》,《星期评论》,1919 年 11 月 9 日。

《扑灭反革命》,《民国日报》,1924 年 10 月 20 日。

《钱》,《星期评论》,1920 年 1 月 1 日。

《前途的灯》,《星期评论》,1919 年 8 月 17 日。

《青年的社会从哪里做起?》,《星期评论》,1920 年 4 月 4 日。

《"人"与"物"》,《星期评论》,1919 年 8 月 24 日。

《杀变兵》,《觉悟》,1921 年 6 月 23 日。

《谁能替军阀作战保?》,《民国日报》,1924 年 10 月 27 日。

《省议会与省议会的比较》,《星期评论》,1919 年 12 月 21 日。

《沉寂中的妙音》,《觉悟》,1922 年 5 月 8 日。

《诗与劳动》,《星期评论》,1920 年 5 月 1 日。

《虱子》,《觉悟》,1921 年 8 月 21 日。

《双十节》,《觉悟》,1921 年 10 月 10 日。

《谈选举》,《觉悟》,1920 年 12 月 15 日。

《题浙江潮照片》,《觉悟》,1920 年 11 月 4 日。

《我们再不要列强的赞助》,《民国日报》,1924 年 11 月 1 日。

《想》,《星期评论》,1919 年 8 月 24 日。

《携楚伧渡黄海》,《觉悟》,1921 年 1 月 15 日。

《新旧文学一个大战场》,《星期评论》,1919 年 11 月 16 日。

《心线断后的微笑》,《觉悟》,1922 年 1 月 12 日。

《雪界》,《觉悟》,1921 年 1 月 9 日。

《学生与文化运动》,《星期评论》,1920 年 2 月 29 日。

《叶桥人影》,《觉悟》,1921 年 10 月 16 日。

《一个小孩子和阿本》,《觉悟》,1921 年 1 月 10 日。

《雨》,《星期评论》,1920 年 2 月 1 日。

《在杭州》,《觉悟》,1922 年 3 月 3 日。

《在时局变动的机会上国民应有的要求》,《民国日报》,1924 年 10 月 26 日。

《浙江萧山县水灾状况》,《民国日报》,1922 年 10 月 6 日。

《真理和金钱》,《觉悟》,1920 年 10 月 1 日。

《镇压反革命后治安问题的商榷》,《民国日报》,1924 年 10 月 24 日。

《这是浙江自治政府应走的路》,《民国日报》,1924 年 10 月 18 日。

《中国的国际地位与时局》,《民国日报》,1924 年 11 月 2 日。

主要书目和补充书目

"Agricultural Notes"(《农业简报》), *Chinese Economic Bulletin*(《中国经济公报》),February 19,1927,63(1927 年 2 月 19 日,第 63 期).

Alitto, Guy(艾恺), *The Last Confucian*(《最后的儒家》),Berkeley and Los Angeles:University of California Press,1979.

All about Shanghai and Environs(《上海及其环境》),Shanghai:The University Press,1934—1935.

Ames,Roger T.(罗杰·T.阿梅斯)ed., Wimal Dissanayake(维漠·迪瑟那亚克) and Thomas P. Kasulis(托马斯·卡苏里斯), *Self as Person in Asian Theory and Practice*(《亚洲理论和实践中作为个人的自我》),Albany:State University of New York Press, 1994.

Ash, Timothy Garton(伽顿·阿什), *Revolution in Hungary and Poland*(《匈牙利和波兰的革命》),New York Review of Books 36 no. 13(August 17,1989):9.

Bailey(拜莱),F. G. "Gifts of Poison"(《毒物礼品》),in F. G. Bailey ed., *Gifts and Poison:The Politics of Reputation*(《礼品和毒物:关于声望的政治学》),Oxford:Oxford University Press,1971.

——*Strategems and Spoils:A Social Anthropology of Politics*(《计谋和赃物:政治的社会人类学》),New York:Schocken Books,1969.

包惠僧:《共产党第一次全国代表会议前后的回忆》,收入《"一大"前后》

卷二,北京,1980 版。

Barnes(巴尼斯),J. A. "Networks and Political Process"(《网络和政治过程》),in Marc. J. Swartz ed., *Local-level Politics*(《地方层级上的政治》),Chicago:University of Chicago Press,1968.

——*Social Networks*(《社会网络》),n. p.:Addison-Wesley Publishing Company, 1972 版.

Barnett(鲍乃德),Eugene, *As I Look Back : Recollections of Growing Up in America's Southland and of Twenty-six Years in Pre-communist China, 1888—1936* (《我的回顾:回忆我在美国南方的成长岁月以及在前共产主义中国的二十六年生涯,1888—1936 年》),n. p. n. d.

Bergère, Marie-Claire(白吉尔), *The Golden Age of the Chinese Bourgeoisie,1911—1937* (《中国资产阶级的黄金时期,1911—1937 年》),Janet Lloyd 译,Cambridge:Cambridge University Press,1989.

——"The Shanghai Bankers' Association, 1915—1927:Modernization and the Institutionalization of Local Solidarities(《上海金融家协会,1915—1927 年:地方一致的现代化和制度化》)", in Frederic Wakeman(魏斐德),Jr. and Wen-hsin Yeh(叶文心)eds., *Shanghai Sojourners*(《客居上海》),Berkeley:Institute of East Asian Studies, University of California,1992.

Bernhardt, Kathryn (伯恩哈特), *Rents, Taxes, and Peasant Resistance : The Lower Yangzi Region ,1840—1950* (《地租、税收和农民反抗:长江下游地区,1840—1950 年》),Stanford:Stanford University Press,1992.

Boissevain,Jeremy(耶里米·鲍伊斯万),"An Exploration of Two First-Order Zones"(《两个一流地带的探究》),in Jeremy Boissevain and J. Clyde Mitchell eds., *Network Analysis : Studies in Human*

Interaction(《人类互动研究》),The Hague:Mouton,1973.

Bondi,Liz(立士·庞迪),"Locating Identity Politics"(《身份政治定位》),收入 Michael Keith and Steve Pile eds.,*Place and the Politics of Identity*(《场所和身份政治》),London:ROutledge,1993.

Boorman,Howard L.（包华德）ed.,*Biographical Dictionary of Republican China*(《中华民国传记词典》),4 Vols,New York:Columbia University Press,1970.

Brown(布朗),S.C.,*Objectivity and Cultural Divergence*(《客观性和文化多样性》),Cambridge:Cambridge University Press,1984.

曹聚仁:《悼沈玄庐先生》,《觉悟》,1928 年 9 月 3 日。

— -《我与我的世界》,香港,1971 年版。Carlstein,Tommy(托米·卡尔斯坦),Don Parkes(唐·帕克斯)and Nigel Thrift(耐格·斯里夫),eds.,*Human Activity and Time Geography*(《人类活动和时间地理学》),New York:John Wiley,1978.

——*Making Sense of Time*(《理解时间的意义》),New York:John Wiley,1978.

Chang Kuo-t'ao(张国焘),*The Rise of the Chinese Communist Party*,*1921—1927*(《中国共产党的兴起,1921—1927 年》),Vol. 2.Lawrence:University of Kansas Press,1971.

陈功懋:《沈定一其人》,收入《浙江文史资料选辑》卷二一,杭州,1982 年版。

陈公培:《回忆党的发起组和赴法勤公俭学等情况》。收入《"一大"前后》卷二,北京,1980 年版。

Chen,Joseph T.（陈真道）,*The May Fourth Movement in Shanghai*(《上海的五四运动》),Leiden:E. J. Brill,1971.

陈觉模:《刘大白先生之生平》,收入《浙江文史资料选辑》卷四三,杭州,1990 年版。

陈绍康、罗梦麟和田子渝:《李汉俊》,载《中共党史人物传》卷一一,n. p. n. d. 。

陈天锡:《增订戴季陶先生编年传记》,台北,1967 年版。

陈望道:《回忆党成立时期的一些情况》,载《"一大"前后》卷二,北京,1980 年版。

陈协书:《绍兴光复史见闻》,载《近代史资料》卷一,北京,1954 年。

成汉昌:《中国现代农民运动最早发生于何时何地?》,载《教学与研究》1980 年第 4 期,第 55—57 页。

Chesneaux, Jean (简 · 彻斯纽克), *The Chinese Labor Movement, 1919—1927* (《中国工人运动, 1919—1927 年》), Stanford: Stanford University Press, 1968.

Chie Nakane(切诺凯因), *Japanese Society*(《日本社会》), New York: Penguin, 1970.

Chinese Economic Bulletin(《中国经济公报》), 1927—1930.

Chinese Economic Journal(《中国经济杂志》), 1926—1928.

褚辅成:《浙江辛亥革命纪实》,载《各省光复》卷二,台北,1962 年版。

Clayton, E. H. (克莱顿), *Heaven Below* (《天国之下》), New York: Prentice-Hall, 1944.

Clifford, James(杰姆 · 克利夫德), "On Ethnographic Allegory"(《关于人种学的寓意》), in James Clifford and George Marcus eds., *Writing Culture: The Poetics and Politics of Ethnography*(《写作文化:诗学和人种政治学》), Berkeley and Los Angeles: University of California Press, 1986.

Clifford, James and George Marcus(杰姆 · 克利夫德和乔治 · 马尔库斯)eds., *Writing Culture: The Poetics and Politics of Ethnography*(《写作文化:诗学和人种政治学》), Berkeley and Los Angeles: University of California Press, 1986.

"Cocoon Crops of Chekiang"(《浙江茧丝产量》), *Chinese Economic Bulletin*(《中国经济公报》),1930 年 5 月 24 日,第 261—263 页.

"Cocoon Trade in Chekiang"(《浙江茧丝贸易》), *Chinese Economic Journal*(《中国经济杂志》),1926 年 12 月,第 563—572 页.

Cohen, Abner (阿 博 那 · 科 恩), *The Politics of Elite Culture: Explorations in the Dramaturgy of Power in a Modern African Society*(《精英文化政治:一个现代非洲社会权力编织的探究》), Berkeley and Los Augeles:University of California Press,1981.

Cohen, Myron (科 恩), "Being Chinese: The Peripheralization of Traditional Identity"(《中国人:传统身份的边缘化》), *Daedalus 120*, Vol 2(Spring,1991):113—134.

Crossley, Pamela Kyle (克劳斯莱), *Orphan Warriors* (《被遗弃的斗士》),Princeton University Press,1990.

Crow, Carl (克劳), *The Travelers' Handbook for China* (《中国旅行指南》),San Francisco:San Francisco News Company,1913.

戴季陶:《戴季陶先生文存》,台北,1959 年版。

《党史研究资料》卷二,成都,1981 年版。

Darnton, Robert (罗伯特·唐顿), *The Great Cat Massacre* (《大屠杀》), New York:Oxford University Press,1985.

Darwent, C. E. (达尔文特), *Shanghai: A Handbook for Travellers and Residents*(《上海:旅行定居手册》),Kelly and Walsh,1920.

Dirlik, Arif(德里克), *The Origins of Chinese Communism* (《中国共产主义的起源》),New York:Oxford University Press,1989.

Duara, Prasenjit(杜赞奇), *Culture, Power and the State: Rural North China ,1900—1940* (《文化、权力和国家:华北农村, 1900—1940》), Stanford:Stanford University Press,1988.

Eastman, Lloyd E. (易劳逸), "The May Fourth Movement as a

Historical Turning Point: Ecological Exhaustion, Militarization, and other Causes of China's Modern Crisis"(《作为转折点的五四运动:生态枯竭、军事化和其他中国现代危机的原因》), in Kenneth Lieberthal (李侃如), Joyce Kallgren(卡尔格伦), Roderick MacFarguhar(麦克法克哈) and Frederic Wakeman(魏斐德), Jr. eds., *Perspeetives on Modern China: Four Anni Versaries Armonk*(《关于现代中国的观点:四周年文集》), N. Y.: M. E. Sharpe, 1991.

Edelman, Murray(穆莱·艾德曼), *Constructing the Political Spectacle* (《建构政治景观》), Chicago: University of Chicago Press, 1988.

——*Political Language*(《政治语言》), New York: Academic Press, 1977.

——*Politics as Symbolic Action*(《作为象征行动的政治》), Chicago: Markham Publishing Company, 1971.

Eisenstadt, S. N. (艾森斯塔特) and L. Roniger(罗耐格), *Patrons, Clients and Friends*(《保护者、被保护者和朋友》), Cambridge: Cambridge University Press, 1984.

Elman, Beniamin A(艾尔曼), "Political, Social, and Cultural Reproduction Via Civil Service Examinations in Late Imperial China"(《中华帝国晚期科举考试下的政治、社会和文化再生产》), *Journal of Asian Studies 50*, No. 1(February, 1991): 7—28.

费孝通:《乡土中国》, Galy G. Hamilton(汉密尔顿)和王振译, Berkeley and Los Angeles: University of California Press, 1992 年版。

Feigon, Lee(李飞庚), *Chen Duxiu: Founder of the Chinese Communist Party*(《陈独秀:中国共产党的创建者》), Princeton: Princeton University Press, 1983.

Fitzgerald, John(约翰·费茨杰罗德), "The Misconceived Revolution: State and Society in China's Nationalist Revolution, 1923—1926"

（《被误解的革命：中国国民革命中的国家和社会，1923—1926 年》），
Journal of Asian Studies 49．no. 2(May,1990):323—343.

Franck,Harry A.(哈里·法兰克)，*Roving through South China*(《穿越南中国》)，New York:The Century Company,1925.

Friedman, Jonathan(乔纳森·弗里德曼)，"Myth,History and Political Identity"(《神话、历史和政治身份》)，*Cultural Anthropology* 7,no. 2 (May 1992):194—210.

傅彬然：《五四前后》，载《五四运动回忆录》卷 2，北京，1979 年。

Galbiati,Femando(弗那多·伽尔贝塔)，*P'eng P'ai and the Hai-lu-feng Soviet*(《彭湃和海陆丰苏维埃》)，Stanford：Stanford University Press,1985.

高乐天：《沈定一先生的一生》，第一、二部分。《浙江月刊》第 4 卷，第 3 期(1972 年 3 月)，第 5—8 页；第 4 期(1972 年 4 月)，8—13 页。

葛敬恩：《辛亥革命在浙江》，载《辛亥革命回忆录》卷四，北京，1961—1963 年。

Geertz,Clifford(克利福德·杰尔茨)，*The Interpretation of Cultures* (《文化的诠释》)，New York:Basic Books,1973.

Gellner,Ernest(厄耐斯特·盖尔耐)，*Cause and Meaning in the Social Sciences*(《社会科学中的原因和意义》)，London：Routledge and Kegan Paul,1973.

——*Patrons and Clients in Mediterranean Societies*(《地中海社会中的保护人和被保护人》)，London:Duckworth,1977.

《革命人物志》，党史会编，台北，1969 年。

Gendai Shina Jimmeikan，Gaimushō jōhōbu(外务省公共信息署)编撰，东京，1928 年。

《各省光复》，收入《中华民国开国五十年文选》，中华民国开国五十年文选编撰委员会编，第 3 卷。台北，1962 年。

Gilmartin,Christina(克里斯蒂那·杰尔马丁),"Mobilizing Women:The Early Experiences of the Chinese Communist Party,1920—1927"(《发动妇女:中国共产党的早期历程,1920—1927 年》),Ph. D. dissertation University of Pennsylvania,1986.

Goodman,Bryna(布里那·古德曼),"New Culture,Old Habits:Native Place Organization and the May Fourth Movement"(《新文化,老习惯:同乡组织和五四运动》),in Frederic Wakeman(魏斐德),Jr. and Wen-hsin Yeh(叶文心)eds., *Shanghai Sojourners*(《客居上海》),Berkeley:Institute of East Asian Studies, University of California,1992.

Gordon, Chad(查得·戈登),"Self-Conceptions:Configurations of Content"(《自我概念:意义的轮廓》),in Chad Gordon and Kenneth J. Gergen eds., *The Self in Social Interaction*(《社会互动中的自我》),Vol. 1,New York:John Wiley,1968.

Gregory,Derek(德里克·格里高利),"Social Change and Spatial Structures"(《社会变迁和空间结构》),in Tommy Carlstein(托米·卡尔斯坦),Don Parkes(唐·帕克斯)and Nigel Thrift(耐格·斯里夫)eds., *Making Sense of Time*(《理解时间的意义》),New York:John Wiley,1978.

Gupta,Akhil(阿克西·卡普塔)and James Ferguson(杰姆斯·弗古森),"Beyond 'Culture':Space,Identity and the Politics of Difference"(《超越"文化":空间、身份和分歧的政治》),*Cultural Anthropology* 7. no. 1(February 1992):6—23.

韩静宜:《查人伟被捕经过》,载《浙江文史资料选辑》卷二,杭州,1962 年。

Hayford,Charles(查尔斯·哈福德),*To the People:James Yen and Village China*(《为了人民:晏阳初和乡村中国》),New York:Columbia University Press,1990.

Hofheinz, Roy, Jr（小霍夫海因茨）, *The Broken Wave: The Chinese Communist Peasant Movemeat ,1922—1928* (《被击碎的浪潮:中国共产党的农民运动, 1922—1928》), Cambridge: Harvard University Press,1977.

洪瑞建:《浙江之二五减租》,南京,1935 年版。

Honing, Emily(韩企澜), "Migrant Culture in Shanghai: In Search of a Subei Identity"(《上海的移民文化:苏北身份研究》), In Frederic Wakeman(魏斐德), Jr. and Wen-hsin Yeh(叶文心)eds., *Shanghai Sojourners*(《客居上海》), Berkeleg: Institate of East Asian Studies, University of California,1992.

蒋丹殊:《"非孝"与浙江第一师范的反封建斗争》,载《五四运动回忆录》卷 2,北京,1979 年。

蒋天忆:《北伐前后浙江国民党活动的点滴回忆》,载《浙江文史资料选辑》卷二,杭州,1962 年。

——《第一次国共合作时期国民党浙江省党部活动追记》,载《孙中山与浙江》,杭州,1986 年版。

《近代史资料》,中国科学院历史研究所编撰,共八卷,北京,1954—1961 年。

Johnson, David(约翰逊), "Communication, Class, and Consciousness in Late Imperial China"(《晚清帝国的通讯、阶级和意识》), in David Johnson, Andrew J. Nathan and Evelyn Rawski eds., *Popular Culture in Late Imperial China*(《清末的大众文化》), Berkeley and Los Angeles: University of California Press,1985.

《觉悟》,上海,1919—1924 年。

Keith, Michael（迈克·凯思）and Steve Pile（斯蒂文·帕尔）, "Conclusion: Towards New Radical Geographies"(《结论:通向新的激进地理学》), in Michael Keith and Steve Pile eds., *Place and the*

Politics of Identity(《场所和身份政治》),London:Routledge,1993.

——"Introduction,Part I:The Politics of Space"("介绍,第一部分:空间政治学"),in Michael Keith and Steve Pile eds. , *Place and the Politics of Identity*(《场所和身份政治》). London:Routledge,1993.

——"Introduction,Part 2:The Place of Politics"("介绍,第二部分:关于场所的政治学"),in Michael Keith and Steve Pile eds. , *Place and the Politics of Identity*(《场所和身份政治》), London: Routledge, 1993.

——ed. , *Place and Politics of Identity*(《场所和身份政治》),London: Routledge,1993.

King,Ambrose Yeo-chi(金延赤),"Kuan-hsi and Network Building:A Sociological Interpretation"(《广西和网络建构:一个社会学的阐释》),*Daedalus* 120,no.2(Spring,1991):63—84.

孔雪雄:《东乡自治始末》,载《中国今日农村运动》,n.p. , 1934 年版。

来伟良:《辛亥工程营杭州起义记》,载《近代史资料》第 6 期,北京,1957 年。

——《浙军光复杭州和驰援南京亲历记》,载《辛亥革命回忆录》卷四,北京,1961—1963 年。

Lapidus,Ira (伊拉 · 拉辟达斯),"Hierarchies and Networks: A. Comparison of Chinese and Islamic Societies"(《等级和网络:中国和伊斯兰社会的一个比较》),in Frederic Wakeman,Jr. and Carolyn Grant(格兰特)eds. , *Conflict and Control in Late Imperial China*(《晚清帝国的冲突与控制》),Berkeley and Los Angeles:University of California Press,1975.

Lary,Diana(拉里),*Region and Nation:The Kwangsi Clique in Chinese Politics, 1925—1937* (《地方和国家:中国政治中的桂系,1925—1937 年》),Cambridge:Cambridge University Press,1974.

—— *Warlord Soldiers*(《军阀时代的士兵》), Cambridge：Cambridge University Press,1985.

Lee,Leo ou-fan(李欧梵), "In Search of Modernity：Some Reflections on a New Mode of Conscionsness in Twentieth Century Chinese History and Literature"(《现代性寻踪：对二十世纪中国历史和文学中一种新的认知模式的些许回顾》), in Paul Cohen(孔宝荣) and Merle Goldman(戈德曼)eds. , *Ideas across Culture*(《跨文化思想》), Cambridge：Harvard University Press,1990.

—— *Voices from the Iron House*：*A Study of Lu Xun*(《来自铁屋的呐喊：鲁迅研究》),Bloomington Indiana University Press,1987.

Lefebvre,Henri(亨利·里夫布维里), *The Production of Space*(《空间的生产》),Oxford：Basil Blackwell,1991。

"Legend of the White Snake"(《白蛇传》), *Collection of Myths about Madame White Snake*(《白蛇娘娘神话传说集》),"民俗丛书"卷一三五,台北,1951 年。

李达:《中国共产党成立时期的思想斗争情况》,载《"一大"前后》卷二,北京,1980 年。

——《中国共产党的发起和第一次、第二次代表大会经过的回忆》,载《"一大"前后》卷二,北京,1980 年。

Li Tsung-jen(李宗仁)and Tong Te-kong(唐德刚), *The Memoirs of Li Tsung-jen*(《李宗仁回忆录》),Boulder：Westview Press,1979.

李云汉:《从融共到清党》,台北,1966 年版。

李政通:《辛亥革命以后十六年的浙江政局》,载《浙江辛亥革命回忆录》,《浙江文史资料选辑》卷二七,杭州,1984 年。

Lieberthal,Kenneth(李侃如), Joyce Kallgren(卡尔格伦), Rodcrick Mac Farguhar,and Frederic Wakeman, Jr.(麦克法克哈和魏斐德)eds. ,*Perspectives on Modern China*：*Four Anniversaries*(《关于现代

中国的观点:四周年文集》),Armonk,N. Y.:M. E. Sharpe,1991.

林味豹:《衙前印象记》,《中国农村》卷一,第 7 期(1935)。

刘大白:《赠沈玄庐七律四首》,收入陈觉模:《刘大白先生之生平》,载《浙
江文史资料选辑》卷四三(1990)。

吕公望:《辛亥革命浙江光复纪事》,载《近代史资料》第 1 期,北京,
1954 年。

陆焕光:《辛亥浙省光复前后之军政沧桑》,《浙江月刊》第 1 卷,第 8 期
(1969),第 8—9 页。

鲁迅:《厌世者》,收入《鲁迅选集》,Yang Hsien-yi 和 Gladys Yang 译。
北京:外文出版社,1972 年。

——《选集》,四卷。北京:外文出版社,1956—1960 年。

吕以春和叶光庭:《西湖漫话》,天津,1982 年。

马叙伦:《关于辛亥革命浙江省城光复纪事的补充资料》,载《近代史资
料》第 1 期,北京,1957 年。

——《我在六十岁以前》,上海,1947 年。

——《我在辛亥这一年》,收入《辛亥革命回忆录》卷一,北京,1961—
1963 年。

茅盾(沈雁冰):《回忆上海共产主义小组》,载《"一大"前后》卷二,北京,
1980 年。

——《茅盾的回忆》,收入《衙前农民运动》,北京,1987 年。

Marks,Robert(马克斯),*Rural Revolution in south China:Peasants
and the Making of History in Haifeng County,1570—1930*(《华南的
农村革命:海丰县农民和历史的创造, 1570—1930》),Madison:
University of Wisconsin Press,1984。

Mast(马斯特),Herman,Ⅲ,"An Intellectual Biography of Tai Chi-t'ao
from 1891 to 1928"(《一八九一年至一九二八年间戴季陶的心智历
程》),Ph. D dissertation,University of Illinois,1970.

Mast（马斯特），Herman，Ⅲ and William G. Saywell（塞韦尔），
"Revolution out of Tradition：The Political Ideology of Tai Chi-
t'ao"（《离开传统的革命：戴季陶的政治思想》），*Journal of Asia
Studies*（《亚洲研究杂志》）34，No. 1（November 1974）：73—98。

McCord（麦可德），Edward A.，*The Power of the Gun*：*The Emergence
Of Modern Chinese Warlordism*（《枪杆子的权力：现代中国军阀主义
的兴起》），Berkeley and Los Angeles：University of California Press，
1993.

McDonald，Angus（安各斯·麦克唐纳），*The Urban Origins of Rural
Revolution*（《农村革命的城市源头》），Berkeley and Los Angeles：
University of California Press，1978.

Miner，Nocl（迈因纳），"Chekiang：The Nationalists' Effort in Agrarian
Reform and Construction，1927—1937"（《浙江：国民党人在农业改革
和建设中的努力，1927—1937 年》），Ph. D dissertation，Stanford
University，1975.

《民国日报》，1915—1929。

《民利报》，1911—1913。

Mitchell，J. Clyde（克利德·米歇尔），"The Concept and Use of Social
Networks"（《社会网络的概念和使用》），In J. clyde Mitchell ed.，
Social Networks in Urban Situations（《城市中的社会网络》），
Manchester：The University Press，1969.

——ed.，*Social Networks in Urban Situations*（《城市中的社会网络》），
Manchester：The University Press，1969.

倪伟雄：《浙江新潮的回忆》，载《五四运动回忆录》卷 2，北京，1979 年。

Pan Ling（潘玲），*In Search of Old Shanghai*（《老上海寻踪》），Hong
Kong：Joint Publishing Company，1983.

潘念之：《大革命时期浙江的反对国民党右派的斗争》，载《浙江革命史料

特缉》卷二,杭州,1980 年。

Peck, Graham(格罗哈姆·佩克), *Two Kinds of Time*(《两类时间》), Boston:Houghton-Mi-fflin,Sentry Edition,1967.

Perry,Elizabeth J(裴宜理), "Strikes among Shanghai Silk Weavers, 1927—1937:The Awakening of a Labor Aristocracy"(《上海丝织工人的罢工, 1927—1937 年: 一个工人贵族的觉醒》), In Frederic Wakeman(魏斐德),Jr. and Wen-hsin Yeh(叶文心)eds. , *Shanghai Sojourners*(《客居上海》), Berkeley:Institute of East Asian Studies, University of California,1992.

Pomeranz,Kenneth(肯尼斯·波木兰), *The Making of a Hinterland*: *State*, *Society*, *and Economy in Inland North China 1853—1937* (《内陆不发达区域的形成:华北内地的国家、社会和经济,1853—1937 年》), Berkeley and Los Angeles:University of California, Press, 1993.

Potter,Sulamith Heins(苏拉密斯·波特),and Jack M. Potter(杰克·波特), *China's Peasants*: *The Anthropology of Revolution*(《中国农民:革命的人类学》),Cambridge:Cambridge University Press,1990.

钱方来:《辛亥风云中的嵊县知事》,载《嵊县风物》,嵊县,浙江,1989。

钱耕莘:《沈定一先生》,《东南日报》,1945 年 1 月 4 日。

《清党实录》,南京,1928 年。

《清党运动》,清党运动期进会编撰,n.p. ,1927—1928 年。

《清党运动》,浙江省清党委员会编撰,n.p. n.d.

《清党运动》,中央军事政治学校政治部编撰,n.p. ,1927 年。

Rankin(兰金), Mary Backus, *Early Chinese Revolutionaries*: *Radical Intellectuals in Shanghai and chekiang*,*1902—1911* (《中国早期革命家:上海和浙江的激进知识分子, 1902—1911 年》), Cambridge: Harvard University Press,1971.

——*Elite Activism and Political Transformation in China：Zhejiang Province，1865—1911*（《中国的精英活动和政治转型：浙江，1865—1911年》），Stanford：Stanford University Press，1986.

——"Some Observations on a Chinese Public Sphere"（《对一个中国公共领域的一些观察》），*Modern China*（《现代中国》）19，No. 2（April 1993）：158—182.

Rawski（罗斯基），Evelyn S.，"Economic and Social Foundations of Late Imperial Culture"（《晚期帝国文化的经济和社会基础》），In David Johnson（约翰逊），Andrew J. Nathan（黎安友），and Evelyn Rawski（罗斯基）eds.，*Popular Culture in Late Imperial China*（《中华帝国晚期的大众文化》），Berkeley and Los Angoles，University of California Press，1985.

任武雄：《关于俞秀松烈士》，载《党史研究资料》卷二，成都，1981年。

"Returns of Trade and Trade Reports"（《贸易收益和贸易报告》），*Shanghai：Inspectorate General of the Maritime Customs，1914*.

Revill，George（乔治·里维尔），"Reading Rosehill：Community，Identity，and Inner-city Derby"（《解读罗斯西尔：社区、身份和内陆城市竞争》），In Michael Keith（迈克尔·凯斯）and Steve Pile（斯蒂文·帕尔）eds.，*Place and the Politics of Identity*（《场所和身份政治》），London：Routledge，1993.

Rose，Arnold M.（阿诺德·罗斯），*Human Behavior and Social Processes*（《人类行为和社会过程》），Boston：Houghton-Mifflin，1962.

Rowe，William T.（罗·威廉），*Hankou：Commerce and Society in a Chinese City，1796—1889*（《汉口：一个中国城市的商业和社会，1796—1889年》），Stanford：Stanford University Press，1984.

阮性纯：《阮恂伯先生遗集》，二卷，台北，1970年。

阮义成：《三句不离本行》，台北，1972年。

——《沈玄庐》,第一、二部分,《浙江月刊》第 20 卷,第 228 期(1988 年 4 月),第 4—6 页;第 229 期(1988 年 5 月);第 17—19 页。

——《先君恂伯公年谱》,参见阮性纯:《阮恂伯先生遗集》卷一。台北, 1970 年。

Sahlins,Marshall(马歇尔・萨哈林斯), *Culture and Practical Reason* (《文化和实践理性》),Chicago:University of Chicago Press,1970.

Saich Tony(托尼・赛奇), *The Origins of the First United Front in China : The Role of Sneevliet (Alias Maring)*(《中国第一个统一战线 的起源:马林的作用》),2 vols. Leiden:E.J.Brill,1991.

Schoppa(萧邦奇), R. Keith, *Chinese Elites and Political Change : Zhejiang Province in the Early Twentieth Century*(《中国精英和政治 变迁:二十世纪早期的浙江省》), Cambridge: Harvard University Press,1982.

——"Contours of Revolution in a Chinese County,1900—1950"(《一个 中国县的革命概况,1900—1950 年》), *Journal of Asian Studies*(《亚洲 研究杂志》)51,no.4(November 1992):770—796.

——"Politics and Society in Chekiang,1907—1927:Elite Power,Social Control,and the Making of a Province"(《浙江的政治和社会,1907— 1927 年:精英权力,社会控制和一个省的形式》),Ph. D. dissertation, University of Michigan,1975.

——" Province and Nation: The Chekiang Provincial Autonomy Movement,1917—1927"(《省和国家:浙江省的自治运动,1917—1927 年》), *Journal of Asian Studies* (《亚洲研究杂志》)36, no. 4 (August 1977):661—674.

——"Shen Dingyi and the Western Hills Group:'What's a Man Like You Doing in a Group Like This?'"(《沈定一和西山会议派:"像你这 样的人在这样的派别中干什么?"》) *Republican China 16 ,* no. 1

(November 1990):35—50.

——"Shen Dingyi in Opposition,1921 and 1928"(《在野的沈定一,1921 年和 1928 年》),Unpublished paper presented at the Conference onoppositional politics in Twentieth Century China, Washington and Lee University,September,1990.

Schwartz, Vera(舒衡哲),"No Solace from Lethe:History, Memory, and Cultural Identity in Twentieth-Century China"(《无从安慰的忘却:二十世纪中国的历史、记忆和文化认同》),*Daedalus* 120, no. 2 (Spring 1991):159—179.

Schwartz(史华兹),Benjamin I. "Notes on Conservatism in General and China in Particular"(《一般保守主义及其中国个案札记》),In Charlotte Furth(费恩)ed. , *The Limits of Change*(《变迁的限制》), Cambridge:Harvard University Press,1976.

邵力子:《党成立前后一些情况》,载《"一大"前后》卷二,北京,1980 年。

邵维正:《衙前农民协会始末》,载《党史研究资料》卷五,成都,1985 年。

《绍兴县行政第二行政会议特刊》,绍兴,1946 年。

《沈定一先生被刺经过》,n. p. n. d. 。

《沈定一先生被难哀启》,沈定一先生雪憾治丧委员会编,收入《衙前农民运动》,北京,1987 年。

《沈定一先生事略》,n. p. n. d. 。

《申报》,1923—1930 年。

石大中和汪四牛:《沈叔言来大义,钱清号召减租》,收入《衙前农民运动》,北京,1987 年。

施复亮:《五四在杭州》,载《五四运动回忆录》卷 2,北京,1979 年。

——《中国社会主义青年团成立前后的一些情况》,载《"一大"前后》卷二,北京,1980 年。

《时报》,1910—1927 年。

斯道勤:《辛亥革命杭州光复别记》,载《近代史资料》,第 1 期,北京,
1954 年。

——《浙军十八年的回忆录》,载《近代史资料》,第 2 期,北京,1957 年。

"Silkworm Raising in Chekiang Province"(《浙江省蚕茧增产》),
Chinese Economic Bulletin(《中国经济公报》),February 5,1927,72.

Skinner, G. William(施坚雅),"Marketing and Social Structure in
Rural China"(《中国农村的集市和社会结构》),*Journal of Asian
Studies* 24, no. 1(November 1964):3—43; and 24, no. 2(February
1965):195—228.

——"Regional Urbanization in Nineteenth Century China"(《十九世
纪中国的区域城市化》),In G. William Skinner(施坚雅)ed., *The
City in Late Imperial China*(《中华帝国晚期的城市》),Stanford:
Stanford University Press,1977.

Soja,Edward(爱德华·索雅),*Postmodern Geographies*(《后现代地理
学》),London:Verso,1989.

Solomon, Robert C(罗伯特·所罗门),"Recapturing Personal
Identity"(《重现个人身份》),In Roger T. Ames(罗杰·阿梅斯)ed.,
Self as Person in Asian Theory and Practice(《亚洲理论和实践中作为
个人的自我》),Albany:State University of New York Press,1994.

Spence,Jonathan(史景迁),*The Gate of Heavenly Peace*(《天安门》),
New York:Viking,1981.

——*The Research for Modern China*(《现代中国的研究》),New York:
W. W. Norton,1990.

Stone,Gregory P.(格列高利·斯通),"Appearance and the Self"(《外
形和自我》),In Arnold M. Rose(阿诺德·罗斯)ed., *Human
Behavior and Social Processes*(《人类行为和社会过程》),Boston:
Houghton-Mifflin,1962.

Strand, David（斯特兰德）, *Rickshaw Beijing*（《北京的人力车》）, Berkeley and Los Angeles：University of Cacifornia Press, 1989.

Strauss, Anselm L.（安塞尔姆·斯特劳斯）, *Mirrors and Masks：The Search for Identity*（《镜子和面具：身份研究》）, Glencoe, Ill：Free Press, 1959.

《孙中山杭州之行》, 载《孙中山与浙江》, 杭州, 1986 年。

《孙中山与浙江》, 见《浙江辛亥革命回忆录》卷四, 杭州, 1986 年。

《孙中山在杭州的演说》, 载《孙中山与浙江》, 杭州, 1986 年。

Swartz, Marc J.（马克·斯沃茨）, Victor W. Turner（维尔托·特纳）, and Arthur Tuden（亚瑟·塔顿）eds., *Political Anthropology*（《政治人类学》）, Chicago：Aldine Publishing Company, 1966.

Tuan Yi-fu（段义夫）, "Space, Time, Place：A Humanistic Frame"（《空间、时间和场所：一个人文框架》）, In Tommy Carlstein（托米·卡尔斯坦）, Don Parkes（唐·帕克斯）and Nigel Thrift（耐格·斯里夫）eds., *Making Sense of Time*（《理解时间的意义》）, New York：John Wiley, 1978.

Van de Ven, Hans J.（汉斯·范德文）, *From Friend to Comrade：The Founding of the Chinese Communist Party, 1920—1927*（《从朋友到同志：中国共产党的创立, 1920—1927》）, Berkeley and Los Angeles：University of California Press, 1991.

Vishnyakova-Akimove, Vera Vladimirovna, *Two Years in Revolutionary China, 1925—1927*（《在革命中国的两年：1925—1927 年》）, Steven I. Levine 译, Cambridge：Harvard University Press, 1971.

Wakeman, Frederic, Jr.（魏斐德）, and Wen-hsin Yeh（叶文心）eds., *Shanghai Sojourners*（《客居上海》）, Berkeley：Institute of East Asian Studies, University of California, 1992.

王贯三:《家庭访问记》,载《衙前农民运动》,北京,1987 年。

王会悟:《建党初期的一些情况》,载《"一大"前后》卷二,北京,1980 年。

Wang Ke-wen(王克文),"The Kuomintang in Transition:Ideology and Factionalism in the'National Revolution',1924—1932"(《转型中的国民党:"国民革命"中的意识形态和帮派主义,1924—1932 年》),Ph. D. Dissertation. Stanford University,1985.

王威廉:《沈玄庐与共产党》,载《中国共产党发起人分列史料》,香港,1968 年。

王学祺:《一九二四年五月中共中央扩大支委会述评》,《杭州大学学报》第 14 卷,第 2 期(1984 年 6 月),第 13—20、81 页。

王占元和陈定春:《湘湖师范建校五十年回忆》,载《浙江文史资料选辑》卷一三,杭州,1981 年。

Wasserstrom, Jeffrey N.(杰夫里·韦瑟斯特罗姆),"The Evolution of the Shanghai Student Protest Repertoire; or Where Do Correct Tactics Come From?"(《上海学生抗议议程的演进;或正确的战略从哪里来的?》),In Frederic Wakeman(魏斐德),Jr. and Wen-hsin Yeh(叶文心)eds., *Shanghai Sojourners*(《客居上海》),Berkeley:Institute of East Asian Studies,University of California,1992.

——*Student Protests in Twentieth-Century China*: *The View from Shanghai*(《二十世纪中国的学生抗议:来自上海的观点》),Stanford:Stanford University Press,1991.

Watts, Michael J.(迈克尔·沃茨),"Space for Everything(A Commentary)"(《为一切的空间(一个评论)》), *Cultural Anthropology* 7. no. 1 (February 1992):115—129.

Weigert,Andrew J.(安德鲁·魏格特),J. Smith Teitge(斯密斯·台杰)and Dennis W. Teitge(丹尼斯·台杰), *Society and Identity*:*Toward a Sociological Psychology*(《社会和身份:通向社会学的心理

学》),Cambridge:Cambridge University Press,1986.

West Lake:A Collection of Folk Tales《西湖民间故事集》),Translated by Jan and Yvonne Walls. Hong Kong:Joint Publishing Company, 1983.

Wilbur,C. Martin(韦慕庭), *The Nationalist Revolution in China*, *1923—1928*(《中国的国民革命, 1923—1928 年》), Cambridge: Cambridge University Press,1983.

Wilbur,C. Martin(韦慕庭)and Julie Lien-ying How(郝灵运), *Missionaries of Revolution:Soviet Advisers and Nationalist China*, *1920—1927*(《革命传道者:苏联顾问和国民革命,1920—1927 年》), Cambridge:Harvard University Press,1989.

Wolf,Margery(沃尔夫),"Women and Suicide in China"(《中国妇女和自杀》),In Margery Wolf and Roxanne Witke(沃尔夫和维特克) eds., *Women and Chinese Society*(《妇女和中国社会》),Stanford University Press,1975.

Wu,David Yen-ho(吴燕河),"The Construction of Chinese and Non-Chinese Identities"(《中国人和非中国人身份的建构》), *Daedalus* 120,no,2(Spring 1991):159—179.

《五四时期期刊介绍》,3 卷,北京,1959 年。

《五四运动回忆录》,2 卷,北京,1979 年。

《五四运动在浙江》,杭州,1979 年。

夏衍:《当五四浪潮冲到浙江的时候》,载《五四运动回忆录》卷 2,北京, 1979 年。

向时元:《浙江新闻史》,n.p.,1930 年。

《萧山乡土志》,n.p.,1931 年。

《萧山县志》,萧山,1985 年。

谢迟:《谢迟文集》,台北,1977 年。

《新编浙江百年大事记,1840—1949》,杭州,1989 年。

《辛亥革命回忆录》,中国人民政治协商会议全国委员会编,5 卷。北京,
　　1961—1963 年。

《辛亥革命浙江史料选辑》,浙江省辛亥革命研究会和浙江省图书馆编。
　　杭州,1984 年。

《星期评论》,1919—1920 年。

许柏年:《浙江早期杰出的革命活动家——宣中华烈士传略》,载《杭州英
　　烈》卷一,杭州,1992 年。

许之桢:《关于渔阳里六号的活动情况》,载《“一大”前后》卷二,北京,
　　1980 年。

徐炳坤:《杭州光复之夜的一次官绅经济会议》,载《辛亥革命回忆录》卷
　　四,北京,1961—1963 年。

徐行之(徐梅坤):《党成立时期浙江的工农运动》,载《“一大”前后》卷二,
　　北京,1980 年。

《玄庐文存》,n.p.n.d.。

杨福:《五四时期马克思列宁主义在浙江的传播》,《杭州大学学报》,第 1
　　期(1983 年 3 月)。

杨福茂和王作仁:《中国现代农民运动的先声》,《杭州大学学报》,第 4 期
　　(1980 年 12 月)。

杨之华:《杨之华的回忆》,载《“一大”前后》卷二,北京,1980 年。

——《杨之华同志谈萧山农运》,载《浙江文史资料选辑》卷一三,杭州,
　　1981 年。

姚宗:《辛亥浙江革命史补遗》,《浙江月刊》Ⅰ,第 5 期(1969 年)。

《衙前农民运动》,萧山,1985 年。

《衙前农民运动》,北京,1987 年。

Yeh Wen-hsin(叶文心), *The Alienated Academy: Culture and Politics
　　in Republican China,1919—1937*（《疏远的学术:中华民国的文化和政

治,1919—1937 年》),Cambridge:Harvard University Press,1990.

——"Middle County Radicalism:The May Fourth Movement in Hangzhou"(《中心县份的激进主义:五四运动在杭州》),Unpublished Paper.

《"一大"前后:中国共产党第一次代表大会前后资料选编》,中国社会科学院现代史研究所、中国革命博物馆党史研究室编,3 卷,北京,1980 年。

《游杭纪略》,杭州,1924 年。

Yu,George(于之乔),*Party Politics in Republican China*(《中华民国的党派政治》),Berkeley and Los Angeles:University of California Press,1966.

《越铎日报》,1921—1922 年。

张任天:《忆光复会王文京》,载《浙江辛亥革命回忆录》,《浙江文史资料选辑》卷二七,杭州,1984 年。

张瑞生、平六三、翁阿顺等:《斗门、高泽等村减租情况点滴》,载《衙前农民运动》,北京,1987 年。

张孝勋:《浙江辛亥革命光复纪事》,载《近代史资料》第 1 期,北京,1954 年。

赵子介、徐尚全和李维加:《宣中华》,载《不朽的战士》,杭州,1983 年。

《浙江百年大事记》,杭州,1985 年。

《浙江工人运动史》,浙江省总工会编,杭州,1988 年。

《浙江人物简志》,2 卷,杭州,1984 年。

《浙江省党部报告》,载《党史研究资料》卷二,成都,1981 年。

《浙江文史资料选辑》,卷四六,杭州,1962—1992 年。

《浙江辛亥革命回忆录》,《浙江文史资料选辑》卷二七,杭州,1984 年。

《浙江月刊》,1969—1988 年。

《浙军杭州光复记》,浙江军四十九旅司令部编,载《各省光复》卷二,台北,1962 年。

钟柏永:《第一次国共合作时期发生在萧山的一出闹剧》,载《孙中山与浙
　　江》,杭州,1986 年。

钟立宇:《光复杭州回忆录》,载《近代史资料》第 1 期,北京,1954 年。

《中国共产党发起人分列史料》,香港,1968 年。

《中华新报》,1916—1917 年。

周自新:《西山会议派召开的两次反动会议》,载《党史研究资料》卷六,成
　　都,1985 年。

朱顺祚:《绍兴先人志》,2 卷,绍兴,1984 年。

邹鲁:《回忆录》,台北,1974 年。

人名术语索引

R. Keith Schoppa

Blood Road

The Mystery of Shen Dingyi in Revolutionary China

根据 University of California Press, Berkeley and Los Augeles 1995 年
　版译出

"海外中国研究丛书"书目